2021年山东建筑大学课程团队山东省大中小学思政课"金课""思想道德与法治"金课的阶段性成果；本书获山东建筑大学教材建设基金资助。

九州文库

中华优秀传统文化与《思想道德与法治》

秦芳 王利华 赵敬仪 — 主编

九州出版社
JIUZHOUPRESS

图书在版编目（CIP）数据

中华优秀传统文化与《思想道德与法治》/ 秦芳，
王利华，赵敬仪主编 . -- 北京：九州出版社，2022. 12
ISBN 978-7-5225-1626-4

Ⅰ.①中… Ⅱ.①秦…②王…③赵… Ⅲ.①思想政
治教育—研究—中国 Ⅳ.①D64

中国国家版本馆 CIP 数据核字（2023）第 011513 号

中华优秀传统文化与《思想道德与法治》

作　　者　秦　芳　王利华　赵敬仪　主编
责任编辑　黄明佳
出版发行　九州出版社
地　　址　北京市西城区阜外大街甲 35 号（100037）
发行电话　（010）68992190/3/5/6
网　　址　www. jiuzhoupress. com
印　　刷　唐山才智印刷有限公司
开　　本　710 毫米×1000 毫米　16 开
印　　张　17. 25
字　　数　305 千字
版　　次　2023 年 9 月第 1 版
印　　次　2023 年 9 月第 1 次印刷
书　　号　ISBN 978-7-5225-1626-4
定　　价　95. 00 元

山东建筑大学思想政治理论课
系列读物编委会

序

　　党的十八大以来，以习近平总书记为核心的党中央高度重视思想政治工作，为加强思政课建设作出了全面部署和系统安排。在此形势下，思政课建设呈现可喜变化：全国大中小学切实提升思政课的思想性、理论性和亲和力、针对性，思政课建设开创新局面、迈上新台阶，思政课教学改革取得了明显成效，为巩固马克思主义在意识形态领域的指导地位、培育担当民族复兴大任的时代新人提供了重要支撑。

　　山东建筑大学始终坚持以习近平新时代中国特色社会主义思想为指导，贯彻党的教育方针，落实立德树人的根本任务，通过调动全社会力量和资源，建设"大课堂"、搭建"大平台"、建好"大师资"，集合多元主体，整合多样资源，积极推进"大思政课"建设。作为思政课系列辅助读物，本丛书的出版是进一步丰富教学资源、创新教学手段、推动课程改革的产物，更是不断增强思政课思想性、理论性和亲和力、针对性的有力之举。习近平总书记在庆祝中国共产党成立100周年大会上首次提出"坚持把马克思主义基本原理同中国具体实际相结合，同中华优秀传统文化相结合"的论断，党的二十大习近平总书记再次强调只有做到"两个结合"，中国共产党才能正确回答时代和实践提出的重大问题，才能始终保持马克思主义的蓬勃生机和旺盛活力。为了加深对"两个结合"这一马克思主义中国化历史命题的认识，马克思主义学院思想政治教育教研室以习近平总书记引用经典文句为纲领，在《思想道德与法治》教材总体纲目的指导下，对于人生观、道德观、中国精神、社会主义核心价值观、品格修养、家庭美德等方面展开中华优秀传统文化解读，汇集著名学者专家相关论述，提炼有助于提高大学生人文素质、树立大历史观以及坚定文化自信的主要内容，形成了《中华优秀传统文化与〈思想道德与法治〉》一书。在庆祝中国共产党成立100周年大会上，习近平总书记同时强调："一百年来，中国共产党弘扬伟大建党精神，在长期奋斗中构建起中国共产党人的精神谱系，锤炼出鲜明的政治品格。"自此，大力弘扬伟大建党精神，把中国共产党人精神谱系融入思政课成为思政课教师认真思考并努力践行的重要课题。马克思主义中国化教研室、中国近现代史纲要教研室本着为《毛泽东思想和中国特色社会主义理论体系概论》《中国近现代史纲要》课程教学服务的目的，以继承和弘扬中国共产党人精神谱系为出发点，结合课程教学要求和特点，探讨和解决中国共产党人精神谱系融入课程教学的途径和方法，为课程教学提供教学参考、教学案例和教学设计，从而形成《筑强大学生精神力量之"概论"课程教学专题解析》《筑强大学生精神力量之"纲要"课程专题教学解析》两本书。为了使抽象的理论映射具象的现实，马克思主义基本原理教研室以《马克思主义基本原理》教材为指导，着眼于课程内在逻辑体系，结合教学内容与教学目标，选编适合于每一章节教学案例，从基本理论、社会实践和生活事实三个维度编写创新性案例，形成了《〈马克思主义基本原理〉案例选编》，着力讲好党的故事、伟人的故事、革命的故事、英雄的故事，讲透故事背后蕴含的深刻道理，积极探索案例教学法在提升课堂效能、激发学生学习积极性等方面的作用，为广大思政课教师提供教学参考。

纵览四本系列理论读物，具有以下四个鲜明特点：一是内容与时俱进，具有时代性和前瞻性，注重将马克思主义中国化的最新理论成果应用于思政课的教学实践；二是形式丰富多彩，具有针对性和趣味性，注重将具有感召力的人物事迹和典型案例应用于思政课教学中；三是举措方便执行，具有适用性和可推广性，注重将思政课教学的多年经验总结为教学设计和教学案例，对思政课教学起到示范引领作用；四是效果立竿见影，具有实践性和指导性，注重从学生实际出发，从社会实践出发，在遵循大学生成长发展规律中落实立德树人的根本任务。系列理论读物将讲理论与讲故事相结合，讲政治与讲感情相结合，讲历史与讲现实相结合，讲知识与讲价值相结合，是对以习近平总书记为核心的党中央高度重视思政课建设和发展的积极响应，更是立足本职工作发挥高校思政课教师教书育人职责的真实写照。系列理论读物的顺利出版是一线思政课教师长年累月教学实践的经验积累，是思政课教师日复一日科学研究的成果展现，更是思政课教师齐心聚力推动思政课课程改革的有力之举，彰显了思政课教师理直气壮讲好思政课的决心和斗志。

面对世界百年未有之大变局，在实现第二个百年目标的新征程上，在党和国家有效破解中国之问、世界之问、人民之问、时代之问的过程中，高校思政课教育教学机遇前所未有，挑战也前所未有。习近平总书记在学校思想政治理论课教师座谈会上指出："我们办中国特色社会主义教育，就是要理直气壮开好思政课，用新时代中国特色社会主义思想铸魂育人。"希望马克思主义学院能够再接再厉，让思政课在回应时代问题中改革创新，在理论与实践、历史与现实的结合中彰显出思政课的大格局和大视野，凸显出思政课与时俱进的鲜明特色；希望马克思主义学院全体思政课教师秉承立德树人的初心，教书育人的本心，赤诚火热的丹心，久久为功的恒心，理直气壮讲好思政课，在讲好科学"大道理"，回应现实"大问题"，把握时代"大趋势"中打造一堂堂有理论深度和实践温度的思政课，以此引领思政课课程改革，引导学生成长成才，培育一代代担当民族复兴大任的时代新人，更好地完成立德树人的根本任务。

山东建筑大学党委书记：陈国前

2022 年 11 月于泉城济南

目 录
CONTENTS

专题一

人生观：千淘万漉虽辛苦，吹尽黄沙始到金

【主题出处】

要树立正确的世界观、人生观、价值观，掌握了这把总钥匙，再来看看社会万象、人生历程，一切是非、正误、主次，一切真假、善恶、美丑，自然就洞若观火、清澈明了，自然就能做出正确判断、正确选择。正所谓"千淘万漉虽辛苦，吹尽黄沙始到金"。

——2014 年 5 月 4 日，习近平总书记在北京大学师生座谈会上的讲话

【原典出处】《杂曲歌辞·浪淘沙》（唐·刘禹锡）

【原典释义】全诗的意思是，不要说流言蜚语如同恶流一样使人无法脱身，不要说被贬谪的人好像泥沙一样永远下沉。淘金要千遍万遍地过滤，虽然辛苦，但只有淘尽了泥沙，才会露出闪亮的黄金。诗人屡遭贬谪，坎坷备历，但斗志不衰，精神乐观，胸怀旷达，气概豪迈，在边远的贬所虽然经历了千辛万苦，到最后终能显示出自己不是无用的废沙，而是光亮的黄金。人生总要面对很多矛盾，以正确的观念和方法应对才能笑到最后。

【主题讲解】

从时代进步和国家发展的客观要求来看，面对国内外环境正在发生的深刻复杂变化，面对我国发展的新变化、新挑战、新机遇，面对各种社会思潮的相互激荡，置身于中华民族伟大复兴战略全局和世界百年未有之大变局中的青年学生应该如何自处，如何处理个人追求与国家社会发展进步的关系，如何创造无愧于时代的人生，是每一位心怀梦想、自觉担当的大学生都必须思考的问题。从学生的成长需要来看，大学生的主体意识、独立意识日趋增强，但社会经验

不足、心理承受能力不强，面对学习生活环境的改变、学习方式的更新、社会交往的扩大，总会出现关于学业、情感、社会实践、职业选择等方面的各种疑惑。如何在这一特殊的成长阶段认识自我，如何正确认识与处理个人与他人、个人与社会之间的关系，如何实现自己的人生价值等，成为摆在他们面前亟须解答的人生难题。本门课程中的人生观部分，首要的功能与定位就是帮助学生掌握系统的人生观理论，将马克思主义基本原理与中华优秀传统文化相结合，在中华优秀传统文化中攫取有益内容，为大学生树立正确的人生观指引方向。

一、正确的人生观

什么是人生观？人生观是人们对待人生的根本观点，就是对人类生存的价值和意义的根本看法和态度，也就是人们关于人生目的、人生态度、人生价值等问题的总观点和总看法。它的形成是人们所处的一定的历史条件和社会关系的产物，是人们的社会生活条件的反映。人生观在人的一切活动中都会产生一种巨大的精神力量，指导人们确定人生的方向，选择生活的道路。

（一）人的本质

人类在长期的历史发展过程中，既现实地认识世界、改造世界，也在认识自我，由此出现了关于人是什么、人的本质是什么、什么样的人生才有意义等问题的各类回答，形成了各种各样的人生观。

1. 马克思关于人的本质的认识

马克思运用辩证唯物主义和历史唯物主义的立场、观点、方法，揭开了人的本质之谜。他指出："人的本质不是单个人所固有的抽象物，在其现实性上，它是一切社会关系的总和。"这一论断关注的是现实的、具体的人，强调从社会关系出发去把握变化着的人的本质，为人们认识人生、形成正确的人生观提供了科学的方法论。任何人都是处在一定社会关系中从事实践活动的人，实践构成人特有的存在方式，人们在实践中形成一定的社会关系，不是人与动物的关系，也不是像费尔巴哈所谓人的"类本质"，而只有人与人的社会关系才决定人的社会本质。任何人都是处在一定的社会关系中从事社会实践活动的人。社会属性是人的本质属性。每一个人都从属于一定的社会群体，都同周围的人发生各种各样的社会关系，如家庭关系、地缘关系、业缘关系、经济关系、政治关系、法律关系、道德关系等。人的社会关系的总和决定了人的本质。因此，认识人的本质，只能立足于具体的、历史的社会关系中从事社会实践的人，而不能从抽象的人性论出发，更不能依靠所谓神的启示。

2. 传统文化中关于人的理解

从人类历史发展来看，作为一类集体性的生物，组建共同体几乎是人类的一种本能。

早在先秦，孔子就指出："鸟兽不可与同群，吾非斯人之徒与而谁与？"（《论语·微子》）我们并非如鸟兽一样没有理性的人，怎么能进入纯自然的环境中去与鸟兽打交道呢？我不与人类社会打交道，我又与谁一起生活呢？我们作为人类，进入社会化之后是不可能离开社会生活的。对孔子来说，与他人共在，并由此建立彼此之间的社会关系，是人的一种基本存在境遇。

荀子更是强调人能"群"的重要性。《荀子·王制》云："（人）力不若牛，走不若马，而牛马为用，何也？曰：人能群，彼不能群也。"荀子在这里提出了一个引人深思的问题：在力量和速度方面不如牛马的人为什么能够驾驭牛马呢？他个人的看法是，人能群，而牛马等动物则不能群，群是人与动物的区别之一，也可以说是人的特质之一。荀子所说的群显然并不是指范围狭小的自在的天然群体，而是指人通过自为的规则建立起来的社会。荀子说，人只能在"群"（彼此结成的共同体生活）的条件下才能生存。相应地，每个人就会在某种程度上认同某个共同体或某些共同体人，而不管这个共同体是核心家庭、扩大的家庭、氏族或部落，地方的、民族的、种族的或宗教的人群，工会、厂商、社会阶级，还是国家。

（二）人生的目的

人生目的是人生观的基本内容，是人们在社会实践中关于自身行为的根本指向和人生追求。有什么样的人生目的，就决定了什么样的人生价值。采取什么样的人生态度，设定什么样的人生理想，在人生实践中具有重要的作用。中国传统文化博大精深，具有丰富的内涵，特别是它关于人生观的理论更是中华民族的精髓，我们必须深入理解。

1. 修齐治平

党的十八大以来，习近平总书记在多次讲话中谈及中国知识分子"修身、齐家、治国、平天下"的家国情怀。"修身、齐家、治国、平天下"，出自《大学》。《大学》讲"大学之道"，论述如何成就崇高德性和人格，怎样成为经国济世的人才。"修身"为"修齐治平"之始。《大学》特别强调修身："古之欲明明德于天下者，先治其国；欲治其国者，先齐其家；欲齐其家者，先修其身；

欲修其身者，先正其心……心正而后身修，身修而后家齐，家齐而后国治，国治而后天下平。"

"修齐治平"概括了修身与社会和谐之间的关系，它包含两层含义：其一，儒家主张"天下为公"，人们应该共担社会责任。既然社会成员都不是孤立的存在，就必须考虑自己的社会性内涵，讲求公共意识和公共道德。不论身处社会基层的民众，还是属于贵族阶层的大夫，乃至国君、天子，都要自觉修身。其二，由个人而家、国、天下，由身修到家齐、国治、天下平，这是一个具有内在逻辑联系的过程。社会要取得大同与和顺，人们就必须自觉修身，由"明德"而"新民"，进而实现社会的"至善"。这与孔子所说"修己以安人"一致，突出了"修己"或"修身"的价值与意义。"修齐治平"可以视为对"大学之道"的概括，它也是儒家学说的精髓所在。儒家"修齐治平"之道也是自尧舜以来古圣先贤智慧的凝集与总结。因此，它才能够在历代士人的心中深深扎根。无数的志士仁人都胸怀天下，心系苍生，他们有崇高的价值信念和高尚的理想追求，如北宋儒学家张载的"为天地立心，为生民立命，为往圣继绝学，为万世开太平"。

2. 道法自然

老子曰："人法地，地法天，天法道，道法自然。"道法自然是道家哲学的核心要旨，代表了中国哲学的最高智慧。道家哲学的道法自然观与恩格斯的辩证自然观达成了高度契合。无论是老子还是恩格斯，都从不同的侧面告诫世人，通过走人与自然对立的老路已经行不通，非走和谐之路不可。

在老子看来，道乃万事万物赖以生存的根本，从不邀功，也不自大，只是默默成全万物，而万事万物也要顺应大道存在。人，尽管是万物之灵长，也要顺应大道生存，一切讲究自然而然，"致虚极，守静笃。万物并作，吾以观复。夫物芸芸，各复归其根。归根曰静，静曰复命。复命曰常，知常曰明。不知常，妄作凶。知常容，容乃公，公乃全，全乃天，天乃道，道乃久。没身不殆"。"祸莫大于不知足；咎莫大于欲得。故知足之足，常足矣。"道家追求的不是无穷的物欲，而是淡泊从容的生活状态。同时，其生活及劳作方式又显得新鲜：接受自然的馈赠，用自己勤劳的双手，既可以变废为宝，又可以满足自己生活中所需要的一切。

庄子说："天地有大美而不言，四时有明法而不议，万物有成理而不说。圣人者，原天地之美而达万物之理。是故至人无为，大圣不作，观于天地之谓也。"这就是说，人类应当通过"观于天地"，而去感悟自然世界的"大美"与人类生存所依托的"明法""成理"。换言之，大自然自有其法则、规律与生态，人类应当尊重大自然的法则，珍惜大自然的生态，从而达到合"理"而"美"的生存状态。不管我们是否愿意承认，大道都影响我们的一切，而有大道韵味的言行，自然而然容易打动我们。接受这样道韵充盈的生活方式的感染，人们很容易获得恬淡的心境，也会萌生回归自然、珍重生态的意识。由新冠肺炎疫情可见病毒对人类社会造成的巨大影响，因此应当敬畏自然，有限度地开发，有节制地生存，无为而润泽万物，不争而善利天下。在宇宙的生灭之力面前，人类文明何其渺小。在大历史视野下的反思，不仅要廓清人在宇宙演化大背景下的历程，更重要的是要追求人类的可持续发展。

（三）人生的态度

人生态度是指人们通过在社会生活中实践形成的对于人生问题的一种稳定的心理倾向和基本意愿。人生态度主要包括人们对社会生活所持的总体意向、对人生所具有的持续性信念以及对各种人生境遇所做出的反应方式。现在有很多生命问题、人生问题，我们处理起来感觉软弱无力，更多只是去寻求生理上的治疗、病理上的治疗。实际上，古人在几千年前就有调理和安顿自己生命的思想和智慧。尤其是先秦儒家、道家以及苏轼等诗人的思想中还有更根本的关于生命之道与人生态度的智慧，值得我们借鉴。

1. 自强不息

《易传》讲"天行健，君子以自强不息""天地之大德曰生"。这是对中华民族刚健有为、自强不息精神的集中概括和生动写照。

关于先秦儒家的人生态度，现代著名学者钱穆先生曾经概括地说："大体言之，先秦儒家主进。"的确，先秦儒家的人生态度是积极进取，与先秦道家守雌不争的人生态度形成鲜明的对比。在《论语·述而》中，孔子提倡并努力实践"发奋忘食"的精神，鄙视"饱食终日无所用心"的人生态度。他"发愤忘食，乐以忘忧，不知老之将至"。他还认为，吃食不要求饱足，居住不要求舒适，对工作勤劳敏捷，说话小心谨慎，到有道的人那里去匡正自己。可见他是多么努力进取。孔子甚至强调当人的生命与仁德发生矛盾时，要杀身成仁。孟子继承发挥了孔子的杀身成仁思想，强调当生命与道义二者发生矛盾时，要舍生取义。舍生取义的思想何等悲壮与豪迈！这何尝不是积极进取态度的极致表现？战国末期先秦儒家集大成者荀子以雕刻为喻说明学习时要把精神集中在一点上，"君子结于一"（《荀子·劝学》），唯有此才能获得好的效果。可见荀子也是强调人要坚持不懈地努力奋斗。由以上论述可知，先秦儒家对待人生的态度是积极进取。

从汉代到清代，历时两千年，《易传》的思想深入人心，其刚健、自强不息的观点为全社会所接受。《史记·太史公自序》中有这样一段著名的论述："西伯拘而演《周易》；仲尼厄而作《春秋》；屈原放逐，乃赋《离骚》；左丘失明，厥有《国语》；孙子膑脚，《兵法》修列；不韦迁蜀，世传《吕览》；韩非囚秦，《说难》《孤愤》；《诗》三百篇，大抵圣贤发奋之所作也。"这反映了中华民族知识分子和上层人士愈是遭受挫折，愈是奋起抗争的精神状态和坚忍不拔的意志。而"人穷志不短""刀子不磨要生锈，人不学习要落后"等民间俗语，以及不少人用"自强"作为自己的名字，则反映了自强不息精神的普遍化和社会化。

正是这种精神凝聚、增强了民族的向心力，哺育了中华民族自立和反抗压迫的民族精神，形成了不断进取的人生态度。中国共产党在领导人民进行革命、建设和改革的伟大实践中，不断把自强不息的人生态度提升到新的水平。井冈山精神、长征精神、延安精神、西柏坡精神、雷锋精神、"铁人精神""两弹一星"精神、载人航天精神等，是伟大的中华民族自强不息精神的发扬光大，是中华民族长期形成的民族精神在现当代历史中震撼人心的新表现，为中华民族文化赋予时代精神的新内涵，是每一个中华儿女倍加珍惜的精神财富。

2. 无为不争

道家的理想境界是"无为""不争""逍遥"。老子生活的时代，战乱不断，民不聊生。在老子看来，人类社会的争端是因为一些人贪得无厌、肆意妄为的结果。如果消除了种种贪念私欲，社会就不会充满争端，而一片和谐了。老子的"虚静修身"也好，"无为处世"也罢，处处透显出的却绝不是单纯地为了提升人的精神境界而提升境界。而这种看似虚无的状态实际上蕴含着极具积极的内敛力量，在某些消极的表象背后隐藏着独具智慧的积极人生态度。在《道德经》中，强调"无为"思想的章节有很多，如"处无为之事，行不言之教""功成事遂，百姓皆谓：我自然""不为天下先""清静无为"等。但大多数人对其内涵的理解往往只趋于字面意思，认为"无为"即是什么都不做，就是消极。"无为"究竟是什么含义？老子的《道德经》书中第二十九章曰："是以圣人无为，故无败；无执，故无失。""无执"就是内心不要拘泥于外物，不要被欲望役使。老子明确地将人的内心世界与现实生活相区别，由此我们可以推论"无为"也应该是指人的心灵，指人的心态。"无为"就是清心寡欲，就是一种不争的心境，只有无时无刻地遵守道的要求，才会拥有看似不期而遇的成功。"为之于未有，治之于未乱。"在祸患发生之前预先做好准备，这样就可以防患于未然，杜绝祸患的发生。

在一般人看来，圣人什么也没有做，实际上圣人已经早做了准备，提前做出了一系列措施，只是祸患没有发生罢了。这样的"无为"岂不比祸患已经出现才手忙脚乱的强上百倍？因此，老子的思想是在"无为"的平常心态下为事物做好积极准备。

（四）人生的价值

人生价值是思想家们热衷于讨论的话题之一，陈新汉认为："人生价值就是人生的自我价值和人生的社会价值的统一。……人生的自我价值从本质上说，就是人生在世对于人自身生存和发展需要满足的现实效应。……人生的社会价值从本质上说，就是人生在世对于社会存在和发展需要满足的现实效应。"可见，要实现人生价值，就要同时满足个人和社会对于生存和发展的需求。

1. 重义轻利

儒家强调个人和社会相统一的人生价值，个人的价值只有在满足社会价值的同时才能够实现，但也承认在实际的物质利益分配过程中，两者之间有时可能存在冲突。人生价值的核心问题就是如何处理个人价值与社会价值之间的关系，即义与利的关系。首先，儒家肯定个人物质利益的正当性：任何人通过自身的努力均可获取正当的利益，不仅是合理的，更是应当的。"邦有道，贫且贱焉，耻也"（《论语·泰伯》），孔子鼓励人民在理想的社会追求个人正当利益。普通人要具有高尚的道德情操和"君子人格"，必然要经历一个"仓廪实而知礼节"的过程，正当利益的满足是道德文明的物质基础。其次，儒家更强调义的重要性。但是当利益超出个人范畴，在人和人之间形成利益关系时，便有可能出现利益冲突和价值对立，此时就需要"义"来协调这些关系。孔子宣扬"君子喻于义，小人喻于利"。孟子反对功利主义，重义轻利。汉代董仲舒将其发展为"正其谊不谋其利，明其道不计其功"，成为一种价值取向和思维方式，影响了中国两千年。老子从另一个角度论述了他的义利观："天地所以能长且久者，以其不自生，故能长生。是以圣人后其身而身先；外其身而身存。非以其无私邪？故能成其私。"这些坚持气节，宁可弃利甚至杀身，也决不丧志辱身的思想，经过发展已成为民众的心理素质中的"当仁不让""杀身成仁""舍身取义"等人生价值准则。

儒家概括处理人与人之间利益关系的总原则有如下两条：第一是"己所不欲，勿施于人"，第二是"己欲立而立人，己欲达而达人"。前者保证了不去损害他人的利益，后者则在实现自身利益的同时，兼顾到他人的利益。这两者共同构成了儒家"义"的总原则：在不损害他人的前提下，尽可能实现利人利己，即孔子所说的"推己及人"。在儒家看来，义与利之间通常情况下并非构成矛盾关系，"义者，利之和也"，义是调节社会和个人之间利益冲突的有效手段，一个有道义的社会往往是个人利益与集体利益双赢的局面。通过自己的奋斗，更多的人生活幸福，这在社会层面，实现自己的人生价值，进而为民族、为国家、为人类、为众生做出自己的努力；在更高的层次，实现自己的人生价值。

在特殊情况下，当个人利益和社会利益产生冲突且无法兼顾时，则先义而后利；必要时甚至可以舍弃个人利益成全集体利益，维护社会秩序，做到"舍生取义"。儒家关于人生价值的理论一方面肯定了人的现实物质利益，肯定个人追求合理物质利益的正当性；另一方面又强调个人利益服从集体利益，以"义"平衡个人利益与集体利益，实现个人价值和社会价值的统一。儒家在现实的物质利益之外，对君子提出了更高的道义要求。千百年来，"重义轻利""舍生取义"成了知识分子在面对家国大事时始终如一的追求。这种集体意识、大局意识对当下流行的极端个人主义具有良好的纠偏效果，仍然值得广大青年学习。

2. 三不朽

"三不朽"已成为中华民族根本的价值观念之一，具有重要的教化、指导功能，在构建古人精神世界方面发挥了巨大的作用，就个人教育层面而言，它呈现着"荣辱止于其身"的示范效应。而在中华民族崛起的 21 世纪，它同样以传统文化的强大感召力砥砺后人继往开来，实现人生价值。

"死而不朽"似乎是古人一种理想的生命状态，于他们，人之成其为人，正在于超越了在世的时间性约束，并能够以不朽确证主体生命存在的历史价值。而要求得不朽，于古人来说，大抵不外乎立德、立功、立言三个方面的内容。立德、立功、立言是个人确证自我价值以求得不朽的三个重要途径，然而我们又必须承认那些能够真正实现"德、功、言"三不朽的个体存在可谓少之又少。在这屈指可数的实现"三不朽"理想的个人中，古人认为，孔子其一，王阳明其二。就孔子、王阳明而言，"三不朽"理想更为重要的体现还在于他们德行的垂范性，而功、言是其次。但是，如果深究下去，相对于自我主体生命意义的确证，德、功、言就又都不重要了，毕竟德行的终极目的正是为了使生命真正达到忘怀荣辱、波澜不惊的人生境地。而王阳明自己也毫不讳言地说："心外无物，心外无事，心外无理，心外无义，心外无善。"所以，"三不朽"教育理想在他们身上呈现出一种"荣辱外于其身"的崇高境界。更多的人往往只能停滞在"荣辱止于其身"的高级境界。即便如此，对那些企慕"三不朽"教育理念的个体生命而言，他们同样具有楷模的示范效应。

"三不朽"教育理念是传统中国人在国家、社会以及个人层面对独立生命主体提出的完美人生境界的终极目标，是传统教育的价值评价，更是古人原始思维的既有之义。它追求的是立德的博施济众、立功的拯厄救时、立言的垂范后学，确证着生命的价值和意义。它是现代人鉴往昭来的一面镜子。今天，我们在树新风、弘正气以及抵制异质文化的诱惑、冲击和挑战时，仍需借鉴这一传统教育理念的主旨，树立民族和个人的自信心。在实现中华民族伟大复兴的征程上，我们仍需踵武前贤，为祖国、为民族尽绵薄之力，实现人生的真正价值。

二、创造有意义的人生

人生价值的本质是实践，评价人生价值的标准也应该从实践的角度。每个人的人生都不是一帆风顺的。大学生成长之路很长，有平川，有高山，有缓流，也有险滩，如何勇敢面对和正确处理各种人生矛盾是至关重要的。

（一）得与失

有得必有失，有失必有得。得失相伴相生，互相转化，这是社会生活中普遍存在的现象。中国有句古话：吃亏是福。吃亏是受损失，怎么会是福呢？听起来是一种悖论，但却蕴涵着深刻的哲理。在洪江古商城清石板巷塘冲1号的古窨子屋墙壁上，清代扬州著名的书法家郑板桥留下了这样的话："满者，损之机；亏者，盈之渐。损于己则益于彼，外得人情之平，内得我心之安；既平且安，福即在是矣。"这告诉我们，亏己者，能让别人觉得他有度量而拥有良好的人际关系，遇到困难时别人也乐于向他伸出援助之手。可见，吃亏是伴随着享福一起存在着，"吃亏是福"的根源在于失去的背后有获得。这种得中有失、失中有得，得失相伴相生、相互转化的现象并不是个别的，而是大量存在于社会生活的方方面面。

1. 政治生活中的得失规律

政权的兴亡和轮替反映着政治生活中最大的得失。纵观我国漫长的封建社会的历史，每个朝代由兴到衰、由衰至亡，兴衰更迭，长则数百年，短则数十年或者数年，真可谓其兴也勃，其亡也忽。世界历史同样也是如此。一些不可一世的大帝国最终崩溃坍塌，淹没在历史的长河中；一些长期执政的大党老党也没能避免垮台的命运，成为历史的过眼烟云。探究其中的奥秘，得与失构成了政权兴亡的基本原因和结果。"水能载舟，亦能覆舟。"得民心者得天下，失民心者失天下。然而对于执政者而言，民心的得以及得到多少，取决于执政者为民众利益的付出以及付出的多少；民心的失以及失去多少，也反映了执政者对民众的搜刮以及贪婪的程度。唐太宗坚持"治国就是治吏"，防贪防贿，劝善惩恶，出现了"贞观之治"，这反映了他对得失规律的深刻认识和把握。杜牧的《阿房宫赋》指出："灭六国者，六国也，非秦也。族秦者，秦也，非天下也。嗟乎！使六国各爱其人，则足以拒秦；秦复爱六国之人，则递三世，可至万世而为君，谁得而族灭也？秦人不暇自哀，而后人哀之；后人哀之而不鉴之，亦使后人而复哀后人也。"这就在很大程度上揭示了人心向背与政权更替的得失规律问题。

2. 日常生活中的得失规律

在日常生活中，我们经常听到这样的说法，"让我想想""再琢磨琢磨""仔细合计合计"。这本身就表明，想想、琢磨、合计的背后存在着对得失问题的考虑。如果只有得没有失或只有失没有得，也就没有必要去想想、琢磨、合计。可以说，得失是人们生活中经常遇到、无法回避的一对矛盾，并随着时间、地点和条件的改变而变幻莫测。《淮南子》中"塞翁失马"的故事就充分说明了这一点。塞翁失了马，本是祸事；后来失去的马带了匹骏马归来，祸事变福；他儿子骑马摔坏了腿，福又变祸；儿子因腿跛而免于被征兵战死沙场，祸又变福。诸如此类的现象，在现实生活中比比皆是。比如，得到成熟人生，就会失去青春岁月；全身心投入工作而得到事业的成功，就有可能会失去家庭的天伦之乐；沉醉于书海报林得到知识的沐浴，就会少一些与朋友聚会的消遣；迷恋于金钱而不择手段，也许能够得到荣华富贵，但也一定会失去道德、人格、尊严乃至自由。这些得失的选择和转换，始终与我们的生活相伴而行。

在这个奋进的新时代，我们每一个人都要理性地看待得与失，积极调适自己的心态，共谱时代和谐奋进的乐章，汇聚成时代砥砺奋进的交响乐，这样我们才不会辜负我们的青春韶华，才不会辜负这个百年难得的时代机遇。把得失看成终点是狭隘的，把得失看成起点是豁达的，把得失看成过程的人是理性的，而我们要做的就是当一个理性的人。因此，大学生要理性地看待得失，不断自我调适心态，汇聚成时代奋进的合力；要以积极进取的态度去面对生活中的成败得失，使一时的挫折或失败成为人生的财富而不是人生的包袱。生活从不眷顾因循守旧、满足现状者，从不等待不思进取、坐享其成者，而是将更多机遇留给善于和勇于创新创造的人们。在失意之际坚持不懈，在坎坷之时不断努力，方能有所收获，实现人生目标。

（二）苦与乐

在中国历史上出现过形形色色的苦乐观。其中，儒家道义主义的苦乐观是代表中国古代人生哲学主流的苦乐观。对其回顾与剖析，无疑对我们今天正确对待苦与乐，树立正确的苦乐观极有启发意义。

儒家所说的"乐"，多是指精神快乐。孔子曾这样称赞他的弟子颜回："贤哉，回也。一箪食，一瓢饮，在漏巷，人不堪其忧，回也不改其乐。贤哉，回也！"（《论语·雍也》）这便是儒家称道的"孔颜乐处"。后来儒家特别是程朱理学曾多次论及"孔颜乐处"，一再讨论孔颜"所乐何事"？其实，孔颜是以道德修养的长进、道德理性的满足、道德理想的实现为乐，注重的是内心的快乐，是精神的快乐。孟子的三乐说更明确地说明了这一点。孟子说："父母俱存，兄弟无故，一乐也；仰不愧于天，俯不作于人，二乐也；得天下英才而教育之，三乐也。"（《孟子·尽心上》）这就是说，人伦关系的完美无缺，自身人格的完整无憾，道德理性的满足，并能以善传人，将善推广于天下，才是人生真正的大乐，是道德高尚之士所应追求的快乐。可见，在先秦儒家特别是孔孟那里，对善对义的追求与乐的获得是高度统一的：求善行义即能得乐，善的增进即是乐的增进。

不同的苦乐观决定了人们不同的追求，由此形成了不同的精神境界。儒家的苦乐观崇尚以道德理性的满足、德业的增进为乐，反对人成为外物的奴隶。这种苦乐观告诉我们，要正确地对待人生的不同际遇，既能安于贫贱，也能安于富贵，不以外在环境的变化而改变自己的人生追求，做到"富贵不能淫，贫贱不能移"，宠辱不惊，达到孟子所说的"大丈夫"的精神境界。这种精神境界能不为穷达所动，穷亦乐，达亦乐，使苦乐超越穷达。这就是说，孔孟不仅教人不要因贫穷困苦的环境改变自己对精神快乐的追求，而且教人要善处困境，要在困境中磨砺自己，促成自身的完善。这就是说孟子所说的"天将降大任于斯人也，必先苦其心志，劳其筋骨，饿其体肤，空乏其身，行拂乱其所为，所以动心忍性，增益其所不能"（《孟子·告子下》）。宋代的张载也说："富贵福泽，将厚吾之生也；贫贱忧戚，庸玉汝于成也。"（《西铭》）人生在世，有许多难以预料的艰难困苦甚至厄运。因此，苦与忧常会与人相伴。树立正确的苦乐观，苦与忧就会成为我们一笔不可多得的人生财富。作为人生之磨炼，它可以激励我们奋发进取的精神，培育不畏艰难险阻、坚持不屈、坚韧不拔的品格，即使是遭遇困厄、身处逆境，也要乐观向上，笑对生活。孟子曾说："生于忧患而死于安乐。"（《孟子·告子下》）苦乐、忧乐是一种相互包含、相互转化、对立统一的辩证关系。先哲们的这些至理名言，对于我们正确对待困境、逆境，树立正确的苦乐观，具有积极意义。

当代青年在面对人生中大喜大悲时，既不能得意忘形，也不能一蹶不振，正确看待人生中的苦乐，合理得当地处理生活中的开心与悲伤，让生活变得更精彩。无数人生成功的事实表明，青年时代选择吃苦也就选择了收获，选择奉献也就选择了高尚。青年时期多经历一点摔打、挫折、考验，有利于走好一生的路。在成长过程中，我们要准确把握苦与乐的辩证关系，努力做迎难而上、艰苦奋斗的开拓者。

（三）顺与逆

顺境和逆境这两种不同遭遇之间是一种辩证的关系。二者既相互排斥、相互对立，又相互依存、相互渗透，并在一定条件下相互转化。

首先，顺境和逆境是相互排斥、相互对立的。顺境和逆境虽然都是人的一种命运，但二者有明显的界线，无论从内容、特点或者作用方面均有质的差别，是决不能混为一谈的。从它们给人们造成的直接影响和带来的直接后果看，顺境是好事，它可以为人们的工作、学习和生活提供有利的条件和环境，并给人们带来喜悦；而逆境却是坏事，它不仅为人们的工作、学习和生活设置障碍，制造难题，而且在人们的心田播下许多痛苦、不幸的种子。因此，顺境是受人欢迎的，而逆境不受人欢迎。

其次，顺境和逆境是相互依存、相互渗透的。顺逆，从来就是相对而言、相比较而存在的。没有逆境哪有所谓顺境，没有顺境哪有所谓逆境。《道德经》第五十八章："其政闷闷，其民淳淳；其政察察，其民缺缺。祸兮福之所倚，福兮祸之所伏。孰知其极？其无正也。正复为奇，善复为妖，人之迷，其日固久。是以圣人方而不割，廉而不刿，直而不肆，光而不耀。"一个国家的朝政柔和宽厚、朴实仁爱，臣民就纯朴柔顺；一个国家的朝政严苛暴虐，臣民就奸伪狡诈。祸福无门，相依相成，相互转化。普通人不知道孰福孰祸，更不知道祸福演化发展的轨迹与动向，因为事物本身的发展（包括福祸演变其本身）是没有规律规则可言的。正常状态的事物演化发展千变万化，向着非常态方向演变。善恶、美丑、福祸的演变也是如此。美善正义等没有固定模式，都是不断变化的，善意之事其结果往往恰恰和预期相反。人们趋利避害执迷究竟，偏执单一地追逐于所谓美好、善良、吉利、福祥的好的一面，厌恶于丑的、恶的、凶的、祸的等坏的一面，由来已久根深蒂固。所以，得道的圣人，超越于祸福之变，顺应自然、顺其自然，包容、接纳、怀柔天下。自性圆满、方正守节而不究偏执不走极端，讲求原则、清正廉明但能严于律己、不过于严苛待人，正直率真但不恣意放纵、任性妄为，光明磊落，恩泽普惠天下，德业普照世人，但不自我显赫炫耀。老子给我们讲了面临顺逆时，持守中道的重要作用。科学家亚里士多德也讲"人生颇富机会和变化，人最得意的时候，有最大的不幸光临"。因此，我们可以说，顺逆是同门的、幸厄是相邻的，两者确确实实是一种相互依存的关系。在任何国家、民族、家庭和个人的命运里，都不能只有幸运而没有厄运，或者相反。顺境和逆境不仅是相互联系、相互依存的，而且是相互包含、相互渗透的。

最后，顺境和逆境在一定条件下是可以互相转化的。在这里条件是重要的，没有条件或者条件不成熟都不能转化。那么，顺境在什么条件下才向逆境转化呢？众所周知，顺境本是件好事，但常常易使人失去勇气和勤奋。当一个人处于顺境当中，如果骄傲自满、松懈斗志、止步不前，就完全有可能逐步转入逆境。顺境在一定条件下可以向逆境转化，同样，逆境在一定条件下也可以向顺境转化。一般来说，逆境、厄运是坏事，但它能造就强者，成为强者成长的阶梯和摇篮。当一个人处于厄运当中，如能坚韧不拔、艰苦奋斗，战而胜之，就完全有可能摆脱逆境而步入坦途。境遇不济固然是坏事，但同时是好事，逆境会逼着人们想办法。人们最出色的工作往往是处于逆境的情况下做出的。思想上的压力，甚至肉体上的痛苦都可能成为精神上的兴奋剂。人生的价值之花，在厄运中能够闪烁出更加耀眼的光辉。逆境并不是不可克服的，它是完全可以改变的。人生道路尽管是曲折的，但前途总是光明的。逆境本身就孕育着希望、欢乐和成功。

因此，我们面对逆境必须采取正确的人生态度：要懂得逆与顺的辩证法，要在挫折、失败、不幸的逆境中看到顺利、成功、幸运的因素和希望；要做到既不怨天尤人，也不灰心丧气，而是冷静地总结经验教训，与命运抗争，奋力拼搏，百折不挠，正确而充分地发挥主观能动性，努力创造条件，使逆境转化为顺境，从挫折和失败中争取胜利和成功，从不幸中赢来幸运。只有这样，我们才能经受住逆境的考验，从而避免在逆境中沉沦，使我们的人生在逆境的磨炼中放射出更加夺目的光芒，创造出更加宝贵的价值。

（四）生与死

生命如艺术品一样，不论其长短，都在生命的过程中彰显着属于它的奇妙意义。哲学的三大终极拷问：我是谁？我从哪里来？我要到哪里去？从某种程度上说，也是关于生死问题和人生意义的追问。自人类诞生以来，对它的思考就从未停止，这是因为生死问题是每个人都无法逃避的课题。在传统文化当中，儒家和道家关于对生死问题不尽相同：道家更讲顺其自然，而儒家更重视积极入世。

首先，道家。庄子有个非常著名故事叫鼓盆而歌。庄子的妻子死了，他失去了相依为命的伴侣。亲人都陷入了悲伤当中，只有庄子鼓盆而歌，众人不解。庄子曰："人之生也，气之聚也，聚则为生，散则为死。"（《知北游》）人的出生，是气的聚合。气聚了，人就有了生命；气散了，人就死亡。庄子曰："天地与我并生，万物与我为一。"所以，他认为，死去的人如气之消散，又回归自然，与活着的人一样，也仍然静静地存在天地之间，只不过是换种形式而存在。从这个角度看，死亡有什么可怕的呢？人又有什么可悲伤的呢？

所以，庄子曰："古之真人，不知说生，不知恶死。"（《庄子·大宗师》）就是真正懂得生命奥秘的人，不会觉得拥有生命有多么可喜，有一天死亡来临时候也不觉得多么可怕。生了不欢喜，死了不拒绝，无拘无束，无所畏惧，忘记生死，归于自然，这是一种多么达观的生命态度！所以，庄子对死亡的态度就是，第一不怕死，第二不找死，顺其自然而已。

但是道家顺其自然并不是消极怠工。庄子在《养生主》说："指穷于为薪，火传也，不知其尽也。"意思是，柴火的燃烧是有限的，而火的传续却是没有穷尽的。这个故事后来演变成了一个非常妙的成语，叫"薪火相传"，也就是说，人之形体有死，而精神不灭。

儒家面临生死观与道家表现出截然不同的态度，儒家讲积极入世，仁人志士要"舍生取义""杀身成仁"。最著名的莫过于孟子的那句名言："生，亦我所欲也；义，亦我所欲也。二者不可得兼，舍生而取义者也。"（《孟子·告子上》）生命是我所想要的，道义也是我所想要的，如果这两样东西不能同时都具有的话，那么就只好牺牲生命而选取道义了。

所以，尽管儒家道家面对生死的态度不同，但是他们最后都殊途同归，就是让生命有价值，有意义。但在现实生活中，有一些人，因为在生活中遇到了困难，受到了挫折，感到了压力，就选择了轻生。中国传统文化的儒释道对自杀都是坚决反对的。道家讲道法自然，生命顺其自然。儒家讲"敬始而慎终，终始如一"，也就是对待生命要心存敬畏，做到善始善终。佛家对自杀也是否定的，而且认为自杀与杀他人一样，是同样的罪。在佛家思想中，认为虽然人生是苦，但是死亡并不意味着解脱；如果没有达到真正的顿悟，死亡之后依旧是不可摆脱的痛苦。那么，大学生该如何洞察生命的真相？如何看待生死呢？

首先，要有一种旷达的态度。庄子曰："达生之情者，不务生之所无以为。"（《庄子·达生》）意思是真正通达生命真相的人，不会追求生命中不必要的、没有意义、没有价值的东西。比如，过多地求名逐利，盲目攀比，嫉妒他人，注重人情世故、别人的看法，等等。这有可能是自己不堪重负或者人生之累的最根本原因。另外一个方面："达命之情者，不务命之所无奈何。"（《庄子·达生》）意思是通达命运真相的人，不去追求命运中生命中无可奈何的东西，比如生老病死、不可改变的环境、难以预测的结果等。他提醒我们，放下心中那些较劲的、执拗的东西，人生才能豁然开朗，潇洒自在。

其次，要找到生命的价值和意义。价值，不是价格，代表生命不仅仅只是活着，而更要有意义。正如毛泽东在纪念张思德的文章当中有这样一句话："人固有一死，或重于泰山，或轻于鸿毛，为人民利益而死，就比泰山还重。替法西斯卖力，替剥削人民和压迫人民的人去死，就比鸿毛还轻。"所以，有的人死了，他还活着。有的人活着，他已经死了。这就是超越生死的价值和意义。

对新时代的青年来说，要以科学的态度看待生死，以务实的精神创造人生，只有找到了生命的价值和意义，才能真正做到超越生死。当有一天生死大限来临时，才能有一份微笑的坦然，可以面对死亡说："我此生无憾!"

（五）荣与辱

荣辱观属于伦理学中基础的道德范畴，包含着个体或团体对特定的人物和事件的价值判断和理性抉择，是一个民族、一个社会对于光荣和耻辱及其社会价值的最根本的观点和看法。不同的阶级、阶层和先进分子对荣辱观有着各自的观点和看法。如恩格斯所说："人们自觉或不自觉地，归根到底总是从他们阶级地位所依据的实际关系中——从他们经行生产和交换的关系中，获得自己的伦理观念。"

大多学者认为，荀子是新兴地主阶级的代表。他认为"乐易者常寿长，忧险者常夭折：是安危利害之常体也"（《荀子·荣辱》）。荣就是处于安全、通达得利；而辱则是受到危险，被困于人。足以看出，荀子把荣辱观与现实生活中的具体困惑联系在一起，使荣辱概念印上了现实意义的烙印。荀子进一步将荣和辱分为两种不同的荣和辱，即指出了荣辱观的实质内涵——"是有两端矣：有义荣，有势荣者；有义辱者，有势辱者"（《荀子·正论》）。这两种荣辱即"义荣""义辱"和"势荣""势辱"。所谓"义荣"是指人们由于具备意志坚定、品德高尚的内在品格而获得的荣誉。"势荣"主要来自外界的力量，比如世袭爵位，或是由于个人能力获得优厚的待遇，或是其他的先天性优势条件等获得的外在的荣誉。所谓"义辱"，它是和"义荣"相对应的，它是精神层面的耻辱，遭受心灵的考验，是由于"荒淫污漫、骄暴贪利"等自身的卑劣行迹而被给予的耻辱。"势辱"是物质层面的耻辱，经受身体的考验，即由于遭受欺侮，受到刑罚而得到的耻辱，这种耻辱是从身外而来的。这两种辱都是不可取的，都是应该避免的。

习近平总书记提出的社会主义核心价值观和儒家传统荣辱观有着一脉相承而又与时俱进的地方。它继承了儒家传统荣辱观尤其是荀子荣辱观的内核，是对中华民族历久弥新的民族精神和传统美德的提炼和升华。虽然荀子的荣辱观由于他所处的时代的局限，是为统治阶级服务的，但是仍然有一些地方值得我们借鉴和学习，对当代大学生建构正确的荣辱观具有重要的现实意义。

首先，重视理论教育，提高大学生的伦理道德素质。荀子强调，树立正确的荣辱观，需要加强教育，使人们知道什么是"义荣""义辱"，什么是"势荣""势辱"。从思想上认识到扬荣抑耻的重要性，从情感上体验热爱祖国、服务人们、崇尚科学、辛勤劳动、团结互助、诚实守信、遵纪守法、艰苦奋斗的光荣美德；感受背离人民、愚昧无知、好逸恶劳、损人利己、见利忘义、违法乱纪、骄奢淫逸的可耻之辱。荀子所说的理论指的是"先王之道"，在今天当然不能搬用，然而强调思想理论的重要性是正确的。我们要用马列主义、毛泽东思想、邓小平理论、"三个代表"重要思想、科学发展观和习近平新时代中国特色社会主义理论武装、教育全党和全国人民。这一指导思想是我们践行社会主义荣辱观的根本指导思想，是建设社会主义道德大厦的根本指导思想和基石。

其次，树立道德模范，引导大学生良好的道德行为。榜样的示范作用在人的后天的学习与生活中起着不可忽略的作用。当一个婴儿呱呱坠地之后，他就开始模仿周围人们的生活习惯和行为，从开始学会叫爸爸、妈妈到独立生活，等等，可以说模仿在他的生活中起着主导作用。因此，有了"孟母三迁"的故事，有了"近朱者赤，近墨者黑"的名言。荀子希望"化性起伪"，通过教化和改造使人们达到向善的境界，成为像尧舜一样的圣人。在今天这个多元文化交织的社会，如果人们的周围都是一些乐于助人、先义后礼、把国家和集体的利益置于个人利益之上的先进人物，那么在他们的感召之下，可能在某一天，感动中国的颁奖舞台将不是在某地的礼堂，而是九百六十万平方公里这样一个大舞台。

荀子的荣辱观从辩证的否定之否定方面告诉了我们如何达到趋利避害，如何修身养性、从善如流。这与当前我们践行的社会主义核心价值观不谋而合，都是为了能够使国家强大、民族复兴、人民幸福。通过具体的道德实践，每位大学生要明确理解社会主义核心价值观的真正内涵，养成正确的荣辱意识，为实现文明、和谐的校园环境共同奋斗。

【新时代启示】

习近平总书记曾说："中国优秀传统文化的丰富哲学思想、人文精神、教化思想、道德理念等，可以为人们认识和改造世界提供有益启迪，可以为治国理政提供有益启示，也可以为道德建设提供有益启发。"中国的传统文化博大精深，把握和运用中国传统文化的精华，对大学生树立自强不息、奋发有为的人生观等思想教育方面有着重要的现实意义。

当代大学生群体中独生子女占多数。由于学校、社会、家庭多方面因素的影响，导致了他们安于现状、心理和现实承受能力弱、意志力缺乏等个性特点。而当今社会处于转型期，升学就业压力较大，竞争激烈，大学生的精神状态普遍不理想。在这两方面因素的作用下，很多人选择了消极悲观、逃避现实的不理智行为，不愿承担人生责任。学习上不进取，工作中不积极，以至于最后对自身能力和生活也失去了信心，遇到挫折就逃避或半途而废，有的甚至放弃自己的生命与追求。这种现象延伸下去将威胁到整个民族的意志。在这个时候，传统文化中的积极入世精神与自强不息的刚健人格正为大学生迷茫人格的教育提供了一个可供发挥的有效建设平台。大学生要真正成为国家的有用之才，一方面，必须具有自尊、自信、自强、自立的优秀品质，志存高远的执着追求；另一方面，必须具备坚韧不拔、自强不息的进取精神，在学习和生活的各种困难与挫折面前保持百折不挠的人生态度，不畏艰险，锲而不舍，不断提高人生的境界。

同时，在建设社会主义文化强国的过程中，加强中华优秀传统文化的保护、传承和弘扬，成为社会各界的共同责任。高校学生作为拥有较高文化素质的群体,在毕业后将会走向不同的岗位,是传承和弘扬中华优秀传统文化的理想载体。因此,以课程思政建设为契机,融合中华优秀传统文化教育,让大学生能够自觉增强对中华优秀传统文化的认同感、自豪感,并且以实际行动践行其中包含的无私奉献、吃苦耐劳、勤俭励志等一系列优良品质,让中华优秀传统文化可以源远流长地传承下去。

一代人有一代人的责任和担当,青春的底色永远离不开"奋斗"两字。正如习近平所说:"现在,青春是用来奋斗的;将来,青春是用来回忆的。"我们现在享受的幸福生活,是一代又一代前辈接力奋斗创造的。人世间的一切幸福都需要靠辛勤的劳动来创造,追求幸福的过程就是不满足于现状、不断追求和创造更美好生活的过程。我们要享受眼前的幸福,更要不断奋斗,创造未来的幸福,在奋斗中创造幸福人生。今天仍然是奋斗者的时代,书写新的辉煌业绩离不开新时代的奋斗者。新时代呼唤新使命,新使命需要新担当。青年是标志时代的最灵敏的晴雨表,时代的责任赋予青年,时代的光荣属于青年。新时代的大学生应当砥砺奋斗、锤炼品格,释放火热青春的奋斗激情,彰显有志青年的人生价值。

拓展阅读

儒学的当代使命

来源:《光明日报》2022年5月30日15版

作者:陈晓霞(尼山世界儒学中心孔子研究院副院长、山东省习近平新时代中国特色社会主义思想研究中心研究员)

"周虽旧邦,其命维新。"只有顺应历史潮流,积极应变,主动求变,"行之力则知愈进,知之深则行愈达",才能使儒学与新时代同行。新时代传承和弘扬孔子创立的儒家学说以及在此基础上发展起来的儒家思想,要坚持以习近平总书记关于传承和弘扬中华优秀传统文化的重要论述为指导,坚持历史根基、当代价值、国际视野、人类高度的原则,注重顶层设计、统筹内外资源,回应社会关切,做好儒学当代使命的阐释。把握儒家"和而不同""与时俱进""经世致用"的精髓,推进中华优秀传统文化创造性转化、创新性发展,加强文化的交流互鉴。把马克思主义基本原理同中国具体实际相结合、同中华优秀传统文化相结合,围绕儒家仁爱、忠恕、创新、中庸、治国理政等思想,探究以儒学"传承与创造性转化""理论与制度创新""普及教育""传播交流""力量协同""文化保障"等为内容的使命践行路径及保障体系。

儒学为现代社会发展难题的解决提供智慧。以"尊仁""崇德""尚和"为特征的儒家学说,蕴含着化解人类社会发展难题的中国智慧。儒学的"尚和"思想对培养人的群体意识,纠偏现代社会个人主义倾向等方面具有借鉴价值。儒家具有的自强不息、厚德载物、知行合一、开放包容、躬行实践等品格,为每个个体立足实际、脚踏实地、实事求是、勤俭节约等提供了思想智慧与修身原则。孔子不仅提出了"夫仁者,己欲立而立人,己欲达而达人",而且强调"己所不欲,勿施于人",强调与人相处,要善于推己及人、成己成人、达己达人。儒家关于人与万物之间和谐共处的处世智慧为应对现代社会出现的个人至上主义、人类中心主义以及气候变化等诸多问题提供了丰厚的精神滋养。

儒学成为涵养社会主义核心价值观的重要源泉。儒家注重"德""行"统一,以"行"释"德",立足实践阐释道德价值的行为表达。儒家伦理在中华民族几千年的历史发展中塑造了中华民族特有的道德心理、道德性格、道德品质。儒家注重"存心养性""齐之以礼""德礼兼治"并举,即通过道德心理培养来促进道德行为的发生,以道德品质培养为重点且注重精神自律,并做到德礼兼治。这对社会主义核心价值观培育具有重要借鉴价值。儒家的"德行伦理"将修身与治国平天下有机联结,其本质是将个人与国家、伦理与政治相联系,并强调"修己以敬""修己以安人""修己以安百姓"。实践充分证明,社会主义核心价值观需汲取儒家"德行伦理"的思想精髓与道德精华,并在社会实践中丰富发展。

儒学有益于国家治理体系与治理能力现代化建设。"修己安人,内圣外王"为儒家的基本精神,修己内圣为儒家修身之道,外王安人则是儒家为政之道,由此形成了治国理政的智慧,为推进国家治理体系与治理能力的现代化乃至全球治理体系建设提供了借鉴与启迪。儒家"民本"观中蕴含"人民为大"的治理理念,《尚书》中提出"民惟邦本"的"民本"思想,即民众为国家的根本。当前,我国"人民至上"的执政理念正是对儒家"民本"思想的继承与发展,"人民至上"理念将全心全意为人民服务作为出发点和落脚点,为人民谋幸福、为民族谋复兴。儒家主张德主刑辅、德法并举,"礼""法"并用,注重制度建设与治理能力的有机统一。儒家"德礼"蕴含国家制度建设的治理智慧以及一以贯之的"仁爱"思想,关注制度运作与个人贤能之间的内在关联,提出修身与建构选贤任能制度并举,注重贤能思想对治理能力的提升,并将制度优势转化为治理效能,有益于国家治理体系与治理能力现代化建设。

儒学蕴含构建人类命运共同体的国际视野。儒家坚持以"仁"为基点的"天下"观，这为构建人类命运共同体提供了思想滋养。儒家"仁者爱人""四海之内皆兄弟"等思想，体现了中国人所具有的"天下一家""民胞物与"的整体宇宙观，成为"世界大同、和谐相处、共同发展"的人类命运共同体的思想文化基因。儒家"和合""天下为公""和为贵"等理念，以及责任要先于自由，义务要先于权利，群体要高于个人，和谐要高于冲突，国家要优先于个人，等等思想，体现了儒家的家国情怀，对后疫情时代的国际社会发展具有重要借鉴价值。历史上世界许多国家都深受儒家思想影响，在当代很多国家也把儒家文明精神融入自身国家发展中。儒学既是中国传统文化的一部分，也是世界文化宝库中的瑰宝。新时代的儒学理应担当起新的历史使命，借鉴西方先进的文化思想，不断丰富完善学术体系，彰显自身优势和作用，让传统儒家思想走出国门，为解决世界其他地区的问题提供"中国智慧和中国方案"，为人类美好的明天做出积极贡献。

思考题

1. 你如何看待人生？
2. 大学时期我们应如何建立一生的规划？

专题二

理想信念：功崇惟志，业广惟勤

【主题出处】

"功崇惟志，业广惟勤。"我国仍处于并将长期处于社会主义初级阶段，实现中国梦，创造全体人民更加美好的生活，任重而道远，需要我们每一个人继续付出辛勤劳动和艰苦努力。

——2013年3月17日，习近平主席在第十二届全国人民代表大会第一次会议上的讲话

【原典出处】《尚书·周书·周官》（上古之书）

王曰："呜呼！凡我有官君子，钦乃攸司，慎乃出令，令出惟行，弗惟反。以公灭私，民其允怀。学古入官，议事以制，政乃不迷……戒尔卿士，功崇惟志，业广惟勤，惟克果断，乃罔后艰。"

【原典释义】

《尚书》是中国古代重要的经学文献，其中《周书》是《尚书》的组成部分之一，相传为记载周代史事之书。这句话的背景是，周成王灭了淮夷，回到王都丰邑，和群臣一起总结周王朝成就王业的经验，并向群臣说明设官分职用人的法则。他在告诫"有官君子"（大夫以上有职事者）要忠于职守、勤于政务时说：你们要认真对待你们的职责，不能怠惰疏忽，要知道"功崇惟志，业广惟勤"。这句话中的两个"惟"字当"由于"讲，意思是说，取得伟大的功绩，在于志向远大；完成伟大的事业，在于工作勤奋。

【主题讲解】

不管是国家要实现振兴，还是个人要成就事业，都必须具备两个条件，一

为立志，二为勤勉。立志是前提，勤勉为保障，无志不足以行远，无勤则难以成事。习近平同志在不同场合，多次引用这句含义隽永的古语，正表明立志与实干相辅相成的关系。我们有着宏大的发展目标——"两个一百年"的实现近在眉睫，民族复兴"中国梦"曙光在前；我们也面临复杂的发展环境——发展攻坚期，多少工作要推进；改革深水区，多少困难要破题。因此，我们更需苦干实干，以务实作风、踏实态度，"逢山开路遇水搭桥"，一步一个脚印朝前走。而在这一过程中，每个人也能找到人生舞台，收获出彩机会，以志为方向、以勤为动力，与国家、民族一起前行。

一、立志高远：无远勿届

理想信念教育一直是中国共产党高度重视的工作，也是习近平新时代中国特色社会主义思想的重要组成部分。习近平总书记在系列重要讲话和报告中多次运用古代典籍讲理想信念思想。2013 年 6 月 28 号，习近平总书记在全国组织工作会议上的讲话中说："志之所趋，无远勿届，穷山距海，不能限也。志之所向，无坚不入，锐兵精甲，不能御也。"这句格言出自清朝学者金缨编纂的格言集——《格言联璧》。

（一）志之所向：无坚不入

"志之所趋，无远勿届，穷山距海，不能限也"是讲远度。志向能够远到什么程度呢？志向哪怕到了山边、到了海边，只要志向还向前走，那么山和海都不能限制。"志之所向，无坚不入，锐兵精甲，不能御也"是讲强度。面对武器，志向就是盔甲，再锋利的武器也无法突破盔甲。面对盔甲，志向就是武器，无论盔甲有多强大，它都会被武器刺穿，即不存在力量能坚固到可以抵御志向的力量。无论是在革命战争年代，还是在改革建设年代，有了理想信念，人生才能无远弗届，无坚不入。

习近平总书记在《青年要自觉践行社会主义核心价值观——在北京大学师生座谈会上的讲话》上引用了清朝著名的书画家、著名诗人郑板桥的名篇《竹石》："咬定青山不放松，立根原在破岩中。千磨万击还坚劲，任尔东西南北风。"这首诗通过歌咏竹子顽强的生命力来表达信念的坚定。竹子为何在千磨万击下仍能坚韧无比，在东西南北风中仍能傲然挺立呢？答案就是"咬定青山不放松"。竹子只有深深地扎根于青山上，深植于山岩中，才能经受各种风雨磨砺，依然坚定、洒脱、顽强，永不向邪恶势力低头。就像竹子面对青山岩石一样，人也是凭着信念，才能向着目标前进，不被困难吓退、不被矛盾所惑、不被利益诱惑。只有树立高度的价值观自信，才能坚定价值立场，保持清醒认识，具有政治定力。国家的发展，民族梦想的实现，也需要有定力、有航标，扎根传统、保持自我。此外，习近平总书记还引用过"位卑未敢忘忧国""功崇惟志，业广惟勤""石可破也，而不可夺坚也；丹可磨也，而不可夺赤也"等典故，激励大家树立崇高的理想信念。

（二）坚定理想信念：补足精神之钙

为什么理想信念如此重要？理想信念对国家、政党、青年成长成才具有重要意义。

1. 理想信念关乎国家富强，民族振兴

理想信念能反映出一个国家、一个民族和个人对价值的追求，成为国家和民族未来命运的决定性因素，无形中凝聚起一个国家和民族团结奋斗的力量，是促进民族进步发展的精神动力，是前进道路中激流勇进、继往开来的精神支撑。理想信念贯穿于我国发展的始终，革命道路、建设道路、发展道路都不能离开理想信念作为支撑。

"革命理想高于天"，马克思主义理想信念是无比崇高坚定的信念。革命战士面对艰苦卓绝的环境，在残酷的斗争中无所畏惧、英勇战斗，将个人利益置于国家和民族之后，甚至毫不犹豫地献出了宝贵生命。在社会主义革命和建设阶段，中国共产党人带领中国人民奋力促进了社会主义建设事业的蓬勃发展。改革开放初期，国际国内环境形势复杂，一系列新危险、新挑战和新问题席卷而来。中华儿女怀有共同的理想信念，凝聚起奋斗的力量在砥砺前行，迎难而上，在改革开放40多年中创造了许多彪炳史册的人间奇迹。理想信念在国家发展和民族进步中具有十分重要的地位，是国家和民族的精神脊梁。现如今，对于处在新的历史发展方位的中国而言，要继续不忘初心、牢记使命，为国家和民族发展开辟新天地，寻找新机遇，创造更加美好的未来。

2. 理想信念关乎政党生死存亡

对于一个政党来说，理想信念是指引它前进与发展的核心，对政党的生死存亡起着至关重要的作用。2021年11月1日出版的第21期《求是》杂志发表了习总书记的重要文章《坚定理想信念　补足精神之钙》。"对马克思主义、共产主义的信仰，对社会主义的信念，是共产党人精神上的'钙'。"理想信念对于人的精神世界的重要性相当于人体骨骼中的钙元素，人如果缺钙就会得"软骨病"。习近平总书记提出："理想信念动摇是最危险的动摇，理想信念滑坡是最危险的滑坡。一个政党的衰落，往往是从理想信念的丧失或缺失开始的。"习近平总书记说："长征胜利启示我们：心中有信仰，脚下有力量；没有牢不可破的理想信念，没有崇高理想信念的有力支撑，要取得长征胜利是不可想象的。"有志且能守志是党的先进分子"安身立命的根本"。有了这样的理想信念，我们就能够在革命年代前赴后继、百折无悔，在建设年代艰苦奋斗、无私奉献，在改革年代敢为人先、勇立潮头，在新时代自强不息、不懈奋斗。无比强大的力量源于坚定的理想信念，屹立不倒的政党源于党员的严于律己和忠诚的初心。

3. 理想信念关乎青年成长成才

习近平总书记经常讲青年要树立正确的理想信念，青年要报效祖国，青年要自立自强。"青年是人生的拔节孕穗期""一个人在青年时代确立的正确的理想、坚定的信念对自己成长和人生奋斗具有重要意义"。中华优秀传统文化对青年理想信念的正确引领主要体现在以下三个方面。

（1）指引青年学生奋斗方向

习近平总书记说："理想指引人生方向，信念决定事业成败。"古有岳飞"精忠报国"理想信念，今有爱国将士、竭尽忠臣佳话；越王勾践心怀复国理想抱负，卧薪尝胆发愤图强；马克思与恩格斯怀有对理想社会的信念，始终站在革命最前线，最终创立无产阶级学说，成为世纪伟人。

（2）激发青年学生潜在能力

志向为何会有如此伟大的力量呢？习近平总书记说："青年志存高远，就能激发奋进潜力，青春岁月就不会像无舵之舟漂泊不定。正所谓'立志而圣则圣矣，立志而贤则贤矣'。"

（3）提高青年学生的精神境界

崇高的理想信念是人类精神世界的核心，统领精神生活各个方面，引领人追求更高的生活目标，不断提升精神境界。习近平总书记把正确的"三观"比作青年学生人生的"总开关"，树立理想信念就如"系好人生的第一粒扣子"一样重要。

（三）立鸿鹄志，做奋斗者

1. 中华优秀传统文化中的立志思想

五千多年的中华优秀传统文化积淀了丰厚的关于理想信念的思想。习近平总书记强调："中华文化既坚守本根又不断与时俱进，使中华民族保持了坚定的民族自信和强大的修复能力，培育了共同的情感和价值、共同的理想和精神。"在中国古代，"志"就是理想。孟子曰："志，气之帅也。"例如，诸葛亮的"志当存高远"，王勃的"穷且益坚，不坠青云之志"，朱棣的"人须立志，志立则功就。天下古今之人，未有无志而建功"，苏轼的"古之立大事者，不惟有超世之才，亦必有坚忍不拔之志"，曾国藩的"坚其志，苦其心，劳其力，事无大小，必有所成"，等等。中国古代有无数仁人志士胸怀理想、报效祖国，形成了志存高远的精神品质。例如：唐代诗人李白写下"大鹏一日同风起，扶摇直上九万里"的豪言壮志，坚定信念迎接"长风破浪会有时，直挂云帆济沧海"；范仲淹"先天下之忧而忧，后天下之乐而乐"；曹操"老骥伏枥，志在千里"等等。

2. 大同社会理想信念

中华优秀传统文化中的理想信念体现在对大同社会的追求。"大道之行也，天下为公。选贤与能，讲信修睦。故人不独亲其亲，不独子其子。使老有所终，壮有所用，幼有所长，鳏寡孤独废疾者皆有所养。"这是儒家描绘的"大同"社会，也是我国"大同"思想的主要观点。纵观历史，大同社会主要表现出亲邻、和谐、安稳、幸福的理念，与后来国家领导人提出的小康社会思想、脱贫攻坚克难战略思想、乡村振兴发展思想遥相呼应，都是对生活理想的一种追求。大同社会是中国人对理想社会形态的最终表达，是人类社会的最高发展阶段，也是新时代我们力求建设富强民主文明和谐美丽的现代化社会不可或缺的理念。

（四）得其大者可以兼其小：个人理想与社会理想相结合

1. 心怀国之大者，敢于担当作为

习近平总书记给北京大学考古文博学院 2009 级本科团支部全体同学的回信（2013 年 5 月 2 日）中写道：中国梦是国家的梦、民族的梦，也是包括广大青年在内的每个中国人的梦。"得其大者可以兼其小。"只有把人生理想融入国家和民族的事业中，才能最终成就一番事业。希望你们珍惜韶华、奋发有为，勇做走在时代前面的奋进者、开拓者、奉献者，努力使自己成为祖国建设的有用之才、栋梁之材，为实现中国梦奉献智慧和力量。

"得其大者可以兼其小"出自《唐宋八大家文集欧阳修》卷十八。这段文字阐述了"得大"与"兼小"的关系。欧阳修认为易学有"大、小"之别，学习《易经》要从"大义"着手，不能局限于某卦上的小道理；明白了《周易》卦象演变的大规律，就可以知道各种卦象具体变化的小道理。懂得了这点，就容易学懂《易》了。推而广之，人生亦然。这段话体现了唯物辩证法中主要矛盾与次要矛盾，矛盾的主要方面与次要方面的观点。做任何事情都要从大处着眼，明确大道规律、把握趋势发展。掌握了根本的大道理，才可以兼顾旁枝末节。反向行之就是舍本逐末，陷于琐碎而难明大方向。习近平总书记说："只有把人生理想融入国家和民族的事业中，才能最终成就一番事业。"国家梦想的实现，往往就是个人梦想的达成；群体利益的实现，往往就是个人利益的获得。

习近平总书记在中央党校建校 80 周年庆祝大会中引用了南宋诗人陆游的"位卑未敢忘忧国"。陆游一生渴望收复失地，还我河山。贬官和生大病后，他感伤的并不是自己能否走出困顿的境遇和前途命运，而是"京华父老望和銮""死去元知万事空，但悲不见九州同"。他始终不忘"为国戍轮台"，入梦来的都是"铁马冰河"。明末清初伟大思想家顾炎武说："保天下者，匹夫之贱与有责焉耳矣。"后来精炼成了"天下兴亡，匹夫有责"。杜甫在草庐陋室里蜗居，遇到秋夜骤袭风雨，许下"安得广厦千万间，大庇天下寒士俱欢颜，风雨不动安如山"的愿望。东汉末年天下板荡，群雄并起，孙权联手刘备，并在周瑜和鲁肃的鼎力辅助之下击破曹操，赢得赤壁大战。孙权想在众人面前显示鲁肃威名，而鲁肃说："愿主公能威加四海，总括九州，克成帝业，然后再用征用贤者的马车来征召鲁肃，那时才能让我心满意足啊！"鲁肃把安邦定国的希望寄托在孙权成就帝业之中。"但使龙城飞将在，不教胡马度阴山"，为确保"大家"安定而终得"小家"平安。

古人对"得其大"的追求是一种胸怀，也是一种智慧；在今天，"得其大者可以兼其小"，既是勉励，也是提醒，更是指引。"得其大者"就是要明确，国家和民族的繁荣振兴要依靠全体中华儿女拼搏奋斗，中国梦是国家的梦、民族的梦，更是每一个中国人的梦；"兼其小"就是坚信，在为实现中华民族伟大复兴的中国梦不懈奋斗的过程中，每一个人的人生目标、美好愿景也都一定能从理想走向现实。

2. 新时代青年学生理想信念的基本内涵

青年兴则国家兴，青年强则国家强。青年学生理想信念的内涵体现为以下三个层次。

（1）共产主义崇高目标

共产主义是中国共产党的最高奋斗目标，也是新时代青年学生追求的高远理想。中国青年运动证明了共产主义所蕴含的强大精神力量感召着广大中国青年，奠定了深厚的青年群众基础。此外，"自由而全面的发展"是马克思关于人的发展的最高价值追求；我国提出的"德智体美劳全面发展"的新时代青年人才培养指标，体现着向共产主义发展阶段逐渐靠拢的趋势，青年要把共产主义崇高目标作为理想信念的组成部分。

（2）中国梦共同理想

青年犹如刚刚升起的太阳，充满着生命的活力与张力。李白"少年负壮气，奋烈自有时"，青春年少壮志凌云；杜甫"宗之潇洒美少年"；曹植"少小去乡邑，扬声沙漠陲"。家国情怀在古代青年心中意味着保家卫国，意味着奔赴边塞英勇杀敌。习近平总书记说："我国青年不懈追求美好梦想，始终与振兴中华的历史进程紧密相连。"艰苦卓绝的革命斗争岁月，中国青年怀揣革命理想，以无所畏惧的斗争精神为争取民族独立和人民解放冲锋陷阵。进入崭新时代，"两个一百年"奋斗目标已经成为全体中华儿女共同的理想追求。习近平强调："中国梦是全国各族人民的梦想，也是青年一代应该牢固树立的远大理想。中国特色社会主义道路是我们党带领人民历经千辛万苦找到的实现中国梦的正确道路，也是广大青年应该牢固树立的人生信念。"

（3）青年学生的个人追求

青年学生在遵循国家发展目标的同时，要确立符合个人特点的人生理想，在为实现社会共同理想而不懈奋斗的过程中实现人生价值。青年的人生目标会有不同，职业选择也有差异，但只有把自己的小我融入祖国的大我、人民的大我中，与时代同步伐，与人民共命运，才能更好地实现人生价值，升华人生境界。

共产主义高远目标、中国特色社会主义共同理想、青年学生各自的人生追求这三者共同构成了新时代青年理想信念的基本内涵。正如习近平总书记所明确要求的，要始终坚定对马克思主义的信仰、对中国特色社会主义的信念、对中华民族伟大复兴中国梦的信心。

3. 将激昂青春梦融入伟大中国梦

把个人理想与民族和国家命运结合起来，在实现中华民族伟大复兴中国梦的洪流中发挥个人的才华和智慧，就能"大""小"兼得。

（1）为学要有"不畏浮云遮望眼"的大视野

当前世界正处于百年未有之大变局，科学技术突飞猛进，文化观念多元发展。只有与时俱进、与时偕行，才不会被时代所抛弃；只有善学善思、善作善成，学习、工作才能事半功倍。只有以"人生在勤，不索何获"的精神孜孜不倦、锲而不舍地持续充电、开阔眼界，才能在眼花缭乱中把握正确方向，在繁杂中找准前进思路，才能为将来的发展聚势赋能。既要胸怀全局、眼观大局，将整个事业、整个人生框架了然于心，又要踏踏实实、兢兢业业行稳致远。

（2）为人应有"一蓑烟雨任平生"的大境界

人生道路上有高峰有低谷，无论顺境逆境，都要高尚雅正，心中有温度，胸中有气度。面对风风雨雨，仅凭一蓑烟雨从容应对，是一种不畏坎坷的超然情怀，是一种旷达超脱的胸襟、超凡脱俗的人生理想。与人为善，让生活美好温暖；从容洒脱，让生命豁达优雅；放宽眼界，让人生广阔磅礴。当"压力山大"时，不妨想想目标何在、梦想何为，就能走出局限；当困扰于挫折停滞不前时，不妨思考大势何趋、形势何向，就能超越狭隘。"躺平""内卷"不适合青年们，只有日复一日向下扎根，才能向上长成参天大树。

（3）为事当有"风物长宜放眼量"的大格局

雷锋说过"一滴水只有放进大海里才永远不会干涸，一个人只有当他把自己和集体事业融合在一起的时候才最有力量"。有大意义、大格局的人一定是有"大我"情怀的人。他们有超越眼下、远观大局的胸怀抱负、眼光气量。毛泽东曾说："风物长宜放眼量。"放眼量、得其大，提醒我们大气才有大器玉成，阔步才得海阔天空。在今天，做大事就是投身于习近平新时代中国特色社会主义伟大事业。"离开了祖国需要、人民利益，任何孤芳自赏都会陷入越走越窄的狭小天地。"中国梦是国家的梦、民族的梦，也是包括广大青年在内的每个中国人的梦。毛泽东同志曾说"世界是我们的，做事要大家来"。党的十八大强调"团结就是大局，团结就是力量"。圆中国梦终究要靠每个中国人的努力。年轻一代理所当然应该冲锋在前，争当奋进者、开拓者、奉献者，把个人的发展与国家、民族的发展结合起来，置于国家前进文明进步的洪流中，把小我融入祖国和人民的大我中，以超越眼下的胸怀抱负、远观大局的眼光气量去谱写更美好的青春，让人生熠熠生辉。

二、脚踏实地：绝知此事要躬行

"耳闻之不如目见之，目见之不如足践之"，习近平总书记多次引用过《说苑·政理》中的这句古语。在青年时期，习近平同志引用过马克思在《哥达纲领批判》中的另一句名言："一步实际运动比一打纲领更重要。"这两句话讲的是同一个道理，就是"纸上得来终觉浅，绝知此事要躬行"。行是什么？行就是实践。躬行就是持之以恒、坚定不移地去实践。理想信念是一个思想认识问题，更是一个实践问题。如果说现实是此岸，理想是彼岸，那么唯有实践才是联系二者的桥梁。党的十八大以来，习近平同志多次强调，"幸福不会从天降""撸起袖子加油干"。新时代的大学生，如何在脚踏实地的奋斗中展现自己的抱负和激情，在"真刀真枪"的实干中成就一番事业呢？这就要从尚行、敏行、力行三个层面认识我国传统文化中知行合一的精神。

（一）尚行：行胜于言

中国传统文化历来高度重视"行"，有"行胜于言"的理念。《论语》开篇即云"学而时习之，不亦说乎"，这里的"习"有两层含义：一是温习，一是践行。"听其言而观其行"，孔子最称许的好学者不是满腹经纶的学问家，而是能在生活中真正做得好的行动者，"行"的重要性可见一斑。荀子讲："不闻不若闻之，闻之不若见之，见之不若知之，知之不若行之，学至于行之而止矣。"这个观点影响到韩非子，提出"参验"说，把参验作为检验认识正确与否的标准，主张"循名实而定是非，因参验而审言辞"。北宋易学家邵雍在《皇极经世书·观物篇》中主张"尚行，则笃实之风行焉"，即社会和个人要崇尚实际行动，反对空谈。"知之真切笃实处即是行，行之明察精觉处即是知"，明代大儒王阳明则强调知与行的统一，将知行合一思想推到极致。明清之际的王夫之认为，行为知之本，主张"必以践履为主"。可见，儒家非常推崇"践履"和"躬行"，而其他学派对知行关系也多有讨论。《道德经》通篇强调"名"如何与"道"相合，多处提到"希言""贵言""善言"，非常鲜明地主张少言多行，反对"自是""自伐""自矜"的做派。完成佛教中国化的禅宗中，拈花一笑的典故表达的是"言语道断"，认为语言不能代替对道的切身体悟，有时甚至是得道的障碍。由此可见，"行胜于言"的理念和精神已经沉淀为世世代代中国人的生命底色。

"知是行之始，行是知之成。"王阳明认为，道不可坐论，德不能空谈，知行合一，需要在事上磨炼。王阳明在贵阳三年贬谪期满后，被朝廷任命为江西吉安府庐陵县知县。初领县政不久，"灾疫大行"，旱灾与瘟疫叠加，多处村巷出现一家灭门的惨况。尤令王阳明痛心不已的是疫情期间的"人间失格"，瘟疫横行时，当地民众恐慌不已，为防传染，亲人染病也弃之不顾，以至于病人多因无人照护活活饿死。顽症缠身、卧病在床的王阳明，彻夜无眠，苦思良久后推出抗疫五策。在《告谕庐陵父老子弟》中，王阳明勇担发生灾疫和疫情蔓延的责任，并为因病不能总是出现在第一线深表歉意。王阳明把"善念"付诸行动从而实现知行合一，把"立德"与"立功""立言"结合起来，这既是中国古人"修身齐家治国平天下"的人生理想，也是实现"内圣"与"外王"有机统一的必然要求。直到今天，他还在影响着中国人的内心世界，提示着中国人在完善自我、改造社会的道路上不尚空谈、务真求实。王阳明的一生，是知行合一的一生，与他同时代的徐霞客，有异曲同工的共识：读万卷书，行万里路。清华大学梅贻琦校长所提倡的"行胜于言"，是清华大学的校风，也是清华精神中重视实干的体现，鞭策着一代代清华人严谨务实、拼搏进取。

新冠肺炎疫情是百年来全球发生的最严重的传染病大流行。疫情发生以来，中国人民众志成城，以对全人类负责的态度，打响了一场疫情防控的人民战争、总体战、阻击战。医务工作者冲锋在前、奋不顾身，在防控一线筑起一道钢铁长城；科研工作者临危受命、昼夜攻关，只为制造对抗疫魔的关键武器；社区工作者、公安干警为保护人民生命安全牺牲奉献；还有，那一个个平凡的你我他，心往一处想、劲往一处使，把个人冷暖、集体荣辱、国家安危融为一体……行动最见精神，而这样的精神是有根的。回望走向复兴的历程，"行胜于言"的中华民族精神力量，历经千年风云而朝气蓬勃。尤其是在这次抗疫斗争中，参加抗疫的医务人员中有近一半是"90后""00后"，他们有一句话感动了中国："2003年非典的时候你们保护了我们，今天轮到我们来保护你们了。"青年人同在一线英勇奋战的广大疫情防控人员一道，不畏艰险、冲锋在前、舍生忘死，彰显了青春的蓬勃力量，交出了合格答卷。广大青年用行动证明，新时代的中国青年是好样的，是堪当大任的！

穿过历史的长河，"行胜于言"的中华民族精神已经转化为推动历史进步的强大动力，深深熔铸在民族的生命力、凝聚力和创造力之中。瞭望前方的征途，身处世界百年未有之大变局和中华民族伟大复兴的战略全局，未来一个时期，我们将面对更多逆风逆水的外部环境，国内发展环境正经历深刻变化，实现伟大梦想必须进行伟大斗争，机遇与挑战并存。抓住机遇、应对挑战，在危机中育新机、于变局中开新局，更加需要大力弘扬这样的民族精神，崇实尚行、学以致用、躬身实践、守笃精进、学思践悟、知行合一。

（二）敏行：明辨善行

"合抱之木，生于毫末；九层之台，起于累土"，习近平总书记曾多次在重要场合引用老子这句话。这句话充满了大与小、多与少、成与始的辩证思考，在阐明事物发展变化规律的同时，告诫人们，无论做什么事情，都必须从小事做起，从点滴做起，只有这样，才可能成大事业。荀子则提出了"积土而为山，积水而为海"的观点，启示人们做一件事要善始善终，久久为功。梁启超在《过渡时代论》中说："语曰：'行百里者半九十。'井掘九仞，犹为弃井；山亏一篑，遂无成功。"这里强调的就是"积累"在学习中的重要性。行动不是盲行，实践也不是盲目的实践，如孔子所说"君子欲讷于言而敏于行"，敏行就是要尊重客观规律。那么，如何真正做到敏行呢？

1. 勤奋劳动

勤劳是我们中华民族的标识。"天道酬勤""一勤天下无难事""业精于勤而荒于嬉"等思想，都强调了勤奋努力的重要性。《尚书·周书》有云"功崇惟志，业广惟勤"，想要建立一番功业，"志"与"勤"缺一不可。周公本人就是这句话的最好践行者。周公承继父兄的理想，立志将周朝建成一个长久的仁爱之国。为了这个志向，他一生勤奋辛劳，"吐哺握发"建立了伟大的功业，被《尚书·大传》概括为："一年救乱，二年克殷，三年践奄，四年建侯卫，五年营成周，六年制礼乐，七年致政成王。"正因为如此，孔子对周公极其崇拜，一生都以恢复周礼作为自己的崇高志业。《周官》所讲，是为政的道理。但"功崇惟志，业广惟勤"的适用范围，却不仅仅局限于为政，比如曹雪芹创作《红楼梦》。曹雪芹进入长篇小说创作领域，有着明确的美学志向，那就是要"令世人换新眼目"。为此，他付出了"批阅十载，增删五次"的努力。写成之后，回味这其中的艰辛，他又有一首诗："浮生着甚苦奔忙，盛席华筵终散场。悲喜千般同幻渺，古今一梦尽荒唐。漫言红袖啼痕重，更有情痴抱恨长。字字看来皆是血，十年辛苦不寻常。"

一分耕耘一分收获，所有的一鸣惊人都是厚积薄发。李时珍访百川，行千里，见药工、樵夫、渔夫等"每事问"，呕心沥血 27 年，这才有了巨著《本草纲目》；徐霞客跋涉千山万水，足迹踏遍大半个中国，历时 34 年，才写出了《徐霞客游记》；屠呦呦提取出挽救无数生命的青蒿素之前，历经 380 多次实验、190 多个样品……不下一番苦功夫、笨功夫，不把基础打牢、打扎实，就难以采撷到成功的果实；敢于自我加压，勤勤勉勉、脚踏实地，才是走向胜利的不二法门。"业广惟勤"，"业"对我们大学生来讲就是学习，"勤"对我们大学生来讲就是勤学。正如习近平总书记所说："时间不等人！历史不等人！时间属于奋进者！历史属于奋进者！为了实现中华民族伟大复兴的中国梦，我们必须同时间赛跑、同历史并进。"

2. 久久为功

常言说"一口吃不成胖子""行百里者半九十"就是勉励人们做事情要善

始善终。秦王嬴政依靠秦几代积累的强大实力和天然的有利地形，加之实行了"远交近攻"的"连横"政策，使得秦国国力大增。统一大业眼看就要完成，此时秦王嬴政逐渐懈怠下来。一天，一位年近九十岁的老人，从百里远处赶到京城面见秦王。进宫后，嬴政问道："老人家，你这么大年龄，从那么远的地方赶来，路上一定很辛苦吧？"老人回答说："是啊！我从家乡出发，赶了十天，走了九十里的路程；又赶了十天，才走完了最后的十里路，好不容易赶到京城。"嬴政听后笑道："老人家，你算错了吧？起先十天就走了九十里路，后来的路怎么能走了十天呢？"老人回答说："走头十天时，我一心赶路，精力充沛。但走了九十里以后，一方面实在觉得很累，另一方面也觉得没有多少路了，所以就放松下来。那剩下的十里路，似乎越走越长，一直走了十天，才到了咸阳。这样一算，前面的九十里路，只能算是路程的一半……如今，我们秦国统一的大业眼看就要完成，但我觉得这就像我要走一百里路而已经走了九十里一样。我希望大王把以往的成功看作事业的一半，还有一半需要更大的努力去完成。如果现在放松下来，那以后的一半路就会特别难走，甚至会半途而废，走不到终点！"嬴政听后很受震动，从此再也不敢松懈，把全部精力都放到统一六国的大业上去，最终完成了一统大业。

的确，一个成功的实践就是一个坚持到底的实践，要有久久为功的韧劲。习近平总书记引用过山西右玉县治沙的故事来说明这点。山西省右玉县地处毛乌素沙漠的天然风口地带，是一片不毛之地。新中国成立以后，从第一任县委书记就开始带领大家植树造林治沙。此后几十年，坚持一张蓝图绘到底，最终将不毛之地变成了塞上绿洲。习近平总书记用这个故事就是在告诉我们做事要有一种久久为功的韧劲和境界。奋进正当时，只要我们力耕不辍，中华民族伟大复兴的中国梦，一定能够早日实现！

（三）力行：身体力行

力行，《中庸》记载："力行近乎仁。"其大意为竭尽全力去做事就接近仁了。"博学之，审问之，慎思之，明辨之，笃行之""行远必自迩，登高必自卑"等思想，都将力行作为君子之大德。力行何以成为君子之仁德？中国传统思想历来尚行，而德性最终也要通过"行"展现出来。"内圣外王"是传统儒家的基本主张，圣人之道就是要以上率下，身体力行地展现自己的治世之德和经世之能。《周易》中蕴含的"生生之德""崇德广业"思想已然表明早期儒家对力行的推崇。宋明时期，力行思想得到空前发展。北宋张载先生"为天地立心，为生民立命，为往圣继绝学，为万世开太平"的"横渠四句"将力行的人格境界提升到新的高度。这一时期，陈亮的事功学说、程朱理学、陆王心学等在强调力行的重要性上是一致的。到近代，孙中山先生提出"行先知后"的知行观，希冀通过唤醒民众随其共图革命以实现中国之重生的政治抱负，更是对力行这一中华优秀传统思想的忠实实践。

"空谈误国，实干兴邦""以实则治，以文则不治"等力行思想，早已沉淀为中华民族的价值追求和精神标识。它发端于中华民族的先人们披荆斩棘、开疆拓土的艰辛创业中，它凝结在中华儿女五千多年来自强不息、艰苦奋斗铸就的伟大精神中，它展现在近代以来中国人民救亡图存、不断奋进实现民族复兴的伟大事业中。

1. 社会主义是干出来的

"身体力行"出自《淮南子·氾论训》。通观古今，大凡得到人民爱戴和拥护的为政者"莫不行之贵力"，讲求一个"实"字。清末民族英雄林则徐一生刻苦自励、务实笃行，"凡民生疾苦，吏事废堕，人才贤否，无纤悉不知，知无不行"。1830 年起，他奔波于湖北、河南、江苏三省之间，兴修水利、救灾办赈、整顿吏治。建水利工程异常艰苦，为求"弊除帑节，工固澜安"，林则徐亲赴现场查看险情、检查进度、监督质量。身体力行的品格贯穿于林则徐政治生涯的全过程，时人赞之："无一事不尽心，故无一事无良法。"

"社会主义是干出来的。"习近平总书记这句言简意赅的话，是对我们披荆斩棘走过千山万水的总结与升华，也是对征途漫漫仍须跋山涉水的号令与鞭策。一百年来，我们党团结带领中国人民浴血奋战、百折不挠，创造了新民主主义革命的伟大成就；自力更生、发愤图强，创造了社会主义革命和建设的伟大成就；解放思想、锐意进取，创造了改革开放和社会主义现代化建设的伟大成就；自信自强、守正创新，创造了新时代中国特色社会主义的伟大成就。所有这一切，都生动诠释了一个真理：幸福都是奋斗出来的，美好生活是靠苦干实干实现的。

2. 新时代也是干出来的

"以实则治，以文则不治"出自明末清初思想家唐甄所著的《潜书》。唐甄在山西长子县做知县时，为了动员百姓种桑养蚕，不但挨家挨户地做说服工作，而且带头示范。结果没有发布一纸文书通告，百姓就在一个月内种桑 80 万株。他的成功经验便是"为政贵在行"，"行"就是落实。唐甄针对当时官场中公文泛滥、有令不行的弊端，提出"以实则治，以文则不治"。他认为，如果只管发文，不问落实，其结果只能是"百职不修，庶事不举，奸敝日盛，禁例日繁，细事纠纷，要政委弃"，公文告示贴满大街小巷也形如空文。

"新时代也是干出来的。""实干"二字，是一个国家、一个民族开拓进取，实现梦想的密码。党的十九大报告指出，经过长期的努力，中国特色社会主义进入新时代。但是在未来，我们还面临很多的挑战，还有很多的困难需要我们去克服。习近平总书记反复强调，中华民族伟大复兴绝不是轻轻松松、敲锣打鼓就能实现的，距离实现中华民族伟大复兴中国梦越近，越是需要大家撸起袖子加油干。正如李大钊所说："凡事都要脚踏实地去作，不驰于空想，不骛于虚声，而惟以求真的态度做踏实的工夫。"

3. 青春是用来奋斗的

"空谈误国，实干兴邦"出自明末清初著名思想家顾炎武的《日知录》。顾炎武深刻认识到明末士大夫空谈心性，不研究经世致用的学问，才导致国破家亡、天崩地解的历史悲剧。为此，他主张做学问不能鸿篇大论，必须研究国家兴亡、百姓关切的现实问题。他在所作的《郡县论》中说："何谓（国家）称职？曰：土地辟，田野治，树木蕃，沟洫修，城郭固，仓廪实，学校兴，盗贼屏，戎器完，而其大者则人民乐业而已。"他认为一切社会问题的解决，最终都只能通过发展经济的途径，才能达到国泰民安的大治境界。

"青春是用来奋斗的。"新时代的中国青年，生逢其时、重任在肩，施展才干的舞台无比广阔。2018年5月2日，在北京大学师生座谈会上，习近平总书记号召广大青年学生知行合一，做实干家："'道虽迩，不行不至；事虽小，不为不成。'这是永恒的道理。不论学习还是工作，都要面向实际、深入实践，实践出真知；都要严谨务实，一分耕耘一分收获，苦干实干。"青年一代只有在实践中经风雨、见世面，长才干、壮筋骨，才能练就担当作为的硬脊梁、真本事。与祖国同行、与时代同行，新时代青年要把个人命运和国家前途紧密结合，以实干精神创造出无愧于时代的一流业绩，谱写出中国青年的精彩华章。

【新时代启示】

同人民一道拼搏、同祖国一道前进，服务人民、奉献祖国，是当代中国青年的正确方向。只有当青春同党和人民事业高度契合时，青春的光谱才会更广阔，青春的能量才能充分迸发。从"敢教日月换新天"的革命豪情到"把青春献给祖国"的建设浪潮，从"团结起来、振兴中华"的时代强音到"清澈的爱，只为中国"的奋斗誓言，一百年来广大青年在奋斗中释放青春激情、追逐青春理想，以青春之我、奋斗之我，为民族复兴铺路架桥，为祖国建设添砖加瓦。新时代中国青年要自觉听从党和人民召唤，胸怀"国之大者"，担当使命任务，到新时代新天地中去施展抱负，建功立业，争当伟大理想的追梦人，争做伟大事业的生力军，让青春在祖国和人民最需要的地方绽放绚丽之花。

拓展阅读

志不求易者成，事不避难者进

来源：《光明日报》2020 年 7 月 30 日 02 版

作者：王海英（北京体育大学马克思主义学院教授）

2020 年 7 月 7 日，习近平总书记在给中国石油大学（北京）克拉玛依校区毕业生的回信中指出："这场抗击新冠肺炎疫情的严峻斗争，让你们这届高校毕业生经受了磨练，收获了成长，也使你们切身体会到了'志不求易者成，事不避难者进'的道理。前进的道路从不会一帆风顺，实现中华民族伟大复兴的中国梦需要一代一代青年矢志奋斗。"

"志不求易者成，事不避难者进"出自《后汉书·虞诩传》，讲的是东汉刚正名臣虞诩的经历。当虞诩被派往贼寇横行的朝歌做朝歌长时，朋友都为他担心，他却笑着表示"志不求易，事不避难"。排忧解难本是人臣之责，不遭遇盘根错节的困境，怎能判断是否为国之利器？虞诩的态度体现了志存高远、知难而进的君子人格。

在中华文化传统中，人应该追求一种有意义的生活。《中庸》给出了人的最高生命理想：通过自己的积极努力，助推他人和万物实现各自的本性和价值，这就是"赞天地之化育"。能够参赞天地化育，就是"与天地参"，与天地并立为三。这种人生追求把人提升到与天地鼎足的至高地位，使人因担负天地职责而拥有无上尊严。如此说来，人的一生有担当、有责任才有意义，为他人、为家国才有意义。北宋张载将这一追求进一步表述为："为天地立心，为生民立命，为往圣继绝学，为万世开太平。"这"横渠四句"表明，天地苍生、古往今来皆是君子职责所在，可见君子志向之高、责任之重、任务之艰，"不易"方可成其为志。

个体生命和感官满足总是有限的，如何超越具体生命的限制获得永恒？《左传》给出"三不朽"路径：立德、立功、立言，即道德修养、建功立业、千古文章都能使人获得永恒的生命价值。它们之所以不朽，是因为跳出了个体生命和现实生活的局限，将个人的有限生命与人类普遍情感、社会历史命运紧密关联起来。与他人关联是无限拓展生命的宽度，与历史关联是无限延伸生命的长度。此二者经常融合为一：在承担天地职责的过程中，被时代和历史所铭记，即"人生自古谁无死，留取丹心照汗青"。唯有将有限的个体生命融入家族、民族甚至人类的历史发展中，个体生命方可获得牢固的根基和永恒的意义。

志存高远必然要求知难而进。知难而进是中国文化自强不息精神的重要表现。《易传》讲："天行健，君子以自强不息。"君子要效仿天宇健动不息，无论遭遇何种困境，都不能停下奋斗的脚步，要以坚忍和顽强自立于世。自强不息反映了中国文化刚健创生的特质，它发自人的内在生命力量，又被君子对家国的责任和使命强化，最终产生如孔子"知其不可而为之"的担当气魄，从而使人敢于直面一切艰难险阻。《论语·泰伯》有言："士不可以不弘毅，任重而道远。仁以为己任，不亦重乎？死而后已，不亦远乎？"以天地苍生为己任，弘扬仁爱道德于四方，追求这一高远志向必要付出百倍艰辛，历经千难万险。虽然最终未必成功，但过程本身已经彰显了生命的意义，不成功则成仁。正因如此，历史上不断有仁人志士为中华民族的前途命运呕心沥血、百死不辞，充分彰显了以民族大义为志向所激发的知难而进的无畏精神。

"志不求易，事不避难"指示着传统文化通达无限与神明的合理路径。人能否不必借助神灵或其他外在力量，仅凭一己之力就能体验完美？在基督教传统中，此岸与彼岸、有限与无限之间存在一条不可逾越的鸿沟。但中国文化则肯定人性为善，肯定神性内在于人。儒家在性善论的基础上，强调每个人都可以通过承担社会责任、完成君子使命，实现自我革新、自我提升和自我完善，在日新又新中"做新民"。这一过程既是人的价值实现，更是人的本性回归。如此看来，立志高远、知难而进，就是使人在现实生活中获得神圣体验，在日常生活中体会大道之理的方便法门。人无须借助神灵或死亡的帮助跨入彼岸。彼岸就在此岸的视野中，圆满之路就在脚下，每个人只要积极承担自身的责任和义务，在创造美好世界的同时，便能拥有人性的高贵与尊严。这就是《易传》所讲的"百姓日用而不知"的"君子之道"。

如今新冠肺炎疫情尚未结束，国内外均呈现错综复杂的局面。青年一代不仅见证历史，而且还要参与历史的书写。人的境遇各有不同，所承担的使命也因人而异。这正如前贤所说，怕什么真理无穷，进一寸有一寸的欢喜。如果每个人都勇担重任，履行自己的社会责任，那么国家的未来就会充满希望。

思考题

1. 新时代的大学生应该树立怎样的人生理想信念？
2. 作为新时代大学生，你如何去践行青春梦想呢？

专题三

严以修身：从善如登，从恶如崩

【主题出处】

广大青年要把正确的道德认知、自觉的道德养成、积极的道德实践紧密结合起来，自觉树立和践行社会主义核心价值观，带头倡导良好社会风气。要加强思想道德修养，自觉弘扬爱国主义、集体主义、社会主义思想，积极倡导社会公德、职业道德、家庭美德。要牢记"从善如登，从恶如崩"的道理，始终保持积极的人生态度、良好的道德品质、健康的生活情趣。要倡导社会文明新风，带头学雷锋，积极参加志愿服务，主动承担社会责任，热诚关爱他人，多做扶贫济困、扶弱助残的实事好事，以实际行动促进社会进步。

——2013 年 5 月 4 日，习近平总书记在同各界优秀青年代表座谈时的讲话

【原典出处】《国语·周语下》（春秋·左丘明）

卫彪傒适周，闻之，见单穆公曰："……谚曰：'从善如登，从恶如崩。'昔孔甲乱夏，四世而陨。玄王勤商，十有四世而兴。帝甲乱之，七世而陨。后稷勤周，十有五世而兴。幽王乱之，十有四世矣。守府之谓多，胡可兴也？夫周，高山、广川、大薮也，故能生是良材，而幽王荡以为魁陵、粪土、沟渎，其有悛乎？"

【原典释义】

"从善如登，从恶如崩"是《国语》中收录的一句谚语。登：攀登高山。崩：山石崩坠。意思是，学好难如登山，学坏易似山崩。

东周末年，王子朝叛乱，周敬王被驱逐，逃到成周。诸流亡大臣拟在成周筑城建都。晋国的执政者魏献子赞同，然而卫国大夫彪以为不可，并引用"从善如登，从恶如崩"这句谚语以及前朝教训加以劝阻。

这句古谚非常形象地说明了从善之难、从恶之易，是古代先贤的劝世箴言，对后世影响很大，为后世政治家所重视。据《南史·宋文帝纪》记载，宋文帝刘义隆为倡导新政，荡涤官场的颓废，曾劝诫群臣道：为官为政，切记"从善如登，从恶如崩"。此后，刘宋政权开启了东晋南北朝国力最为强盛的历史时期，史称"元嘉之治"。

难和易的对比，在"修身"的问题上体现尤其明显。习近平同志曾经引用过的"由俭入奢易，由奢入俭难""不以善小而不为，不以恶小而为之"等，说的都是这个道理。孔子在两千多年前就发出感叹——"吾未见好德如好色者也"，说的就是这个道理。从善越是难、从恶越是易，人们越要加强内心自律。一次雪崩，往往是由一片雪花而起。"千里之堤，溃于蚁穴"，防线一旦被攻破，就可能一泻千里。习近平总书记要求党员干部要始终牢记"从善如登、从恶如崩"的古训，时时处处从严要求自己，保持行为定力和良好操守。面对社会百态，要始终耐得住寂寞、受得住清贫、挡得住诱惑，练就"心不动于微利之诱，目不眩于五色之惑"的真功夫。只有时时处处明大德、守公德、严私德，才能更好地提升自身的道德境界。

【主题讲解】

"从善如登，从恶如崩"这句名言是习近平总书记在同各界优秀青年代表座谈会上，谈到在实现中国梦的生动实践中放飞青春梦想时引用的。习近平总书记说："要牢记'从善如登，从恶如崩'的道理，始终保持积极的人生态度、良好的道德品质、健康的生活情趣。"中华民族是一个特别重视修身的民族，在中华优秀传统文化里，也特别重视和强调修身。修身、齐家、治国、平天下，修身是摆在首位的。修身在我们今天的社会生活、社会实践、社会发展中，也具有特别重要的意义。

一、修身：修正错误的行为与想法

"不要人夸颜色好，只留清气满乾坤。"党的十九大闭幕之后，习近平总书记和新一届中共中央政治局常委同中外记者见面，总书记在讲话当中，引用了这两句诗。这两句古诗的作者是元代的画家、诗人王冕。诗中说梅花从来不以鲜艳的颜色去博取别人的赞美，而只愿将缕缕清香散播在天地之间。总书记引用这两句诗是以诗言志，彰显的是一个大党、一个大国的自信气质，传递的是苦干、实干的务实精神。

（一）见贤思齐，反省自身

在以儒家学说为主体的中华传统文化中，随处可见"反求诸己""内省克念"等修身思想。比如，孔子主张"见贤思齐焉，见不贤而内自省也"，曾子倡导"吾日三省吾身"，孟子则肯定子路"人告之以有过，则喜"。这些优秀传统文化对后人影响至深。

孔子讲的"见贤思齐焉，见不贤而内自省也"出自《论语·里仁》，讲的是修身的问题。见贤思齐，它实际上强调的是，在修身问题上有一个重要的标准，就是向有贤德的人看齐，向有贤德的人去学习。那么看见那些德行不好的人怎么办呢？要反省自身，看看自己是否有类似这样的表现。所以，见贤思齐和见不贤而反省自身，实际上是修身的一个非常重要的原则。

"见贤思齐"是人们学习、修身、进学的最好方式之一。贤人是德才兼备者。荀子讲"学莫便乎近其人""学之经莫速乎好其人"，就讲得特别好。怎么进学？你要去找这样的贤人，你尊敬他、喜欢他，你就会向他靠拢和学习，主动请教问题。现在我们有些老师喜欢单纯的灌输式教学，得不到学生的敬爱，自己人格缺少吸引力却喜欢向学生训话。越训，学生越反感。古人说身教重于言教，就是因为身教具有真实性因而有示范作用。

如何能够"见贤思齐"呢？孔子说："能近取譬，可谓仁之方也已。"凡事能就近以自己做比，而推己及人，可以说就是实行仁的方法了。求仁无须好高骛远，可从身边开始，从自己做起。儒家讲究修身从孝悌起步，学乡里之贤者，然后再向外推，如孟子所说"亲亲而仁民，仁民而爱物"，可以推到很远很高的境界。

孔子说："三人行，必有我师焉，择其善者而从之，其不善者而改之。"这就是向周边人学习，随时随地学习。只要你细心观察，就会看到在平凡人身上也有"贤"的品质，有很多值得自己学习的优点。要善于发现别人的优点，而对于缺点，则要警惕。千万不要看不起身边的人，好像谁都不行，就自己好，更不能歧视、嘲笑对方。

孔子还有一句话："见善如不及，见不善如探汤。"这是更进一步讲，你一定要在善与不善、贤与不贤之间做出鲜明的选择，形成好的道德习惯和反应的敏锐性，不能在涉及原则的问题上模棱两可，采取"差不多就行"，好像无所谓的态度。看到好的，不愿去追，老是觉得追也追不上；看到不好的，好像热水烫你的手，赶快缩回来，生怕受损伤。不能像有些贪官，起初得点小便宜，便自我感觉良好，最后被拉下水。有地位职权的人要"战战兢兢，如履薄冰，如临深渊"，只有防微杜渐，才能永葆清廉。

如何能够"见不贤而内自省也"？"反听之谓聪，内视之谓明，自胜之谓强"出自司马迁《史记·商君列传第八》，能够听取不同意见自我省察，这是聪睿；能够反省自身、正视缺点，这是明智；能够克服缺点、虚心改过，这是强者。孔子曾说："如有周公之才之美，使骄且吝，其余不足观也已。"在孔子看来，即使有人能像周公那样高尚完美，但是如果骄傲自满又吝惜改过，那么他的德才也不足为观。正所谓"满招损，谦受益"，自满之人看不到自身缺点，所以不能进步；反之，能够谦虚反省、接受批评，才能不断获益，成长强大。

春秋时期的蘧伯玉十分善于反省。有一天，蘧伯玉派人拜见孔子，孔子就向使者询问他的近况，使者回答说：蘧夫子正设法减少自己的缺点，但是苦于做不到。使者走后，孔子对弟子说：这人真是了解蘧伯玉啊。孔子这么说是因为蘧伯玉每一天都会反省前一天所犯的错误，力求做到今日之我胜过昨日之我，每一年都要反省前一年的不足，到了五十岁那年仍然在反省之前所犯的过错，所谓"行年五十，而犹知四十九年之非"。蘧伯玉寡过知非、德行出众，卫献公初入仕，在献公中期已为卫国举世皆知的贤大夫。子贡曾说："君子过也，如日月之蚀焉；过也，人皆见之；更也，人皆仰之。"君子的过错，如同日食月食：他犯了错误，人们都看得见；他改正了错误，人们都仰望他。人能够改过足见其谦虚谨慎的态度，所以能够不断提升自身修养，受到他人的尊重。

"见贤思齐焉，见不贤而内自省也"是孔子修身之学的精要，《大学》强调"自天子以至于庶人，壹是皆以修身为本"。成己而后成物，修己才能安人安百姓，所以我们修身要认真，要坚持，要善于向古人和今人学习，使自己德才兼备。这样才能更好地为实现中华民族伟大复兴做出贡献。

（二）严以律己，战战兢兢

"君子为政之道，以修身为本。"修身之要在于严以律己。严格自律一直是共产党人的鲜明品格和为人准则。王阳明有诗云："人人自有定盘针，万化根源总在心。"这里的"心"是良心、良知，也是人品、人格。党性修养、理想信念就是今天共产党人的心学，是共产党人的底座和基石。没有这个底座和基石，就会意志薄弱、迷失方向，失去天地良心，甚至导致学术、心术不正。做人先修身，我们要把修身作为我们人生的第一要义、人生的第一步。

广大党员干部要严于修身、严以律己，把修身自律作为品格修养的价值底色。只有严以修身自律，才能时刻保持如履薄冰、如临深渊的警觉，不断强化自我约束。相反，一旦放松自律，随时都可能落入"人见利而不见害，鱼见食而不见钩"的陷阱，可能成为被拉拢、被围猎的对象，可能被"糖衣炮弹"击倒。正所谓"一个人能否廉洁自律，最大的诱惑是自己，最难战胜的敌人也是自己"。修身律己就要做到自持。所谓自持，就是自我克制和把持。

《后汉书》有载：东汉名臣杨震，高升东莱太守。在其赴任之途，昌邑令王密"至夜怀金十斤以遗震"，并说"暮夜无知者"，却被杨震厉言制止："天知，神知，我知，子知。何谓无知？"古代士大夫尚且懂得自持这一朴素道理，今天的共产党人更应有为官自持的自觉追求，更要常思贪欲之害、常怀律己之心。诸多正反两方面的经验教训表明，善于自持、能够自持的人，不仅能让自己"腰杆挺得直"，而且能始终坚守共产党人的政治底色。自持的基础在于慎终如始，时刻自重、自省、自警、自励，做到慎独、慎初、慎微、慎友。

慎独慎微既是中华民族自古以来倡导的一种自我约束精神，也是党员干部必须葆有的一种修养境界。"千里之堤，溃于蚁穴""祸患常积于忽微，智勇多困于所溺"等古训，讲的就是这个道理。唯有首先在细微之处保持警惕、警觉、警醒，不以善小而不为，不以恶小而为之，才能在大是大非面前把持得住，才能把自律变成自觉行动和行为习惯。

修身它不是虚幻的、抽象的，它是具体的、实践的，它要体现到我们的学习、生活、工作中。李万君是中车长客股份公司的一名焊接工人，在平凡的工作岗位上，创造了不平凡的辉煌业绩。凭着超一流的焊接技术，他被称为"高铁焊接大师"，并当选为中央电视台 2016 年"感动中国"人物，当选为十九大代表、全国优秀共产党员。三十多年间，他凭借手中的一杆焊枪，凭借超一流的焊接技术，凭借勤勤恳恳、一丝不苟的工作态度，生动地诠释了其职业精神和价值追求，展现了一个大国工匠的时代风采。李万君师傅有一句名言：把技术提升到极致，把每一件产品都当作工艺品、艺术品。这就是一种工匠精神，体现了一个共产党员在平凡的工作岗位上锤炼党性、严以修身的座右铭。

我国古代先贤警策身心的名言汇集《格言联璧》中有这样一句话——"持己当从无过中求有过，待人当于有过中求无过"，古人也常说"待人要丰，自奉要约，责己要厚，责人要薄"，这些都是在强调严于律己而宽以待人。可见，一个人只有勤于反观自身，查找自己之不足，才能有过必改，日臻至善。检身若不及，就应该做到吕坤在《呻吟语》中所说的"喜来时一点检，怒来时一点检，怠惰时一点检，放肆时一点检"。时时处处，要经常反思自己有没有不恰当的言辞行为，不放松警惕。如果有，就立即改之，不可自我放任。孔子不就曾说"过而能改，善莫大焉"吗？

古人的这些思想在当今同样有很强的现实意义，党员干部应当结合时代要求继承和发扬中华优秀文化传统。今天，就是要按照习近平总书记所提出的好干部要求，以"与人不求备，检身若不及"的精神，时刻自重、自省、自警、自励，老老实实做人，踏踏实实干事，清清白白为官。

（三）修身为本，本立道生

中国古代各家各派的思想家都十分重视修身问题，而尤以儒家学派的思想家对修身问题阐发得最丰富、最深刻。"修身为本"，这是儒家学派对修养问题的基本定位。"修身为本"中的"本"指什么？这个问题值得重视。不搞清楚，就难以理解这一命题及整个儒家的修养思想。现在让我们来看看古人的表述。

孔子的观点："颜渊问仁。子曰：克己复礼为仁，一日克己复礼，天下归仁焉。为仁由己，而由人乎哉？"（《论语·颜渊》）显然，在这段话中，"天下归仁"是中心目标；这与他讲的"修己以敬""修己以安人""修己以安百姓"目标都是一致的。

孟子的观点："人有恒言，皆曰：'天下国家'。天下之本在国，国之本在家，家之本在身。"（《孟子·离娄上》）又说："君子之守，修其身而天下平。"（《孟子·尽心下》）这两句话中，"天下""天下平"都是根本的目标。

荀子的观点："请问为国。曰：闻修身，未尝闻为国也。君者仪也，仪正而景正……楚庄王好细腰，故朝有饿人。"（《荀子·君道》）荀子的意思不是说不要治国，而是要讲如何治国，即治国的关键在"修身"，尤其是君王的修身，即孔子所说："苟正其身矣，于从政乎何有？不能正其身，如正人何？"（《论语·子路》）自己身正，从政治理国家有什么难的？自己身不正，要去正人，那就太难了。所以，荀子认为"修身"的目的还是"为国"。

孔子、孟子、荀子的这些思想，在《礼记·大学》中得到了高度的概括。《大学》中有这样一段家喻户晓的文字："大学之道，在明明德，在亲民，在止于至善。知止而后有定，定而后能静，静而后能安，安而后能虑，虑而后能得。物有本末，事有终始，知所先后，则近道矣。古之欲明明德于天下者，先治其国。欲治其国者，先齐其家。欲齐其家者，先修其身。欲修其身者，先正其心。欲正其心者，先诚其意。欲诚其意者，先致其知。致知在格物。物格而后知至，知至而后意诚，意诚而后心正，心正而后身修，身修而后家齐，家齐而后国治，国治而后天下平。自天子以至于庶人，壹是皆以修身为本。"这段话充分体现了儒家的修养思想，充分揭示了"修身为本"的"本"，就是要达到"修、齐、治、平"这样一种政治和道德理想。在今天，修、齐、治、平的思想也仍然在发挥潜移默化的作用。特别是对于儒家道德修养论中所强调的个人道德修养在提高个人道德素质方面的作用的思想，以及在改善社会道德风气状况方面的作用的思想，都是值得我们今天认真继承和学习的。

（四）道德良心，人人具有

道德规范要发挥作用，最根本的，必须仰仗道德主体的道德良心。良心才是道德规范可靠的守护神，才是道德规范的真正的"最后解决手段"。

良心是什么？中国古代的思想家一方面非常重视良心，一方面又把良心弄得非常神秘。例如，孟子讲人有辞让之心、羞耻之心、恻隐之心、是非之心，认为这些"心"都是人先天具有的，因而人性是"善"的。但由于受后天"恶"的玷污，这些"心"都"丢失"了，因此要"求其放心"，即把丢失的"心"重新找回来。孟子把良心讲得太神秘了。

良心不是别的，良心不过是社会道德规范的内化形式。良心不是天生的，而是后天形成的，是道德规范的主观形式。良心之所以被孟子等讲得非常神秘，客观上是与良心的特殊作用分不开的。也就是说，良心如此之奇妙，使得道德规范只有转化为人的良心，由外在的社会要求变为内在的自我要求，由社会约束变为自我约束，道德规范才有强大的生命力，也才能发挥调节社会关系的功用。所谓道德主体买不买道德规范的账，买不买社会舆论和社会风俗的账，关键就是看道德主体是否相对应于道德规范而产生了道德良心。

道德规范要转化为道德良心，一般来说只有两条途径，一是道德教育，二是道德修养。相对而言，道德修养更重要一些，因为它强调的是个人磨炼，强调的是自我教育，强调的是自我约束。说到底，修养的过程就是良心起作用的过程。这里强调过程特别重要。因为修养是一个过程，良心起作用也是一个过程，都是逐渐发展、靠时间才能奏效的。修养的困难和良心起作用之不易，原因就在这里。修身为本的蕴意，正在于此。中国古代传统道德，特别是儒家道德，其所以如此重视修身，将之视为"本"，其内涵实在是大大超出了道德本身的范围，这确乎是他们的治国、立国之本。他们强调"德治"，"德治"要靠大大小小的道德规范，道德规范要仰仗于"良心"，"良心"又只有靠"修养"才能培育起来，如此这般，修养的"本"的意义就不言而喻了。"自天子以至于庶人，壹是皆以修身为本"的秘密全在于此。

（五）道德境界，次第而成

修身的"境界"思想是中国古代道德修养的一个极其重要的组成部分，"境界"实际指的就是道德主体在道德的阶梯上所处的位置，即具备的道德觉悟程度等。达到理想的道德境界，就是道德规范内化为道德良心的标志，就是道德修养实现最终目的的标志。因此，讲道德修养，不能不讲道德境界。

系统的境界说，不是中国古代思想家明确提出来的，而是近人冯友兰先生提出来的。他在新中国成立前出版的《新原人》一书中，首次详细阐述了他的境界说。冯先生以人的人生觉悟程度为根据，把人的境界分为四等：第一是自然境界，第二是功利境界，第三是道德境界，第四是天地境界。处于自然境界中的人，一切都凭自然本能去行为；处于功利境界中的人，一切都凭利害去行为；处于道德境界中的人，一切都以对社会尽职尽责去行为；处于天地境界中的人，一切都以"事天"去行为。道德境界和天地境界是为冯先生所推崇的境界，特别是天地境界，他视之为"天人合一"、"我"与"非我"合一，以及主观与客观合一的境界。只有"圣人"才能达到这种境界，"圣人"真正做到了"极高明而道中庸"。

冯先生虽然系统提出了境界说，但他的思想无疑深受中国传统道德修养论的影响，他所推崇的"圣人"与古人所推崇的圣贤、君子，是一脉相承的。中国古代修养论，特别是儒家的道德修养论，所希望达到的境界，最理想的就是圣贤、君子的境界。这方面古人有很多精彩的论述。

孔子特别推崇君子，所以在《论语》中关于君子的论述比比皆是。直接与修身相关的名言是："子路问君子。子曰：'修己以敬。'曰：'如斯而已乎？'：曰'修己以安人。'曰：'如斯而已乎？'曰：'修己以安百姓。修己以安百姓，尧舜其犹病诸！'"（《论语·宪问》）这样的君子标准，连尧舜都难以达到，可见孔子对君子的要求之高了。孔子对君子的道德品质的描绘，有些是特别值得我们今天重视的。例如，他说："富与贵，是人之所欲也，不以其道得之，不处也。贫与贱，是人之所恶也，不以其道得之，不去也。君子去仁，恶乎成名？君子无终食之间违仁，造次必于是，颠沛必于是。"（《论语·里仁》）君子任何时候都是与仁同在的，失去仁，也就不成其为君子了。又说："子谓子产：'有君子之道四焉：其行己也恭，其事上也敬，其养民也惠，其使民也义。'"（《论语·公冶长》）要真正能做到这四条，恐怕也是极难的。

孔子似乎不讲"圣人"。老子大讲"圣人",如"圣人常无心,以百姓心为心"(《老子》第四十九章)就是很好的思想。孟子既称道君子,也称道"圣人",有不少"圣人"的论述。例如:"圣人,百世之师也,伯夷、柳下惠是也。"(《孟子·尽心下》)"规矩,方员之至也;圣人,人伦之至也。"(《孟子·离楼上》)"人伦之至",就是道德修养的最高境界。

理解道德修养的"圣人"境界,还可以从所谓的"孔颜之乐"着眼。所谓"孔颜之乐",来源于孔子对其最得意的门生颜回的一段赞语:"子曰:贤哉,回也!一箪食,一瓢饮,在陋巷,人不堪其忧,回也不改其乐。贤哉,回也!"(《论语·雍也》)因此,"孔颜之乐",指的就是人虽身处贫贱之境,却不改其道,不忘仁,不忘善的精神,也就是"安贫乐道"。

关于儒家的"圣人"境界,还可以从孔子、孟子的其他一些思想中去加深理解。例如:孔子讲述他的为学和做人的人生过程,完全可以理解为孔子在道德阶梯上的跋涉过程及最终达到圣人境界的过程:"子曰:'吾十有五而志于学。三十而立。四十而不惑。五十而知天命。六十而耳顺。七十而从心所欲,不逾矩。'"(《论语·为政》)孔子是73岁逝去的,这段话大体可以代表孔子对自己人生旅途的总结和反省。所谓"从心所欲,不逾矩",便是在仁、道的天地中回旋自如,无任何障碍和拘束,获得了彻底的道德自由。这不是圣人的境界又是什么境界呢?冯友兰先生所极力推崇的"天地境界"中的圣人,至多也就是孔子所说的这个样子了。孟子所说的"大丈夫"境界,也只能是圣人才够得上的境界:"居天下之广居,立天下之正位,行天下之大道。得志,与民由之;不得志,独行其道。富贵不能淫,贫贱不能移,威武不能屈,此之谓大丈夫。"(《孟子·滕文公下》)"广居"是仁,"正位"是礼,"大道"是义。能够任何时候都不受任何诱惑,都能恪守"仁""礼""义"的人,不正是孟子自己所说的"人伦之至"的"圣人"吗?

二、修身的缘由:人无不善

(一)人性论:性相近

中国哲学中对修身观念的关注可以追溯至先秦时期,尤其是先秦儒家。早期儒家中,尤其重视和强调修身的是孟子。孟子提出:"古之人,得志,泽加于民;不得志,修身见于世。穷则独善其身,达则兼济天下。"在孟子看来,正身、修身至关重要,不受穷达贫富等各种环境的影响。

早在儒学形成之初，孔子就以性习对举的模式讨论人性。孔子提出"性相近也，习相远也"，开后世之先河。关于人性的讨论，由此成为中国哲学中重要的组成部分。

在源远流长的人性论史上，孟子具有独一无二的重要地位。孟子继承了孔子的论述方向，提出了较为清晰明确的性善论。孟子在与告子的辩论中指出："人无有不善，水无有不下"，肯定了人性本善的主张。需要注意的是，孟子并不认为人性是纯然全善、整全无瑕的。冯友兰先生指出："孟子所谓性善，只谓人皆有仁义礼智之四'端'。"这四"端"还需扩而充之，方能成贤成圣。可见，人性之善在于其根源上的善性，性善并非一种已达成的结果。

善端还需扩而充之，这就与修身观念联系起来。由性善的观点出发，修身就成为一种必然要求。"人之所以异于禽兽者几希，庶民去之，君子存之。"在孟子看来，人扩充善端的必要性，就在于此善端是人之所以为人的根据。人心是人与禽兽的根本分别所在，因此若不发扬心中本性之善，将无以为人。仅有向善的动机是远远不够的；为善，即修身，亦是人性最终实现的重要一环。

修身除了有其内在的必然性，还是善性自然而然的结果。孟子指出，"天下之言性也，则故而已矣。故者以利为本"。参考朱子以"顺"解"利"的注释，可以看到，重自然之势是孟子言性的一个基本方面。既然人性之善是顺其自然的结果，那么修身这一向善的行为也就当然合于趋势，不需矫揉造作。从性善论的立场出发，修身观念以人性之善为前提，被赋予了双重的必然性。性善观点的确立与心之"一本"的体认，共同构成了孟子修身观念的心性论根据。

（二）身之所用：以德帅才

北宋政治家司马光说："才者，德之资也；德者，才之帅也。"所谓才，是指聪慧、明察、坚强、刚毅，即能力；所谓德，是指正直、公道、平和，即品行。才能是品德的支撑，品德是才能的统帅。

春秋末期，晋国实际被智、韩、赵、魏四卿掌控。四家之中，本以智氏实力最强，但最终三家却联合打败智氏，完成三家分晋。智氏的灭亡源于他们选了一个有才无德的接班人智瑶（即智伯）。

最初智宣子要立其子智伯为继承人时，族人智果就极力劝阻，认为智伯虽有才能，却无仁德，并断言"若果立瑶也，则智宗必灭"。果不其然，智伯掌控晋国朝政后，不但戏弄、侮辱其他三家，还贪得无厌，屡次向他们索取土地。三家最后齐心协力灭了智氏，瓜分其地，智伯的头颅也被赵氏制成饮器用。

司马光在《资治通鉴》中对此感慨："智伯之亡也，才胜德也。"并指出"夫聪察强毅之谓才，正直中和之谓德。才者，德之资也；德者，才之帅也"。司马光认为，才与德本不相同，而世俗之人往往区分不清，一概论之曰贤明，于是就看错了人。他还据德才之别，将人分类：才德全尽谓之"圣人"，才德兼亡谓之"愚人"，德胜才谓之"君子"，才胜德谓之"小人"。至于挑选人才，在司马光看来，当然首选圣人与君子，如果实在找不到圣人、君子，与其得到小人，不如得到愚人。为什么呢？因为小人的危害远超愚人。愚人如果想作恶，由于智慧不济，好像小狗扑人，还能制服它；而小人有足够的阴谋诡计和力量来逞凶施暴，就如恶虎生翼，其危害甚大。所以，为官者如果能辨识才与德的区分，知道选择的先后，就能得到所需要的人才。

基于历史上"蔽于才而遗于德"的经验教训，古代许多思想家都把德治看作国家兴亡、社会稳定的大问题，《尚书》中提出"德惟治，否德乱"。历史上各个朝代也都十分重视官员的道德建设。唐代武则天就为即将踏入仕途的贡举之士编撰了《臣轨》一书，全面阐述了为官者应具的品德和具体的为官准则。比如"不以邪损正，不为私害公。见善行之如不及，见贤举之如不逮。竭力劳而不望其报，程功积事而不求其赏"。这些都是在告诫官员以德为基，修身正行。

（三）身之主宰：发明本心

王阳明在《传习录》中说"身之主宰便是心""不能胜寸心，安能胜苍穹"，心主宰着人的思维、情感、选择和决定，支配人的一切行为。心若失去主宰，便被物欲侵夺。所以，要加强"心学"修为，充分发挥心的主宰作用，努力做到内心净化、志向高远。王阳明在《传习录》中说："身之主宰便是心。"这里的心特指人的道德意识、道德理性，也就是"道心"。《尚书》讲"道心惟微，人心惟危"，"人心"指个体的感性欲望，"道心"指人的道德理性。"人心"并不都是坏的，但如果"无所主宰，流而忘返"，社会就会"危"。要使人心不致危害社会，就应该用"道心"主宰"人心"，用公共的道德原则来克服不正当的私欲。所以，常使"道心做主，人心听命"，是道德修养的重要目标。中华文化特别注重对心的修养。《大学》就主张"修身在正其心"，因为只有心念正了，行为才不会出差错。先修己，才能治人。先正心，才能修身齐家，治国平天下；反之，"不能胜寸心，安能胜苍穹"？

心学是中华文化的优秀资源。古代的心学由孟子发端，经南宋陆九渊、明代王阳明光大。心学强调要挺立道德主体，主张道德法则不在身外，道德的根源就是我们的道德本心（良知）。所以，最重要的是"发明本心""致良知"。要"收拾精神，自作主宰"，充分发挥人的内在价值，时时本心呈露，时时致良知。对党员干部来说，必须加强修心。

孔子曾经说过："不怨天，不尤人，下学而上达。"不怨天就是不找客观理由，不尤人即不推卸主观责任，在学问之道上完成自己生命的修行，总会有公道的。王守仁正是靠这样的信念把他的心学发扬光大。

三、古圣先贤懿德高风

中华文明之道，其早期主导思想就是尧舜之道、文武之道。尧舜禹汤文武周公这些古代圣贤，他们内圣外王，有感召力，思想境界高，同时又有辉煌事功。就像孔子讲的能够"修己以安人，修己以安百姓""博施于民而能济众"，要向这些先贤学习。而后有孔子孟子与后儒加以继承发扬，确立了中华民族的核心价值和基本道德规范。

（一）三不朽：对道德品格养成的重视

中国传统文化十分强调道德修养和道德教化，将"立德"置于"三不朽"（立德、立功、立言）之首。世间三种永不磨灭或永远受人怀念、称颂的业绩，即"立德""立功""立言"，也称"三立"。最高的是"立德"，确立典范的道德，垂范后世；其次是"立功"，建立伟大的功业，为国家百姓兴利除害；最后是"立言"，提出包含真知灼见的言论，以启迪后人，或撰文著述，成一家之言。据《左传》记载，"三不朽"由鲁国叔孙豹提出。在叔孙豹看来，个人或家族的私利，无论是财富还是官爵、地位，总会随时间的推移而逐渐消失。只有真正利于国家百姓的"德""功""言"，才能长期流传而不朽。"三不朽"后来成为古代士人及每一位有抱负的人的毕生追求，古人将"立德"置于"三不朽"（立德、立功、立言）之首，可见非常重视人的道德品格的养成。

中国古人认为"自天子以至于庶人，壹是皆以修身为本"，认为教化的目的是"明人伦"，是培养有道德的人。古代思想家们不仅对道德修养和道德教化理论进行了系统论述，而且提出了修身养性的具体方法以及家箴家训、乡规民约等教化方式。所有这些无不表明中华民族自古以来对人的精神世界的高度关注。

中国古人对理想人格非常推崇。孔子讲"知之者不如好之者，好之者不如乐之者"；孟子谓："可欲之谓善，有诸己之谓信。充实之谓美，充实而有光辉之谓大，大而化之之谓圣，圣而不可知之之谓神。"《孔子家语·五仪解》："人有五仪：有庸人，有士人，有君子，有贤人，有圣人。""所谓圣者，德合于天地，变通无方，穷万事之终始，协庶品之自然，敷其大道而遂成情性。明并日月，化行若神。下民不知其德，睹者不识其邻。此谓圣人也。"《论语》："君子喻于义，小人喻于利。不义而富且贵，于我如浮云。"这些思想都反映着对人生境界的看法，对高尚人生境界的尊崇和追求。关于理想人格，儒家把"君子""圣人"作为自己的理想人格，道家推崇逍遥于天地之间的"真人""至人"，近代启蒙思想家梁启超呼吁"新民"的理想人格。这些出现在中国历史上的诸种理想人格，虽时代不同，类型有别，但其共同点是关注人的精神品格。

（二）君子怀德：对道德修养的重视

中国传统文化十分强调道德修养和道德教化，重视人的道德品质的养成。在孔子的思想范畴里，德是一个非常重要的概念。其最重要含义指道德。孔子非常重视德。"子曰：'道之以政，齐之以刑，民免而无耻；道之以德，齐之以礼，有耻且格。'"（《论语·为政篇第二》）用道德来引导，用礼仪来规范，这是治民的最好办法。"子曰：'君子怀德，小人怀土；君子怀刑，小人怀惠。'"（《论语·里仁篇第四》）"子曰：'志于道，据于德，依于仁，游于艺。'"（《论语·述而篇第七》）都是讲对道德的重视。"子曰：'骥不称其力，称其德也。'"（《论语·宪问篇第十四》）就连对马的评价，也认为德比力更重要。

孔子表示出对不修德的忧虑。"子曰：'德之不修，学之不讲，闻义不能徙，不善不能改，是吾忧也。'"（《论语·述而篇第七》）"子曰：'吾未见好德如好色者也。'"（《论语·子罕篇第九》）

孔子认为"中庸"是德的最高表现。"子曰：'中庸之为德也，其至矣乎！民鲜久矣。'"（《论语·雍也篇第六》）"子曰：'泰伯，其可谓至德也已矣。三以天下让，民无德而称焉。'"（《论语·泰伯篇第八》）泰伯多次把君位让给别人，民众简直找不出合适的词语来称赞他，所以孔子赞赏他有至德。"子曰：'三分天下有其二，以服事殷。周之德，其可谓至德也矣。'"（《论语·泰伯篇第八》）周文王已经得到天下的三分之二，却仍然向殷纣王称臣，孔子认为周朝的道德达到了最高境界。这里反映出的思想，都和"中庸之为德也，其至矣乎"的思想有关。

孔子提出一些不利于道德的行为，告诫人们应该警惕。"子曰：'巧言乱德。'"（《论语·卫灵公篇第十五》）"子曰：'乡原，德之贼也。'"（《论语·阳货篇第十七》）"子曰：'道听而途说，德之弃也。'"（《论语·阳货篇第十七》）下面两段话，虽为子夏、子张所说，却同样反映出孔子思想："子夏曰：'大德不逾闲，小德出入可也。'"（《论语·子张篇第十九》）"子张曰：'执德不弘，信道不笃，焉能为有？焉能为亡？'"（《论语·子张篇第十九》）子夏主张大的节操必须遵守，不能超过界限；子张主张在道德修养上，行为应该坚强，信念应该坚定。

孔子还规定了一些"崇德"，即达到道德要求的一些做法。"子张问崇德、辨惑。子曰：'主忠信，徙义，崇德也。'"（《论语·颜渊篇第十二》）为人忠诚实在，按义行事，这就提高了道德。"子曰：'先事后得，非崇德与？'"（《论语·颜渊篇第十二》）先付出劳动，然后才获取，就能提高道德。

曾国藩也非常重视道德修养，在《曾国藩家书》第二十三篇《致诸弟》中提出：吾人只有进德、修业两事靠得住。进德，则孝弟仁义是也；修业，则诗文作字是也。此二者由我做主，得尺则我之尺也，得寸则我之寸也。今日进一分德，便算积了一升谷；明日修一分业，又算余了一文钱；德业并增，则家私日起。意思是说我们这些人只有进德、修业两件事靠得住。进德，指孝、悌、仁、义的品德；修业，指写诗、作文、写字的本领。这两件事都由我做主。得进一尺，便是我自己的一尺；得进一寸，便是我自己的一寸。今天进一分德，便可算是积了一升谷；明天修一分业，又算剩了一文钱。德和业都增进，那么家业就会一天天兴起。

（三）孔子求仁：为政以德

生于春秋时期鲁国的孔子，先祖是商朝开国君主商汤。青年时期的孔子就十分关心国家大事，常常思考治理国家的方法。

随着思想的成熟，孔子提出了"为政以德"的主张，他认为用道德和礼教来治理国家是最高尚的治国之道。这种治国方略也叫"德治"，就是以道德去感化教育人。在他看来，为政以德既要求从政者仁民爱物、施行仁政，还要求从政者自身就是人格的模范、人民效法的对象，这一思想成为中国政治思想的主流，深刻地影响了中国政治与历史的发展。以德治国的理念至今深入人心，成为沉淀在国人心中的宝贵政治遗产。

孔子倡导仁政、德政，将"德"字视为治国理政的核心要素。孔子认为，"为政以德，譬如北辰，居其所而众星共之"，如果从政者崇尚道德，在施政时能够以道德作为依归，那么他就会像夜空中的北极星一样安居中央，百姓则像其他星星心悦诚服地环绕着他运行。孔子认识到人心向背的重要，而道德能够发挥持久凝聚人心的作用。从政者如果一味倚重权势所形成的威慑而忽视了民意，势必走向民意的对立面。

孔子晚年周游列国，他离开鲁国后去的第一个国家是鲁国的邻国卫国。进入卫国国境内，孔子看到卫国的人口繁多，不由地感慨道："庶矣哉!"他的弟子冉有听到孔子的感慨后，便问，如果一个国家的人口已经足够多了，那么下一步应该怎么做? 孔子答道："富之。"冉有进一步问道，富裕了之后又应当怎么做? 孔子回答他："教之。"孔子用"庶、富、教"三个字简明扼要地回答了社会不同发展阶段应当如何治理的问题，也清晰地体现出孔子为政以德的思想内涵，为政者应当"因民之所利而利之"，心系百姓的福祉。

在孔子的思想语境中，为政以德回答了政权的政治基础始终在于民意。以民意为纲，施行仁政，这是为政以德的基本要求。

(四) 墨子兼爱：万事莫贵于义

同孔子一样，墨子也出生在"礼崩乐坏"的春秋时代。针对周王室衰败带来的战争频仍、民不聊生，两位先哲各开出了一剂药方，孔子的药方上写着"仁"，墨子的则写着"义"。与孔子不同，有"平民圣人"之称的墨子代表了小生产者及广大百姓的利益，体察下层民情的墨家思想也成为春秋之际最著名的派别之一，并用独特的方式承担起治国安邦的重任。

墨子行义，"兼爱"是最重要的内容之一，"兼爱"更是墨子行义的目的和理想。

所谓"兼爱"是一种无差别的博爱胸怀。墨子认为，先秦社会之所以失范，在于人与人之间不能相爱，所以他倡导以爱自己的心对待他人，像爱自己家人一样去对待别人的家人，爱自然，爱万物，最终达到"国与国不相攻，家与家不相乱，盗贼无有，君臣父子皆能孝慈"的理想社会。墨子希望借此构建爱的秩序，以求达到家庭和谐、社会和谐。置于今天，类似于既"自爱"又"爱人"，既"利他"又"利己"，从而创造一个和谐的社会环境。

在当时，许多人都认为墨子"兼爱"的社会理想难以实现，墨子便举出楚灵王和大禹的故事。楚灵王喜欢细腰的人，所以他的臣下每天只吃一顿饭，一年后都饿得面黄肌瘦，宫中更是有饿死的情况出现。而大禹在治理洪水的时候凿开龙门以利于居住在北方的人民，在东边分九条河泄洪以利于冀州的人民，在南边疏通长江、淮河、汉水等河流以利于荆楚和吴越的人民。两相比较，楚灵王只顾一己的喜好而没能兼爱臣民，最终失去民心、丢掉王位被迫自缢身亡。大禹则在治水的过程中兼爱天下，充分考虑了居住在不同地区百姓的用水需要，最后被推举至天下共主之位，成为古时贤明的圣王。

"兼爱"更可以视为全社会共同的出发点和归宿。君主兼爱就会仁惠，臣下兼爱就会忠诚，父亲兼爱就会慈蔼，子女兼爱就会孝敬，兄弟兼爱就会友善。在这样的环境中，不容许统治阶层剥削人民而养尊处优，墨子据此又引出了崇尚节俭，降低用度，反对奢华礼乐等主张，而其不变的根本大义便是"兼爱"。

四、修身的方法

中国古代思想家大都非常重视道德修养，从不同角度、不同方面提出了许多道德修养的方法。撇开道德修养的时代内容，就道德修养的方法而言，应当说其中包含着许多合理而积极的见解，以下介绍几种主要的道德修养方法。

（一）学思并重

这种方法主要是通过虚心学习，认真思考，从而辨别善恶，学善戒恶，以形成良好的德性。学，在古代不仅是知识的范畴，而且是道德修养的范畴。中国古代思想家认为，道德修养的重要一步或基本前提就是学习。孔子倡导好学。他认为："好仁不好学，其蔽也愚；好知不好学，其蔽也荡；好信不好学，其蔽也贼；好直不好学，其蔽也绞；好勇不好学，其蔽也乱；好刚不好学，其蔽也狂。"在荀子看来，学是化性起伪、去恶归善的唯一途径。他说："青，取之于蓝而青于蓝；冰，水为之而寒于水。木直中绳，𫐓以为轮，其曲中规，虽有槁暴不复挺者，𫐓使之然也。故木受绳则直，金就砺则利，君子博学而日参省乎己，则知明而行无过矣。"学习是不可以完结的，人只有通过不停地学习，才有可能改变自己的本性，从而达到仁德修养的要求，成为至善至美之人。《大学》中讲的"格物致知"，也是讲学习对于修身的重要性。"格"就是穷尽，"物"就是事物，"格物"就是"穷其事物之理，以求至乎其微"，即通过格物达到对事物由粗至精、由表及里、由浅入深、由部分到整体的认识。在儒家看来，正是通过格物致知，人们才可能获得对事物规律以及为人处世的方式、态度、意义、价值的认识，从而为自觉修身养性、确立道德规范奠定基础。中国古代思想家不仅重视学习对道德修养的重要性，而且强调道德修养要学思结合，在学习中进行反思，在反思中深化学习。孔子说："学而不思则罔，思而不学则殆。"

他认为学习和思考二者不可偏废，只读书不动脑筋思考，就会受到蒙蔽；只冥思苦想却不认真读书，就会疑惑而无所得。思固然重要，但也不能过分。古人主张慎思，即既不过少，也不过度，恰如其分的意思。孔子讲君子有九思："视思明，听思聪，色思温，貌思恭，言思忠，事思敬，疑思问，忿思难，见得思义。"这些话是很有道理的。虚心学习、善于思索，辨别善恶、学善戒恶，学习和修养的目的就达到了。

（二）省察克治

这种方法主要是通过自我反省来发现和找出自己思想与行为中的不良倾向、坏的念头，并加以抑制和克服。内省或省察是修身养性必不可少的方法之一，它是指从思想意识、情感态度、言论行动等各个方面去深刻地认识自己、检查自己、剖析自己。孔子曾教导弟子要做到"见贤思齐焉，见不贤而内自省也"。意思是说，看见贤人就应该向他看齐，学习人家；看到不贤之人，便应反省自己是否也有着不贤之人身上的缺点毛病，加以警戒。通过省察，如果自己的行为是对的，就坚持下去；如果自己的行为是不好的，就立即改正。曾子也说过："吾日三省吾身，为人谋而不忠乎？与朋友交而不信乎？传不习乎？"每天都要多次反省、检查自己的思想和行为，替别人办事是否尽心竭力了呢？与朋友交往是否诚实呢？老师传授我的学业是否复习了呢？孔子还指出"君子求诸己，小人求诸人"，把能否做到自省看成是区分君子和小人的标准之一。克治是指努力克服、祛除各种私欲、习气带来的恶。孔子有一句名言"克己复礼为仁"，意思是说，每个人都应当克制自己不正当的欲望、冲动、情绪和不正确的言行，自觉遵守社会道德规范即"礼"的规定，做到"非礼勿视，非礼勿听，非礼勿言，非礼勿动"，使自己的视、听、言、行，一举一动都符合礼的规定，即符合社会道德规范的要求。孟子继承和发展了孔子"求诸己"的修养方法，称内省为"自反"，即自察反省，深思熟虑。孟子认为，一个有道德的君子必然会经常地自我反省。他说："爱人不亲，反其仁；治人不治，反其智；礼人不答，反其敬。行有不得者，皆反求诸己，其身正，而天下归之。"反求诸己，就是要发现自己的不足或过错，不足的地方补足，有错的地方改过来。行仁的过程中没有得到理解或者肯定，那就应当及时地自我反省，从自我身上找原因。

（三）慎独自律

这种方法是指在没有外在监督的情形下坚守自己的道德信念，自觉按道德要求行事，不因为无人监督而为所欲为。慎独是儒家对个人内心深处比较隐蔽的意识、情绪进行管理和自律的一种修养方法。《礼记·中庸》说："天命之谓性，率性之谓道，修道之谓教。道也者，不可须臾离也，可离，非道也。是故君子戒慎乎其所不睹，恐惧乎其所不闻。莫见乎隐，莫显乎微，故君子慎其独也。"这段话的意思是说，遵循上天所赋予人的本性，坚持本性自然发展的原则而行动，这就是"道"，是片刻都不可以离开的。一位有德行的君子在别人看见的时候，总是非常谨慎的；在别人看不到的时候，也总是谨慎不苟，怀着谨慎之心加以注意。没有比处在幽暗之中更为显著地、没有比置于细微之处更为明显地表现一个人的道德品质了。要做到慎独，首先必须以高度的理性自觉为前提，把道德规范化作自己的内心信念。其次还要心诚。只有真诚地按道德规范行事，才能做到慎独。慎独强调了道德主体的内心信念的作用，体现了严格要求自己的道德自律精神。正如孔子所说："从心所欲，不逾矩。"慎独要求不欺人、不自欺，从外在的言行到内心的思想活动都要自我约束。一个道德高尚的人，必然是达到了慎独境界的人。慎独自律在历史上已被充分证明是一种行之有效的道德修养方法。

（四）积善成德

这种方法是指通过不断积累"善行"或"美德"，使之巩固强化，以逐渐凝结成优良的品德。人的道德修养不是一朝一夕就可以实现的，而是一个十分漫长的过程。早在2000多年前，老子就说过："合抱之木，生于毫末；九层之台，起于累土；千里之行，始于足下。"把这一思想用于道德修养，强调的就是要循序渐进，积小善而成大德。荀子认为："涂之人百姓，积善而全尽，谓之圣人。彼求之而后得，为之而后成，积之而后高，尽之而后圣。故圣人也者，人之所积也。"这样，他就把道德修养看成是一个积善的过程，把圣人看成是积善的结果。他坚信："积善成德，而神明自得，圣心备焉。"先哲们从多方面阐述如何做到积善成德。从善来说，他们让人们不要轻忽小善，乐于从小善做起，自觉地"积善不怠"。从恶来说，他们让人们重视小过、小恶，及时克服，对恶应"无微而不改"。总之，道德修养并非一日之功，成性成德不可一蹴而就，但也不是高不可攀、遥不可及的，关键在于积累和重微。做到了这些，就可以积微成显、积善成德，如朱熹所说："铢积寸累，工夫到后，自然贯通。"

（五）知行统一

这种方法是将提高道德认识与躬行道德实践统一起来，以促进道德要求内化为自己的道德品质，外化为实际的道德行为。作为道德修养方法，知行统一是强调道德认识与道德实践二者应该是辩证的统一关系。古人认为，道德认识（知）对于养成良好的道德品质固然重要，但如果只停留于道德认识而不付诸道德行动，只知什么是善恶而不在行动上切实为善去恶，那就毫无道德意义。只有将获得的道德认识落实为道德行为，德方是我之德，善方是我之善。荀子说："不闻不若闻之，闻之不若见之，见之不若知之，知之不若行之，学至于行之而止矣。行之，明也。明之为圣人。圣人也者，本仁义，当是非，齐言行，不失毫厘，无他道焉，已乎行之矣。故闻之而不见，虽博必谬；见之而不知，虽识必妄；知之而不行，虽敦必困。"在荀子看来，行是根本，是道德修养的关键环节。圣人视仁义为根本，能够恰当地判断是非，言行一致，就在于把所学的知识切实地去运用。如果不能把所学的知识付诸实践，即使内容再充实也毫无意义。明代王守仁为了纠正知行畸重的理论偏失，提出"知行合一"说。他认为，知与行是同一道德活动的两个方面，"行之明觉精察处就是知，知之真切笃实处就是行"，二者不可分割。"知是行之始，行是知之成。""我今说个知行合一，正要人晓得一念发动处，便即是行了。发动处有不善，就将这个不善的念克倒了，须要彻根彻底，不使那一念不善潜伏在胸中，此是我立言宗旨。"

对于中国古代道德修养方法，我们应当运用马克思主义的立场、观点和方法，科学分析，认真鉴别，正确看待。我们应当以马克思主义为指导，坚持批判继承的原则，剔除古代道德修养方法中消极的、落后的成分，汲取其中积极的、合理的因素，结合新的实际，正确加以运用。

【新时代启示】

"从善如登，从恶如崩"出自《国语》。那么这个话，在中国历史上名气很大，它们也是成语，所以它也是经典。无非它强调的是作善很难，作恶很容易，向上很难，向下很容易。

《晋书》上记载了一个人叫周处。有一次，周处就问他的老乡，说咱们这个家乡啊，连年丰收，为什么你们还愁眉苦脸的呢？他同乡就告诉他，别看我们这儿连年丰收，但是我们这儿有三害啊！山里头有老虎，水里边有蛟龙，人间还有你周处。这三害不除，天下就不会得安宁。周处一听说，好吧，我去把三害全除了。然后周处先到山里射杀了老虎，然后再跳入水中，跟蛟龙搏斗；顺水游了几十里地，在水中整整搏斗了三天三夜，游到人们都看不见了。所以，当地的人都认为周处死了。听说周处死了，人们敲锣打鼓放炮，高兴得不得了。三天三夜以后，周处回来了，一看到老乡们是敲锣打鼓放鞭炮，就问为什么？

人家说听说你死了，所以大家高兴得敲锣打鼓放炮了。周处这才知道自己真正是三害之一。老虎我杀了，蛟龙我杀了，那么我周处也要改恶从善了。他就到西晋的都城洛阳去，见西晋最有名的两个名士：陆机、陆云。陆机、陆云是东吴人，周处的老乡，结果陆机不在家，他找到陆云。向陆云说了，他说他这老大不小了，还能改好吗？这陆云说，你没听古人讲过吗？朝闻夕死啊。"朝闻道，夕死可矣。"如果说你早晨听说了至理名言，晚上你就改了，那你不就弃恶从善了吗？周处从此改过自新，弃恶从善，最终成为一个忠勇可嘉的勇士。

周处这个事情讲明一个道理：从善确实像登山一样比较难，那么从恶像山崩一样很容易，但是如果说你真有决心去改正自己身上的缺点错误的话，那么还是能够达到自己的人生目标的。

这个例子非常恰当地说明了"从善如登，从恶如崩"，但是还告诉我们，善恶的"登"跟"崩"可以在一定条件下转化。

人们为什么会"从善如登，从恶如崩"呢？这与我们的人性有关。人是一种群体性动物，在群体生活中，那些有利于群体协作的特性往往会受到特别的赞赏，被赋予正面的道德价值，这就造就了人性中利他的一面。另一方面，作为个体，人又必须得到更多的资源才能更好地生存与发展，这就造成了人性中自私的一面。人性的这两面，造就了我们善与恶的两种本性。在这两种本性的交战中，客观地说，前者常常是处于劣势的。C. 路易斯的《魔鬼家书》中说"通往地狱的那路其实并不陡峭——它坡度缓和，地面平坦，没有急转弯，没有里程碑，也没有路标"，就是这个意思。

党员干部要始终牢记"从善如登、从恶如崩"的古训，时时处处从严要求自己，廉洁从政、廉洁用权，保持行为定力和良好操守。面对社会百态，要始终耐得住寂寞、受得住清贫、挡得住诱惑，练就"心不动于微利之诱，目不眩于五色之惑"的真功夫。只有时时处处明大德、守公德、严私德，才能自觉敬畏和遵守法纪，远离贪腐，远离不孝，把尊老、敬老、爱老、孝老提升到爱祖国、爱人民的"大孝"之中去。

"从善如登，从恶如崩。"修身立德没有捷径。广大青年只有坚持"吾日三省吾身"，做到"见贤思齐"，在提高自我修养方面下一番苦功夫，才能有所收获。中共早期领导人恽代英，把记载自己缺点的日志晒出来，公示己过，在众人监督下完善自己；县委书记的榜样焦裕禄去世后，人们在其病床的枕头下发现两本书，一本是《毛泽东选集》，一本是《论共产党员的修养》。这些榜样矗立起一座座精神丰碑，也为广大青年点亮了人生航向。只有不断反思自己、不断加强学习，才能不断提升自我，实现人生价值、成就一番事业。

道不可坐论，德不能空谈。习近平总书记指出："于实处用力，从知行合一上下功夫，核心价值观才能内化为人们的精神追求，外化为人们的自觉行动。"被称为"雷锋传人"的郭明义积极帮助他人、奉献爱心，感染、收获、带动了一大批"粉丝"；立志"奉献社会，服务人民"的华中农业大学本禹志愿服务队，先后 14 批 133 名志愿者一棒接一棒，在贵州山区 3 所乡村小学支教 16 年，滋润了山区孩子们的心灵。修身立德从来不是空洞的口号，而是体现在一言一行、一举一动当中。也只有在劳动实践、辛勤创造中，才能进一步磨炼本领、砥砺品格，绽放人生的光芒。

青年是早上八九点钟的太阳，最活跃、最富朝气，拥有开风气之先的力量。广大青年坚持修身立德，系好人生第一粒扣子、迈好人生第一步台阶，不仅是对自己负责，更影响着一个时代的底色和基调。广大青年都追求更有高度、更有境界、更有品位的人生，就一定能让清风正气、蓬勃朝气遍布全社会，让青春成为中华民族生气勃发、高歌猛进的持久风景。

拓展阅读

严以修身，严以律己

来源：《光明日报》2021 年 9 月 6 日 02 版

作者：陈朋（江苏省中国特色社会主义理论体系研究中心江苏省社科院基地研究员）

修身律己是我们党的优良传统和鲜明政治品格。习近平总书记在 2021 年秋季学期中央党校（国家行政学院）中青年干部培训班开班式上向广大党员干部提出了"严以修身，才能严以律己"的要求，再次彰显出修身律己在共产党人品格修养中的重要性。

修身律己一直浸润在中华民族血脉中，并成为历久弥坚的传统美德。随着实践的不断发展，优秀传统文化中关于修身律己的这些重要元素，对我们党也产生了深刻影响。在革命、建设和改革实践中，无数共产党人充分体会到，一个人只有严以修身律己、不断强化自我约束，才能顶得住诱惑。否则，就可能落入"人见利而不见害，鱼见食而不见钩"的陷阱，被"糖衣炮弹"击倒。正所谓"一个人能否廉洁自律，最大的诱惑是自己，最难战胜的敌人也是自己"。严以修身律己不仅能让自己"腰杆挺得直"，而且能始终坚守共产党人的政治底色。因此，一百年来无数共产党人始终将修身律己作为一门"必修课"和必备的政治品格。

修身律己绝非一日之功，其重要基础在于反省自查。我们党正是因为坚持"吾日三省吾身""行有不得，反求诸己""君子博学而日参省乎己，则知明而行无过矣""见善如不及，见不善如探汤"等反省自查的态度来修身养性，严以律己，进而不断取得革命、建设和改革事业的成功。进入新时代，我们党继续注重从历史经验中汲取修身律己的经验智慧。习近平总书记多次强调："年轻干部要有'检身若不及'的自觉，经常对照党的理论、对照党章党规党纪、对照初心使命、对照党中央部署要求，主动查找、勇于改正自身的缺点和不足。"当前，我们正身处世界百年未有之大变局，干着前无古人的伟大事业，同时又要应对"两个大局"下各种错综复杂的局面。在这种情况下，每个党员干部都应以"检身若不及"的态度来修身律己，持之以恒地提高思想觉悟、精神境界，推动党和国家各项事业不断向前发展。

修身律己还要善于运用批评与自我批评的方法。批评和自我批评是我们党的优良传统和制胜法宝。正所谓"批评和自我批评是一个整体，缺一不可，但作为领导者，对自己的批评是主要的"。习近平总书记强调："全党同志必须始终保持崇高的革命理想和旺盛的革命斗志，用好批评和自我批评这个锐利武器。"党员干部要做到修身律己，就应该通过批评和自我批评这种自我革命的方式和胸怀坦荡的态度全面检视自己，改正缺点、弥补不足、提高修养，进而真正保持共产党员的先进性和纯洁性。

"君子为政之道，以修身为本。"在中华民族的历史上，修身律己是优良传统；在我们党的百年征程中，修身律己一直是共产党人的鲜明品格和为人准则。在这个前所未有的变革时代，唯有修身律己这个共产党人始终坚守的"不变"才能有效应对日新月异的"万变"。

思考题

1. 理解大学生修身的内涵。
2. 大学生修身的缘由有哪些？
3. 大学生修身的方法有哪些？

専題四

中国精神：为天地立心，为生民立命

【主题出处】

习近平总书记说："天下为公、担当道义，是广大知识分子应有的情怀。我国知识分子历来有浓厚的家国情怀，有强烈的社会责任感。'修身齐家治国平天下''为天地立心、为生民立命、为往圣继绝学、为万世开太平''先天下之忧而忧，后天下之乐而乐'，这些思想为一代又一代知识分子所尊崇。"

——2016 年 4 月 26 日，习近平总书记在知识分子、劳动模范、青年代表座谈会上的讲话

【原典出处】《横渠语录》（北宋·张载）

【原典释义】被当代哲学家冯友兰称作"横渠四句"，完整如下："为天地立心，为生民立命；为往圣继绝学，为万世开太平。"全文的意思是，为人类社会构建良好的精神价值观；为民众选择正确的命运方向，确立生命的意义；继承发扬先贤即将消失的学问，为后世太平开创基业。

【主题讲解】

习近平总书记指出："为什么中华民族能够在几千年的历史长河中顽强生存和不断发展呢？很重要的一个原因，是我们民族有一脉相承的精神追求、精神特质、精神脉络。"在人类历史长河中，许多古老的文化在辉煌一时后走向衰落甚至消失。唯有中华文化源远流长，五千年连绵不断，延续至今，堪称人类文明史上的奇迹。中华文化是中华民族的宝贵财富，它支撑中华民族延绵至今，也是我们走向未来的重要支撑。梁启超在其文章《新民之议》中指出："凡一国之能立于世界，必有其国民独具之特质。上自道德、法律，下至风俗、习惯、

文学、美术，皆有一种独立之精神。祖父传之，子孙继之，然后群乃结，国乃成。"中国精神是兴国强国之魂。精神的力量是非常强大的，人无精神不立，国无精神不强，中国人是向来重视精神力量的。

实现中华民族伟大复兴的中国梦，必须弘扬中国精神，这就是以爱国主义为核心的民族精神和以改革创新为核心的时代精神。中国精神贯穿于中华民族五千年历史、积蕴于近现代中华民族复兴历程，特别是在中国的快速崛起中迸发出来的具有很强的民族集聚、动员与感召效应的精神及其气象，是中国文化软实力的重要显示。

一、崇尚精神是中华民族优秀传统

什么是精神？《说文》曰："精，择也。从米，青声。""精"就是精华、灵气、精微、心神、精力、精心等。而"天神，引出万物者也"，"神"字从示、申，泛指人们身体上的精神和虚无缥缈的神灵。"精""神"连成一词始见于《庄子》："精神四达并流，无所不及，上际于天，下蟠于地，化育万物，不可为象，其名为同帝。""精"与"神"合用，指人的认知、情感、意志等，与"形"相对。《吕氏春秋·尽数》："圣人察阴阳之宜，辨万物之利，以便生，故精神安乎形，而年寿得长焉。"圣人明察阴阳变化的时宜和辨别万物的有利之处，而使生命得益，因此精神安守于形骸之中，寿命就能长久。这里所讨论的精神及其相关概念，反映了人在历史发展长河中所体现出的伟大精神，既是历史发展过程中自觉积淀而成的精神精华，也是当代社会发展所需要的积极观念。从历史向度来说，中国精神是解读几千年中华民族发展进步的精神之钥，中国历史发展的精神特质表征着中华民族的精神自觉，伟大中国精神便溯源于中华优秀传统文化。

（一）浩然正气

"富贵不能淫，贫贱不能移，威武不能屈，此之谓大丈夫。"（《孟子·滕文公下》）这个千古名句是我们中华民族的气节、中华民族的脊梁、炎黄子孙的骨气所在。古往今来，多少仁人志士，以身作则，杀身成仁，他们身上这种铁骨铮铮的浩然之气，正是我们中华民族的希望所在。浩然正气是一种崇高的精神境界，是一种惊天地、泣鬼神的品格和节操。

在我国，最早提出浩然正气的是两千多年前的孟子。"浩然之气"这个名词最早出现于《孟子·公孙丑上》中的一则对话："敢问夫子恶乎长？"曰："我知言，我善养吾浩然之气。"孟子的气，也就是勇气的气、士气的气，它和武士的勇气、士气性质相同。除此之外，在孟子的哲学体系中，"气"和"志"是一个有机统一的整体。孟子在《尽心上》中论述："夫志，气之帅也；气，体之充也。夫志至焉，气次焉，故曰：持其志，无暴其气。"在"养气说"中，要理解"气"，就必须考虑气与心、性、天道三者的关系，也就是与"志"的关系。

孟子认为君子应当明确天命所赋予自己的任务，进而存养心性，修身立命，生发"四端"，培养优良的道德品质，进而形成具有"浩然正气"的人格。有了这种"气"，才会具有坚韧不拔、自强不息的勇气；有了这种"气"，便会达到临渊不惊、临危不惧、慷慨悲歌、杀身成仁、舍生取义的人生壮气；有了这种"气"，便会达到生为人杰、死亦鬼雄，手弹五弦、目送归鸿的人生豪气；有了这种"气"便会达到不以物喜、不以己悲，心不恋进退、思不虑得失，不慕花开颜色好、只求香气满乾坤的人生清气。千百年来，孟子高扬的浩然正气，鼓舞了无数志士仁人，为了国家和民族的尊严，也为了人格的尊严，用自己的生命为音符，谱写出了千古传颂、永垂不朽的"正气歌"。

中华民族有一部灾难的历史，每当国家、民族面临存亡的紧急关头，总是涌现出一批有志之士，视民族兴亡为己任，继承和发扬"浩然之气"思想。清朝初期，顾炎武阐发"浩然之气"思想传统，提出"天下兴亡，匹夫与有责焉"（《日知录》）。清朝后期，在抵御外侮的战争中，出现了邓世昌等一批爱国将领；在戊戌变法中，谭嗣同等一批志士为挽救中国从容就义。这些英雄豪杰无不是在"浩然之气"传统思想的哺育、熏陶下而成长的。每当国家、民族存亡关头，不少仁人志士赋予了它新的内容，丰富和发展"浩然之气"思想。在中国近代史中，国家遭受帝国主义的瓜分，民族危在旦夕。"救亡"运动风起云涌，在"五四"时期提出了振奋民心的口号"天下存亡，匹夫有责"。它唤醒了中华民族，激励着千百万人民与帝国主义作斗争。经过数十年的奋斗，摧毁了封建制度，迎来了国家、民族的新生。"天下兴亡，匹夫有责"，继承了顾炎武的"天下兴亡，匹夫与有责焉"，是孟子"乐以天下，忧以天下"的发展，是古代历史中已形成的"浩然之气"思想优秀传统的继承。

当下我们所处的是一个竞争激烈、纷繁复杂的大时代。比起孟子所处的时期，我们面临的生活更加多样化、复杂化，我们面对的诱惑、面对的困扰也更多。若能够把持住自己并且保持一颗平常心，做到孟子所说的不动心、养"浩然之气"，方可坚定不移地向着自己的理想和目标而努力并取得成功。孟子的"浩然之气"思想给了我们现代人很多启示。孟子认为自然和人心是能够相通的，并且人的"心"与"身"也可以交互影响，人的内心修养可以使人格美外在化、具体化，达到他所谓践行的境界。因此，对于个人与社会整体或历史文化传统之间，也构成一个不断裂的同心圆关系。这种浩然之气也为中国文化人提供了社会观的广度与文化观的深度，这项思想遗产对于个人主体性高度昂扬的现代社会而言，仍有重要的启示和意义。

孟子所提倡的浩然之气是要通过不断积累和实践的，且必须要有一颗持久的恒心来不断地积累"义"才能臻于大成。所以，在当今的公民道德的实践当中，鼓励公益爱心事业的发展和志愿者精神是非常必要的。在公益事业中，从小事做起，从自身做起，培育善端，积累善行，弘扬正气。最终，我们方可拥有立足于天地间的浩然之气。

孟子的"大丈夫"论就是强调崇高人格，即在任何情况下都始终如一地坚持自己的原则。儒家认为一个人的生命价值与道德价值、人格价值相比较，道德价值和人格价值更为重要，孔子的"杀身成仁"和孟子的"舍生取义"就是儒家为了保全仁义道德价值而不惜牺牲个人生命的经典例证。这些论述对后世产生了深远的影响。不难看出要正确对待自己，塑造崇高人格，最关键的就是要正确处理生命与道德、人格的关系。一个人的人格尊严是生命中最为宝贵的，甚至超过了生命价值。孟子曾说过："说大人则藐之，勿视其巍巍然……在彼者，皆我所不为也；在我者，皆古之制也。吾何畏彼哉？"这样一种人格尊严，就必须努力提升自己的道德修养。一个人的知识水平、文化品位、道德素质、道德素养，在很大程度上取决于他在平时的行为举止以及在日常生活中的修养锻炼。只有保持刻苦努力、不断进取的精神，人生的价值才能在社会上有所展现、有所贡献，传递出所谓的正能量。因为只有这样一种正能量，才是社会进步不可或缺的重要因素和重要动力。宁可没有饭吃，也要做到道德的问心无愧。从自身做起，从小事做起，从身边的事做起，从人自身的求真、求善、求美等做起，提高自己的内在修为，对社会一些恶劣现象给予抵制，"己所不欲，勿施于人"。唯有做到理性地思考问题，正确地处理人际关系，才能为我国特色社会主义伟大事业做出自己的贡献。

（二）淡泊名利

提到"淡泊名利"一词，我们便会联想到诸葛亮在《诫子书》中所说的"非淡泊无以明志，非宁静无以致远"这一名言。实际上，早在西汉初年，这句话就记载在淮南王刘安主持编写的《淮南子》中，原句为："非澹薄无以明德，非宁静无以致远。"意思是说，不把眼前的名利看得轻淡，就无法培养高尚的品德；不能做到内心安宁平静，就不能实现远大的目标。通过双重否定，强调了淡泊和宁静的重要性，现在的"淡泊""宁静"，正是为了日后的"明德""致远"。先秦道家尤为推崇"淡泊"，老子说："名与身孰亲？身与货孰多？得与亡孰病？甚爱必大费，多藏必厚亡。故知足不辱，知止不殆，可以长久。"意在告诫世人不要过分追求身外之物，要保持纯朴的天性，保持内心的安静恬淡。淡泊名利是一种境界，追逐名利是一种贪欲。想要做到淡泊名利必须要处理好"义"与"利"及其相互关系。

义利观作为中国哲学的一个重要范畴，突出地表现了中国哲学的特质。中国哲学并不特意强调范畴概念，而是重万物之间相互联系之功用，看似玄学的问题，其实是在论述人的社会伦理价值问题。同样，中国哲学并不局限于抽象的玄言，而是体用相生，注重实践伦理。早自成周，敬天保民，合德于天的思想已经显示出了中国哲学治世的特点，围绕"德"衍生了数不清的哲学观念。在《尚书》中，无不强调"为政以德"，其中《立政》篇里面，周公曰"亦越武王，率惟敉功，不敢替厥义德"，表现出执政做人"如履薄冰"的谨慎态度。重德在于安邦，安邦而后天下平，这里面"德"既是为政的目的，又是为政的手段，是不可分割的整体。但是，"德"不是抽象的，而是有着具体内容的，涉及形而上的伦理观念和形而下的实践要求，"德"的精神要求是高尚而纯粹的，"德"的具体实践又是灵活的，老子所谓"大德不德"就反映了这一点。从古至今，道德问题衍生出的价值之争不计其数，从而传统义利观应运而生，深深地扎根在中国传统文化土壤当中，所表现出来的"义"与"利"紧紧地围绕着中国所特有的伦理思想生根发芽。

在甲骨文中，"义"字的繁体为"義"。"義"字由"羊""我"二字会意而成。在上古时代决狱中，羊被用来决嫌疑、别善恶、明是非，是聪明正直、公正无私、极有理智的动物，所以古人就以羊作为美誉吉祥的象征。"我"字本指一种戈形兵器，后来假借为第一人称代词。因此，"义"的本意是以"我"的力量捍卫正直公平、善良美好的事物及其所代表的价值。后来，它又被引申为"己之威仪也"。在《左传·襄公三十一年》中，"威仪"被解释为，在君臣、上下、父子、内外、大小等一定的伦理道德关系中，言论行动与道德容止所表现出来的一种令人敬畏、引人效法的威严。古代君子具有了这种威严，就能成为人们的表率。由此，义就成为一种道德威慑力，具有了道德的内涵。

据有关考据，"义"可能是从"仪"转化而来。春秋以前的奴隶主贵族都很重视容貌举止的"仪"。《诗经》上说："人而无仪，不死何为?"后来"仪"逐渐变成了概括人的行为原则和规范的"义"，义又可作"宜"讲，即："义者宜也。"匡亚明先生将它解作"公平合理"甚为恰当。韩愈进一步解释为"行而宜之谓义"，就是说，思想和行为合一就是义。而对"宜"的理解却存在分歧。因为义在政治、经济、文化、军事、伦理以至人生观、价值观上有不同的作用，许多人因此对义进行了不同的界定。例如：有的人认为，义既指人们获利方法和手段的应该，也指人们分配利益原则的应该；还有人认为，义应指当政者治理国家管理方法上的应该，等等。

"立人之道曰义，生人之用曰利"，利是指基于物质收益的利益，是人们生活的物质基础。在儒家看来，利有公私之分，不能一概而论。以公谋私、损人利己是为"私利"，必须遏制；强国富民、改善民生则是"公利"，应当支持。尽管在儒家思想中义有着根本性的地位，但儒家先贤并不否定利的积极作用，而是主张义利相兼的辩证思想。儒家思想将利作为实现义的物质条件和重要手段，主张用利来引导"教之"行义，以使"小人利而后可义"。孔子认为义利对于国家均不可偏废，否则都是国之耻辱。孟子还在对公利的肯定中发展出"民本"思想，指出"使民养生丧死无憾"是"王道之始"，认为安国富民，改善民生的公利是国家大义的重要内容。荀子"故知节用裕民，则必有仁义圣良之名"的思想也肯定了利作为义的实现路径和物质基础的重要价值。因此，以儒家思想为代表的中华传统文化，既推崇道义的绝对优先，也肯定利益的现实作用，主张义利相兼，辩证统一。

中国的和平发展旨在为中华民族谋复兴、为人类进步做贡献。中国愿意与世界各国互利合作、共同繁荣，乐见他国的发展壮大，世界"大同"始终是我们的理想。但这并不意味着中国会放弃自身正当权益，更不会牺牲国家核心利益，这既是对实现中国人民全面小康的公义追求，也是对传统文化义利统一思想的时代传承。

（三）协和万邦

2018 年 6 月 9 日，上海合作组织青岛峰会欢迎宴会在青岛国际会议中心举行。国家主席习近平出席欢迎宴会并致辞。

习近平主席在致辞中说，山东是孔子的故乡和儒家文化发祥地。儒家思想是中华文明的重要组成部分。儒家倡导"大道之行，天下为公"，主张"协和万邦，和衷共济，四海一家"。这种"和合"理念同"上海精神"有很多相通之处。"上海精神"坚持互信、互利、平等、协商、尊重多样文明、谋求共同发展，强调求同存异、合作共赢，在国际上获得广泛认同和支持。

"协和万邦"是中华文明世界主义思想的集中体现，内含着中华民族"以仁义治天下"与"和合共生"的道义理念。"协和万邦"所体现的和合文化，是由一系列文化因子（如亲、敬、柔、善、中、德、仁、爱）构成的。对此先秦诸子多有诠释和阐发。春秋时代尽管是社会遽变的动荡时代，但诸子各家学派所阐发的学术主旨却是定型的、成熟的形态，成为中华文化发展的渊薮。

在孔子的治国理念中，贵和与尚中是密切联系的整体，他认为"致中和"可以收到"天地位焉，万物育焉"的效果。为了达到中和的施政标准，他提出宽猛相济的主张："政宽则民慢，慢则纠之以猛。猛则民残，残则施之以宽。宽以济猛，猛以济宽，政是以和。"

特别值得提出的是，孔子关于"和而不同"的论断是和合文化中最有价值的部分。孔子说"君子和而不同，小人同而不和"，意为君子所追求的、所看重的不是形式上的貌合神离式的统一，而是以诚信和谐作为基础的真诚的合作。不为求同而强同，因为事物都具有复杂的矛盾性；宁可在求同中存异，这是符合事物内在的矛盾统一规律的。孔子的和而不同论，不但揭示了和合文化的本质，而且展示了协和万邦的外交活动所应遵循的原则与中华法治文化的特殊思维方式。

为了贯彻协和万邦的主张，孔子强调爱己及人，与人为善，他说"己欲立而立人，己欲达而达人"。孔子之后，孟子也提倡"君子莫大乎与人为善"。荀子更强调"与人善言，暖于布帛；伤人以言，深于矛戟"，他还着重论证了"和则一，一则多力，多力则强，强则胜物"。

除儒家外，早期法家管仲也深刻理解和合的价值，他说："畜之以道则民和，养之以德则民合。和合故能谐，谐故能辑，谐辑以悉，莫之能伤。"法家集大成者韩非子也说："仁者，谓其中心欣然爱人也。"墨子是主张兼爱的，他以兼爱的观点维系人伦关系、社会关系、君臣关系，以及国家关系，并将协和万邦的主张落实到兼爱上。他说："诸侯相爱则不野战，家主相爱则不相篡，人与人相爱则不相贼，君臣相爱则惠忠，父子相爱则慈孝，兄弟相爱则和调。"他谴责"内之父子兄弟作怨雠，皆有离散之心，不能相和合。至乎舍余力，不以相劳；隐匿良道，不以相教；腐朽余财，不以相分"，不仅会招致"天下之乱也"，而且与禽兽无异，"至如禽兽然"，丧失了人格。

道家倡导人与自然的和谐统一，主张"天地与我并生，万物与我为一"。这种天人合一的宇宙观彰显了整个世界中人与自然、人与社会之间的有机联系、和谐一体的关系。习近平总书记对天人合一所体现的和谐做了进一步解读，他说："琴瑟和鸣，黄钟大吕，这是音律的和谐；青山绿水，山峦峰谷，这是自然的和谐；天有其时，地有其财，人有其治，天人合一，这是人与自然的和谐。"

综上可见，诸子之说是构成协和万邦的和合文化的基因，使得协和万邦得到多方面的理论阐发，更加增强了文化的底蕴，因而更具有说服力、影响力和感召力，成为历久弥新的国与国之间友好相处、和谐合作的基本准则。

中华民族是一个不畏艰险、团结奋进、热爱和平、勇于创新的民族，经过漫长的历史发展过程，形成了独具特色的中华法文化。中华法文化的连续性、系统性、创新性、先进性通过海陆丝绸之路广泛传布于世界。中国的古圣先贤倡导的亲仁善邻、协和万邦的理念，显示了见识高远，涵盖天下的观念，增强了中华民族对于贵和、尚中、友善、睦邻的意识认同，使中华儿女能够在团结与和睦中求大同存小异，贵中和而去极端。因此，这个观念对中华民族精神的凝聚与扩展，对大一统多民族国家的认同与维护，对世界各种文化的兼容并蓄、共同繁荣以及世界各国人民的和平相处与和谐发展给予了理论与实践的广泛支持。虽然古今异制，但贯穿于其中的和谐共处、睦邻友好的理念，却是古今适用的。正如习近平总书记发出的构建人类命运共同体的号召，虽然世易时移，仍然"方行天下，至于海表，罔有不服"，反映了"亲仁善邻、协和万邦的文化基因和中华民族的一贯的处世之道"。习近平总书记指出："经济全球化深入发展，把世界各国利益和命运更加紧密地联系在一起，形成了你中有我、我中有你的利益共同体。很多问题不再局限于一国内部，很多挑战也不再是一国之力所能应对，全球性挑战需要各国通力合作来应对。"

二、中国精神的丰富内涵

中国历史发展的精神特质表征着中华民族的精神自觉，伟大中国精神便溯源于中华优秀传统文化。伟大创造精神、伟大奋斗精神、伟大团结精神、伟大梦想精神是对中国精神内涵的系统阐释，鼓舞和推动着中国人民汇聚起实现中华民族伟大复兴的磅礴力量。

（一）伟大创造精神

伟大创造精神形成于中华文明五千多年历史长河中，给中华文明注入了强大的生命活力。中华文明多样而灿烂。中华文明是一种复合式的文明，以农耕文明为主体，以草原游牧文明与山林农牧文明为两翼。在一体两翼的基础架构上，多种文化不断融合，并与外来文化不断交流、渗透、吸收而形成了中华文明多元一体的复合型文明。中华文明以农耕文明为主轴。农耕文明社会发展的一大特点是，以土地作为获取物质生活资料的重要资源，高度重视并顺应时节变化。因此，中国人民很早就开始了对日月之行、天象变化的观察。"易"智慧由此产生，中华民族有了"日新之谓盛德"的观点和追求，肯定并凸显了人在改变世界中的主体地位，激发了人们的创造精神。

1. "日新之谓盛德"的精神传统

《周易》是中国一部年代久远、意理深邃的经典，被誉为"群经之首，大道之源"。《周易·系辞》是孔子对《周易》的阐发、总结和论述。在《周易·系辞上》第五章中有言："日新之谓盛德，生生之谓易。"其大意为，不断创新开创新局面，革弊立新呈现新气象，这样可称之为盛大的德行。事物处在不断变化发展之中，时时有新的事物产生，这是易的一种体现。《周易程氏传》的序言中就有"易，变易也，随时变易以从道也"的说法。中华民族以农耕文明起家，自古就有观星象定时序，应时节耕作的习俗传统，因而使得中华民族很早就对自然发展、四季变化有了认识，形成了古朴的世界观，认识到事物处于不断变化发展之中的道理。同时，中华民族的先贤们还深刻认识到，事物虽处于不断的变化发展之中，但都依循着相应规律在变化。规律，即恒常的真理，使事物随着时空变化，但都依循着恒常的道变化，故有万变不离其宗的说法和认识。《周易·系辞下》第二章中有"易穷则变，变则通，通则久"的说法，说明事物发展到了极点，就要发生变化，才会使事物的发展不受阻塞，事物才能不断地发展。具有这样认识的中华民族，看待事物时有着变化发展的眼光，强调自身要遵从大道规律，积极地改变提升自己，以适应事物的变化发展。《礼记·大学》中就有言——"苟日新，日日新，又日新"，即要求人们要勤于省身，日积月累，不断革新自己，以求进步。上述观点都体现了中华民族的伟大创造精神。

2. 充满伟大创造精神的灿烂物质文明

在数千年历史长河中，中国人民的伟大创造精神持续激励着中国人民艰苦奋斗，创造出了对后世发展产生深远影响的四大发明，完成了举世瞩目的工程，创造出了无比光辉灿烂的物质文明。

中国古代四大发明之一指南针，是中国古代劳动人民在长期的社会劳动生产实践中发现和认识物体磁性并运用于社会生活的产物。指南针的发明也间接表明了中国古代农业的发达。可以说，正是古代中国农业生产的兴盛发展，催生和促进采矿业、冶炼业的发展，使得中国人民很早就在铁矿石中认识了磁石，在经过一系列的创新创造后用天然磁体做成了人类历史上第一枚指南针。指南针的发明，集中体现了中国古代人民的创造精神。指南针的出现促进了航海业的发展，对世界产生巨大影响。

赵州桥是世界上现存历史最悠久、跨度最大、保存最完整的单孔坦弧敞肩石拱桥，在中国乃至世界桥梁历史上都堪称经典。赵州桥老而弥坚、外形优美，由隋朝的著名桥梁工匠李春设计建造。李春和工匠们为了实现桥体大跨度和桥面低高度，创新性地采用了圆弧拱形式设计。这种创新的设计在方便车辆行人同行时，还节省了用料、方便了施工。李春对拱肩进行了重大改进创新，在大拱两端各设两个小拱，左右相对称，大小相互映衬，给人以和谐的美感。这种设计不仅增加了桥的泄洪能力，也节省了大量石材，减轻桥身的自重。赵州桥结构新奇、造型优美。其巧妙的构思、高超的科学造型，以及精湛的桥身雕刻，充分体现了中国古代人民的创造智慧，是中华民族的骄傲。历经一千四百多年的历史，遭遇多次水灾、战乱和地震，赵州桥至今依然保存完整。

都江堰，是中国古代大型引水枢纽工程，是迄今为止全世界历史最悠久并唯一保存至今、以无坝引水方式实现泄洪导流的宏大水利工程，是世界最佳水资源利用的典范。秦国蜀郡太守李冰和他的儿子，积极总结治水经验，主持修建都江堰水利工程，决定凿穿玉垒山引水。在当时还未发明火药的情况下，这几乎是一项不可能完成的任务，李冰便以火烧石使岩石爆裂的方式终于在玉垒山凿出了山口。都江堰水利工程因地制宜，充分利用了当地的地形、水脉、水势，顺势利导，无坝引水，实现了自流灌溉和江水的自动分流、自动排沙，进水流量得到了控制，解决了水患问题。在稳定分流的江水灌溉下，川西平原旱涝保收，物产丰饶，赢得了"天府之国"的美誉。都江堰这一充满古人智慧、凝聚众人创新合力的工程，充分体现了中华民族伟大的创造精神。

（二）伟大奋斗精神

地理环境塑造了中华民族的品格。从整体性来看，中华民族生活的地域位于亚欧大陆东部，西起帕米尔高原，东临大海，北面戈壁沙漠，东南有南海诸岛，西南有山脉盘直，在地理环境上具有相对的独立性，塑造了中国特有的精神品格。历史学家汤因比在对全球26种文明进行分析后，提出文明起源过程中环境与人的"挑战—回应"观点。他分析中国文明起源时指出："黄河下游的古代中国起源……所要应付的自然环境挑战要比两河流域和尼罗河流域挑战严重得多。除了沼泽、丛林和洪水的灾难之外，还有更大的多的气候上的灾难，它不断地在夏季的酷热和冬季的严寒之间交换。"正是在艰苦的生存环境挑战中，中华民族筚路蓝缕，以启山林。据英国科学技术史专家李约瑟统计，在 2100 年间，中国发生 1600 多次大水灾、1300 多次大旱灾。这给中国人民带来了苦难，同时锻炼了中华民族的生存能力，不畏艰险、吃苦耐劳，使得中华儿女很早就明白天上不会掉馅饼，幸福是实干奋斗出来的。在漫长的历史长河中，具有伟大奋斗精神的中华儿女们披荆斩棘、突破万难、辛勤劳作，开发了祖国美丽的大好河山。先辈们开拓了万里疆土和辽阔海域，刀耕火种开垦了物产富饶的良田，因势利导治理了桀骜不驯的江河，战胜了无数自然灾害，建设起古今繁荣的城镇枢纽，发展出种类丰富的各行产业，成就了多彩幸福的美好生活。今天，我们所拥有的一切，是历代中华儿女智慧的结晶，是无数中华儿女辛勤汗水浇灌的结果，是千万华夏儿女流血牺牲换来的。

1. 自强不息、艰苦奋斗

"天行健，君子以自强不息"出自《易传》中的《象传》。其意思是，天道行广无私、张养万物、永不止息，君子应该效法天道，努力自强，不停地追求进步，如天道一样运行不息。中华民族自古就有着自强不息的民族精神。这种民族精神的形成缘于中华文明所具有的特点。一方面，农耕文明自然地要求人们要辛勤播种，多劳才能多得，从而使中华民族养成了艰苦奋斗的理念，孕育出了中华民族吃苦耐劳、勤俭兴家的精神文化。另一方面，多民族文化在华夏大地的交融中必然存在着激烈的竞争，多种文明在交融、激荡，又塑造了中华民族自立自强的精神特质，有力地促进了中华文明的进步和繁荣，最终在长期的社会生活实践中多元文化相互交往渗透，成为了一个彼此不能分割的整体，塑造出中华民族吃苦耐劳、自立自强、艰苦奋斗的奋斗精神。

2. 功崇惟志，业广惟勤

"功崇惟志，业广惟勤"出自《尚书·周书·周官》。这是周成王告诫群臣的话。其意思是，功高在于立志，业广源于勤勉，以此勉励群臣，要树立远大志向，勤勉为政，成就伟大功绩。"功崇惟志、业广于勤"的思想，集中体现了中国古代仁人志士立志有为、勤勉奋发的精神品质。在这种伟大奋斗精神激励下，无数中华儿女投身于兴国安邦的伟大事业中去，取得了汉武盛世、开元盛世、康乾盛世等一系列伟大功绩。

（1）汉武盛世。公元前 141 年，汉武帝刘彻即位。他志向远大、勤勉奋发，具有雄才大略。汉武帝在"文景之治"基础上，推行改革，"内修法度，外攘夷狄"，取得了伟大的历史功绩。在汉武帝的大一统之下，专制中央集权空前加强，华夏儿女奋发拼搏，征战疆场，开拓了中国的疆域领土，使西汉统治达到鼎盛，使汉朝成为当时世界上最强大的国家，成就了建武盛世，成就了中国封建王朝第一个发展高峰。

（2）开元盛世。公元712年，唐玄宗李隆基即位。他一心想恢复和光大唐太宗的事业，采取了一系列积极的措施。在他的统治下，广大人民奋进不息、辛勤劳动，全国经济空前发展，大唐天下大治，人民安居乐业，使得唐朝国力达到鼎盛。

（3）康乾盛世。公元17、18世纪，中国历史上经历了康熙、雍正、乾隆三代皇帝，一个长达一百三十多年的盛世王朝，这便是康乾盛世。康乾盛世时期，中国的政治、经济、文化、军事、人口、版图等都取得了巨大的成就，达到了中国封建王朝的顶峰。康乾盛世时期，中国的疆域十分辽阔，国土面积达一千三百多万平方千米，有着占当时世界人口五分之二的三亿人口。这一时期，中国经济发达，政治安定，文化成就巨大，军事强盛，中国社会在封建王朝框架下各方面都达到了顶峰，走在了当时世界各国的前列。这一伟大功绩的取得，不仅反映了当时帝王将相治国理政的呕心沥血、勤勉执政，同时凝聚了无数中华儿女为追求幸福美好生活而付出的拼搏和辛劳。

（三）伟大团结精神

几千年来，团结统一一直是中华民族的主流趋势。中华民族的发展壮大史，就是各民族人民共同奋斗、团结统一的历史。团结统一的精神已成为中华民族的文化基因。华夏大地各族人民在漫长的历史交融中，成了"你中有我，我中有你"多元一统的整体。这种多元一统的理念已深入每一位中华儿女的内心，烙印在了民族的文化基因中。这种团结精神所凝聚起的强大力量，使得中华儿女每每在国家危亡的危急关头，总能团结一致，共赴国难，救国于危亡，谱写了一幕幕保家卫国的壮丽史诗。这充分展示了熔铸于中华民族文化基因中的伟大团结精神的强大力量。中华民族的团结精神根植在华夏文化基因中，是中华民族能生生不息、团结强大的强大动力。它保障着中华文明一脉相承，赓续发展。它使中华民族永葆着生机与活力，屹立于世界民族之林。

1."以和为贵、团结奋斗"的精神传统

中华文明是一个多元一体的整体。中华文明以农耕文明为主体。农业生产需要一个相对安定的环境。这是农耕文明统一和谐的自然诉求。这种诉求要求人与人之间、人与社会、人与自然之间和谐稳定。农耕文明孕育出中华民族热爱和平、和谐共处的以"和"为代表的"以和为贵"文化，并最终演化成极具包容柔性的"以和为贵、团结奋斗"的精神文化传统。

中华传统文化中"以和为贵、团结奋斗"的精神文化有着科学的合理内核，符合文化发展的一般规律。文化发展的多样性与统一性的规律表明，文化发展是外在多样性与内在民族性的统一，各国文化在交流融会中，本国吸收外来文化是以本土化的方式为主导。不同的民族对外来文化的吸收，是立足于本民族文化模式的基础上对外来文化进行解读、对比、借鉴和吸收有利部分，在对比中也扬弃了本民族的文化。因此，文化交融既是外来文化不断本土化的过程，也是本民族文化不断完善发展的过程。只有尊重不同文化的多样性和差异性，并以开放的态度不断地交流互鉴，人类文明才能不断发展前进。中华传统文化中具有包容性的"以和为贵"的精神与文化发展规律中的多样性相符合，而具有合一性的"团结奋斗"的精神则与文化发展规律中的统一性相符合。"以和为贵、团结奋斗"的精神，千百年来持续传承发展，成为中华民族一以贯之的文化传统。

2. 儒、释、道和谐统一体现伟大团结精神

中国古代"以和为贵、团结奋斗"的民族传统，充分体现在"和而不同"的思想当中。这种思想产生于西周末期。"和而不同"不是凡事必异，不是只讲异、不认同，也不是任何情况下都只追求不同。中华民族是一个"以和为贵"的民族。这种"和"的理念已根植于中华民族的精神当中，成为其中不可或缺的一部分。中华民族这种优良的"和"精神具有和谐的理念，有着"和而不同"的包容性。这种文化表现在中华民族对内和谐的统一性和对外的不盲目排斥的包容性。"和"的精神深入人心，使中国人能辩证统一地看待事物而不偏激，善于从宏观上整体把握事物。

中国儒、释、道三家的和谐统一，充分体现了"以和为贵、团结奋斗"的民族精神。在中国历史上儒、释、道三家文化的交流碰撞的过程中，伟大团结精神始终导归着儒、释、道文化，使它们不断交融，共性相容，个性互补，相得益彰。儒家文化注重伦理道德，释家文化注重心性修养，道家文化注重道法自然，三者之间有着彼此补充的作用，故有"以佛治心，以道治身，以儒治世"的说法。三种文化也在不断交融中进步和发展，各彰异彩，相互辉映。"以和为贵、团结奋斗"的民族精神有力地促进了儒、释、道三种文化体系相互融合，趋于统一。

（四）伟大梦想精神

中华民族在几千年历史长河中始终志存高远、为梦拼搏。统一的社会理想由来已久，小康生活、大同社会的理念深入人心，使得中国有着深厚的天下为公的情怀，"为天地立心，为生民立命，为往圣继绝学，为万世开太平"成为古代中国知识分子的政治理想和人生抱负。中华儿女敢于追求梦想的执着精神在如盘古开天、夸父追日、愚公移山等的古神话传说中也得到了充分的体现。有着这样伟大梦想精神的中华民族坚信：世上无难事，只要肯登攀；千里之行，始于足下。在伟大梦想精神的指引下，中华民族持续奋斗，使得今天的中国比历史上任何时期都更接近、更有信心和能力实现中华民族伟大复兴。今天，在中国共产党的坚强领导下，中华民族正满怀信心，昂首阔步，朝着中华民族伟大复兴中国梦奋勇前进。

1. 小康社会

具有伟大梦想精神的中华儿女，很早就形成了完备统一的社会理想，大约在两千多年前就有了对实现小康社会的追求。最早在《诗经·大雅·民劳》中就记载有"小康"一词："民亦劳止，汔可小康。"小康，是指生活安定之意。在小康社会里，人们生活宽裕、殷实，过着幸福安宁的美好生活。小康社会是相对于大同社会而言的，两者同源同根、所求一致，但深度和层次不同。小康社会相对于大同社会更易实现，被历来中国思想家们广泛认同，是在中国现实条件下通过礼法治理便能实现的社会目标。小康社会不是一种空想。它主张人们积极参与社会实践，担当责任，为实现人民生活安定富足而奋斗。它强调"仓廪实而知礼节，衣食足而识荣辱"的观点，有着明确的经济衡量标准，即首先使人们能过上衣食无忧的安定生活，而后通过礼法治理使国家达到团结富强、安定繁荣的美好局面。

2. 大同社会

中国自古就有大同的理想，其源远流长，最早出自西汉初年的《礼记·礼运》。其中，叙述了大同社会的理想境界："大道之行也，天下为公。选贤与能，讲信修睦，故人不独亲其亲，不独子其子，使老有所终，壮有所用，少有所长，鳏寡孤独废疾者，皆有所养。男有分，女有归。货恶其弃于地也，不必藏于己；力恶其不出于身也，不必为己。是故谋闭而不兴，盗窃乱贼而不作，故外户而不闭，是谓大同。"此种思想是中国古代文明积淀的产物，承袭至远古时期，概括升华了先秦各家的社会理想，反映了人们乱后求大治的急切盼望和对美好生活的追求。第一，"大同"社会是和而不同、和谐统一的社会。东汉经学家郑玄的《礼记注》给"是谓大同"注解中就有"同犹和也，平也"的说法，这里所说的"大同"也就是"大和"，即"太和"，意思是"最高尚的和谐境界"。第二，"大同"社会是天下为公、财产共有的社会。在"大同"社会中，人们的道德修养有着极大的提升，有着兼爱思想、大爱精神；人们安居乐业，都能受到全社会的关爱；货尽其用，人尽其才。第三，"大同"社会，"选贤与能"是治理社会的基本方针，也是实现天下为公的基础保障。管理者由天下人公选出来，"贤"与"能"是选才的标准。第四，"大同"社会，生活保障达到了很高的水平，"使老有所终，鳏寡孤独废疾者，皆有所养"。第五，因为大同社会实现了天下共有，人们没有谋私作乱的动机，劫、盗之类的事就不会发生。"路不拾遗，夜不闭户"，社会生活安定繁荣。从一定程度上来说，"大同"理想社会是国家分裂动乱后人们普遍的美好愿望，是当时历史条件下的产物。由此可见，"大同"理想是中华民族千百年来的伟大梦想。在战乱纷飞的岁月，"大同"理想为人们描绘了一个美好社会的愿景，给人们以战胜困苦、治乱定邦的希望，成为人们的思想寄托。在安定祥和的年代，"大同"理想给人们以美好社会的目标，持续激励着历代无数仁人志士，为国为民奋发图强，具有鼓舞人心、维护社会秩序、促进社会发展的作用。

大同社会理想与小康社会理想，都是中国人民追求美好生活梦想精神的产物。自古以来，中国人民始终怀着建立小康、大同社会的理想并不断地奋斗着。小康、大同理想成了中华民族的最大"共识"，引领人们奋进不止，使中国出现了汉武盛世、大唐盛世、康乾盛世等盛世景象，长期处于世界领跑者的位置上。在五千多年的历史长河中，中华儿女始终志存高远、为梦拼搏，这种勇于追梦、持续奋斗的精神在盘古开天、神农尝草、精卫填海、愚公移山等古代神话和寓言故事中得到充分体现。在这种伟大梦想精神的熏陶下，中国许多伟大思想家积极探索构思，提出了很多十分有深度的思想。例如，墨子提出了"兼爱非攻"的思想，孟子提出了"老吾老以及人之老，幼吾幼以及人之幼"的社会思想，老子提出了"无为而治"的治国理政思想。这些伟大思想的背后，都是一个个伟大梦想精神的闪光，至今还照耀着人们，为梦拼搏、持续奋斗，充分展现了中华民族勇于追梦、持续奋斗的伟大梦想精神。

【新时代启示】

知识分子并不只是以自己的知识谋生的人，甚至也不只是以这些知识去为社会服务的人，而是对真、善、美等这些人类精神生活目标的自由追求者，是人类自我意识和人生最高价值的体现者；而当他们在创建和探求这些无限价值的同时，必然是对有限的现实生活和社会存在的批判者。知识分子在追求这些目标时根本上只是为了自己的兴趣和好奇心，而不是将其当作达到某种现实目的的手段，更不是服从由外部给自己规定好了的天命。因此，为真理而真理，为学术而学术，为道德而道德，为正义而正义，为美而美，为艺术而艺术。总之，为自由而自由，这就是一个真正的知识分子的独立人格的最后基点，这也是人类生存和每个普通人发展的潜在方向。但知识分子在这方面是先知先觉者，他们最先意识到，每个人为自己争取自由就是为人类争取自由。当他们把这一目标当作个人目标来追求时，他们实际上也是为人类的共同的前景开辟着道路。而当所有的人都能达到像知识分子这样的生存境界时，知识分子的使命就完成了，"知识分子"这一社会角色也就从社会结构中消失了。因为知识分子是社会的良心，是人类灵魂的工程师，肩负着社会历史的责任，正如"横渠四句"中说的那样，知识分子要"为天地立心，为生民立命，为往圣继绝学，为万世开太平"。

人类的文明与命运，需要有道德和智慧的人来协助和推动。这个有道德和智慧的人，在人类社群之中就是知识分子，他们代表社会的良心，代表社会的道德与正义。真正的知识分子，只要能够坚守爱与正义的立场，他们必然会产生巨大的精神力量与智慧，承担起人类的道德和责任，担负起应有的社会使命，就能够"为天地立心，为生民立命，为往圣继绝学，为万世开太平"。

中国共产党既谋中华文化赓续发展，又谋人类文明不断进步，彰显了新时代中国共产党人为人民谋幸福的初心、为民族谋复兴的使命、为世界谋大同的责任，昭示了中国共产党人对待中华文明和世界文明的一贯态度和坚定立场。作为"中华文化和中国精神的时代精华"，既有文化高度又有精神深度的习近平新时代中国特色社会主义思想，既是中华民族和中华文明所取得的历史性成就，也是人类社会和世界文明的创新性思想，并日益显现出无比强大的生命力、影响力和感召力，并将在推动中华民族文明复兴进程的同时推动人类社会的和平发展。

拓展阅读

为天地立心 提升精神生命的高度

来源:《光明日报》2020 年 3 月 30 日 15 版

作者:楼宇烈（北京大学教授、国际儒学联合会荣誉顾问）

疫情发生后，以习近平同志为核心的党中央高度重视、科学决策，始终把人民群众的生命安全和身体健康放在第一位，迅速启动联防联控机制，在党的集中统一领导下，全国人民团结一心，有效遏制了疫情的蔓延和传播。人类社会发展的历史，就是一部人与瘟疫斗争的历史，只要人类社会存在，这种斗争就会持续下去。任何事情都有一个发生、发展和衰亡的过程，此次疫情的发展也是如此。《吕氏春秋》有言:"全则必缺，极则必反。"事物发展到极点，会向相反方向转化。张载在《正蒙》中说:"有象斯有对，对必反其为。有反斯有仇，仇必和而解。""对"指矛盾的对立面，"仇"指对立面的斗争，"和"指对立双方统一体的平衡和和谐。二气交感聚而有象，一旦有象便有其对立面，有对立面就会有相反的运动，因而便会有斗争，而斗争的结果便是形成统一体的平衡和和谐。

面对此次疫情，要保持积极乐观、自信豁达的态度。中华文明历来重视人的价值，高扬人的主体精神，强调我们作为一个具有主体性的人，既不要做神的奴隶，更不能做物的奴隶。《孝经》曰:"天地之性，人为贵。"认为在天地之间的各种生命中，没有什么比人更加尊贵了。荀子进一步解释了"人为贵"，他说:"水火有气而无生，草木有生而无知，禽兽有知而无义，人有气、有生、有知，亦且有义，故最为天下贵也。力不若牛，走不若马，而牛马为用，何也?曰:人能群，彼不能群也。"从以上可知，人之所以独异于万物，一是因为人有伦理道德与智慧，二是因为人有主体性。尽管当前人类对新冠肺炎病毒的认识还不全面，但是相信凭借人类自身的智慧终究能渡过此次难关。

古人认为，在天地之间，"唯人独能偶天地"，表现出对人的重视。天地造万物，但是人出现后因为具有能动性而可以与天地相并列。所以，"人"与"天""地"并称为"三才"。善于"法天则地"的人能够参与到天地万物之中去，从天地之道中取法，为人所用。《荀子·天论》中说:"天有其时，地有其材，人有其治，夫是之谓能参。"讲的也是这个意思。

《礼记·礼运》中说:"人者，天地之心也。""为天地立心，为生民立命，为往圣继绝学，为万世开太平"，是北宋思想家张载为后世留下的宝贵精神遗产。"为天地立心"是指为社会建立一套以"仁""孝"等道德伦理为核心的精神价值系统。他认为一切活动都是心的表现，人心一动、一变就会影响到天地万物的变化。人在天地万物之中有这样大的作用，所以必须时时修养自己，不能松懈。

"人为贵"不是让人肆意地去主宰万物，而是提醒人怎么能够更好地管住自己，让天地万物能够按照它自身发展的规律去发生和发展，而不要人为地去干预自然。万物是天地合气而自生的，人也是天地合气中生出来的一物，但这个物确确实实跟其他的物不一样。所以，人应当有自觉性来管住自己，这样才能够跟万物和谐相处。面对疫情，我们人类能做的就是要保护自然生态环境，尊重自然界整体生成发展的规律，不得以私志和嗜欲去破坏原有的生态链，干预自然界自身的运行规律，而应该"循理而举事"——根据事物自身的规律去做事；"因资而立功"——根据条件，依靠条件去做好自己的事情，建立事功。总体来讲，就是要我们"推自然之势"，即循自然之规律。

"为天地立心"要求我们要时刻省察自己，持守中道。被称为"十六字心传"的"人心惟危，道心惟微；惟精惟一，允执厥中"是儒学乃至中国文化传统的要义之一。简单地说，这句话的意思是说人心是危险难测的，道心是幽微难明的，应当一心一意，精诚恳切地秉承中正之道。"十六字心传"源于尧舜禹禅让的故事，既是修身之道也是治国之道，传递的是以"道心"调节"人心"的主题。从此意义来说，道德自觉意识可谓是中国文化的精髓。贤者历来注重修身，以提高道德自觉，提升精神境界，培养理想人格，追求"人心"与"道心"的合一。在抗疫的这段特殊时期，我们不仅要强身健体，关注生理方面的健康，增强自身的免疫力，也要正心养性，关注精神生命的成长，提升生命的质量；不仅尽力延伸自然生命的长度，更要奋力提升精神生命的高度。如此，才能尽享真正的幸福生活。

思考题

1. 大学生应如何培养浩然正气？

2. 新时代我们如何继承和发扬中国精神？

专题五

实现中国梦：天下兴亡，匹夫有责

【主题出处】

在中国人民抗日战争的壮阔进程中，形成了伟大的抗战精神，中国人民向世界展示了天下兴亡、匹夫有责的爱国情怀，视死如归、宁死不屈的民族气节，不畏强暴、血战到底的英雄气概，百折不挠、坚忍不拔的必胜信念。

——2014年9月3日，习近平总书记在纪念中国人民抗日战争暨世界反法西斯战争胜利69周年座谈会上的讲话

【原典出处】《日知录》（明末清初·顾炎武）

是故知保天下，然后知保国家。保国者，其君其臣，肉食者谋之。保天下者，匹夫之贱与有责焉耳矣。

【原典释义】

原句"保天下者，匹夫之贱与有责焉耳矣"被梁启超精炼为"天下兴亡、匹夫有责"，天下苍生、民族文化的兴盛、灭亡，关乎所有人的利益，因此，每一个老百姓都有义不容辞的责任。中国自古就有天下胸怀，以天下为己任不断创造出有益于自身与世界共同发展的成就与文明。

【主题讲解】

习近平总书记在中央党校建校80周年庆祝大会暨2013年春季学期开学典礼上的讲话中指出，中国传统文化博大精深，学习和掌握其中的各种思想精华，对树立正确的世界观、人生观、价值观很有益处。古人所说的"先天下之忧而忧，后天下之乐而乐"的政治抱负，"位卑未敢忘忧国""苟利国家生死以，岂因祸福避趋之"的报国情怀，"富贵不能淫，贫贱不能移，威武不能屈"的浩然

78

正气，"人生自古谁无死，留取丹心照汗青""鞠躬尽瘁，死而后已"的献身精神等等，都体现了中华民族的优秀传统文化和民族精神，我们都应该继承和发扬。

实现中华民族伟大复兴的中国梦，必须弘扬中国精神，这就是以爱国主义为核心的民族精神和以改革创新精神为核心的时代精神。爱国主义始终是把中华民族坚强团结在一起的精神纽带，改革创新始终是推进改革开放和社会主义现代化建设的精神力量。当代大学生担当着民族复兴的时代使命，要努力做忠诚的爱国者和时代的奋进者，用实际行动展现出中国精神的青春风采。

一、中国人的精气神：崇尚精神是中华民族的优秀传统

在漫漫的历史进程中，中华民族不仅创造出光辉灿烂、享誉世界的中华文明，也塑造出独特的精神气质和精神品格，形成了崇尚精神的优秀传统。

（一）重精神、守诚信、崇仁义

1. 重精神，轻物欲：不义而富且贵，于我如浮云

中国古圣先贤认为，物质生活固然为人所必需，但如果只沉溺于物欲而不能自拔，则无异于禽兽。在《论语·述而》中，子曰："饭疏食饮水，曲肱而枕之，乐亦在其中矣。不义而富且贵，于我如浮云。"孔子说："吃粗粮，喝清水，弯起胳膊当枕头，这其中也有着乐趣。而通过干不正当的事得来的富贵，对我来说就像浮云一般。"孔子认为"饭疏食，饮水，曲肱而枕之"的生活对有理想的人来讲，可以说是乐在其中的。同时，他还提出，不义的富贵荣华，如天上的浮云一般，自己是不会追求的。这表明孔子以"仁义"为自身最高理想追求，认为精神生活高于物质生活，君子片刻时间都无法离开仁德，即使在匆忙紧迫的情况下也一定要遵守仁德的准则。

在《论语·雍也》中，子曰："贤哉回也！一箪食，一瓢饮，在陋巷。人不堪其忧，回也不改其乐。贤哉回也！"颜回用粗陋的竹器吃饭，用瓢来喝水，还住在非常简陋的房子里面。这种生活状态，一般人早就受不了了。但是颜回仍然能够保持着心中的快乐，不改乐道之志。简单甚至艰苦的物质生活，根本就无法改变颜回内心坚定的志向。真正内心充实的人，不会因物质生活变化而改变。在他们看来，越简单的生活就越快乐。如果内心不够强大，只追求和在意物质上的享受，就必然面对精神和物质生活上的双重压力，不会感到快乐。

2. 守诚信：忠信谨慎，此德义之基也

习近平总书记高度重视中华优秀传统文化的传承与发展，强调"深入挖掘和阐发中华优秀传统文化讲仁爱、重民本、守诚信、崇正义、尚和合、求大同的时代价值"。在中华文化中，"一言九鼎""一诺千金""一言既出，驷马难追""言必信，行必果"，这些耳熟能详、妇孺皆知的语句体现出中华民族对诚信的重视。诚信已经融入中华儿女的基因和血脉之中，是中华民族的传统美德，是国家重要的文化软实力，是新时代每个人处世之本、企业立业之本、国家稳定的重要支撑、国与国相处的道德基础。

那么，什么是诚信？首先，从词义上解释。诚信由两部分构成，一是"诚"。朱熹认为："诚者，真实无妄之谓。"意思是指：诚实，就是真实无欺，不自欺。二是"信"。程颐认为："以实之谓信。"意思是指：守信，就是诚实，对他人重承诺，讲信誉，不欺人。《说文解字》认为："信，诚也。从人从言。"又说："诚，信也。从言从成。"诚信就是表里如一，言行如一。其次，从诚与信的关系上解读。在传统的哲学思辨中，诚与信既是相关的范畴，又有不同的内涵。诚于中，信于外。简言之，诚，关注内在自觉，是内在的品质，是内圣之道；信，注重外在实践，是外在的表现，是外王之道。"诚"是"信"的内在思想基础，"信"是"诚"的外在表现。只有对己真诚，方能对他人信守承诺；只有不自欺，方能不欺人。总之，诚信就是：怀着诚实不欺己、不欺人的心，重规则，守契约。

为什么要讲诚信、守诚信？《老子》："夫礼者，忠信之薄，而乱之首。"意思是说：礼的存在标志着忠信的不足，是祸乱的开端。孔子讲："人而无信，不知其可也。"意思是说：人如果没有信用，那真不知道怎么能行于世、立于世。东汉王符的《潜夫论·务本》中"忠信谨慎，此德义之基也；虚无诡谲，此乱道之根也"，意思是说：忠诚守信、谨言慎行，这是道德信义的基础；弄虚作假、荒诞怪异，这是导致混乱的根源。

古往今来，凡是品德高尚的人，都是诚实守信的；只有诚信的人，才能心智清明，择善而从。新时代，诚信是人类社会普遍的道德要求，是个人立身处世的基本规范，是企业的无形资产，是社会存续发展的重要基石，是国家良好的国际形象。

如何践行诚信？党的十八大以来，习近平总书记在国内外多个重要场合强调诚信的重要性，提出"人与人交往在于言而有信，国与国相处讲究诚信为本"。人无信不立，业无信不兴，国无信不强。从古至今，中华民族一直都很重视诚实守信的品德，讲究说话算数、办事可信，并且在漫长的历史中积累了丰富的诚信教育和诚信实践的经验。

首先，个人须讲诚信、守诚信。孔子主张："人而无信，不知其可也。"墨子认为"言不信者，行不果"。"曾子杀猪"的故事充分诠释父母应该如何教育子女守诚信。诚信教育注重滋润心灵，在潜移默化下熏陶教育，中华民族讲诚信的品格贯通了每一代人的价值观，深深地融入了中国人的血脉，成为一种带有深刻烙印的精神气质。

其次，诚信也是立业之基。管子非常重视诚信，在《管子》一书中有大量篇幅从不同角度论述了诚信。《管子·乘马》说："非诚贾不得食于贾，非诚工不得食于工，非诚农不得食于农，非信士不得立于朝。"强调士农工商都要讲诚信，否则就无法立足于本行业。春秋战国之交的"陶朱公"范蠡，他经商有道，重视诚信，后世的生意人都供奉他的塑像，尊称他为"中华商祖"。古代立业之本是讲诚信、守诚信。新时代，对于企业来说，市场经济就是契约经济、信用经济，而诚信就是企业至关重要的无形资产。

再次，政府诚信是国家稳定的重要支撑。从古至今，中国政府都非常重视国家诚信建设。《左传》指出"信，国之宝也，民之所庇也"，意思是说：诚信是作为治理国家、维系民心的根本保证。唐代的柳宗元说："信，政之常，不可须臾去之也。"《史记》中有一则商鞅徙木立信的故事，说的就是取信于民的事。《战国策》中也有一则魏国开国君主魏文侯守信的故事，在故事的后面，留下了六个字的言近旨远的评价，叫"魏于是乎始强"。中国共产党始终强调和重视诚信、倡导诚信、弘扬诚信，明确把诚信作为社会主义核心价值观的重要内容。习近平总书记指出，要把诚信作为现代社会文明的基础，不仅要弘扬传统的"诚信"美德，更要大力推进以个人为基础、企业为重点、政府为关键的现代"信用"建设。

最后，自古以来，中国在外交层面重视诚信。诚信关乎一国国民的道德素质，更关乎一个民族、一个国家的整体形象。春秋时期，晋文公"退避三舍"的故事：晋文公为了报答当初流亡在外时楚国国君对自己的厚待，对楚王承诺：若他日两国在战场上兵刃相见，晋国愿意主动退避三舍。后来，晋文公按约守诺，一方面，为战争胜利赢得了道义上的支持。另一方面，也为他赢得了国内外的人心。讲诚信、守诚信是从中国文化传统的土壤中生长出来的，也是中国一直坚守的外交原则。自古以来，在国际交往中，中国始终坚持以诚相待，走和平发展道路，以真挚的对话和合作赢得世界的尊敬。2013年，习近平主席在印度尼西亚国会发表演讲时提出："坚持讲信修睦。人与人交往在于言而有信，国与国相处讲究诚信为本。"2021 年，习近平主席以视频方式出席二十国集团领导人第十六次峰会第一阶段会议时，引用古语"诚信者，天下之结也"，向世界传播中国声音，传达中国方案。

3. 崇仁义：此皆利之大者也

在《孟子·离娄下》中，孟子曰："人之所以异于禽兽者几希，庶民去之，君子存之。舜明于庶物，察于人伦，由仁义行，非行仁义也。"大意是指，孟子认为，人和禽兽不同的地方只有一点，一般百姓丢弃它，正人君子保存它。舜懂得事物的道理，了解人类的常情，自然而然地奉行仁义，不是勉强地贯彻实行。朱熹说："义利之说，乃儒者第一义。"以孟子为代表的儒家主张行仁政、王道，希望以仁义重建政治秩序。孟子主张的仁义是指公正、正义，以及人与人之间的良善关系。孟子认为，在一个无序、混乱的社会中，首先不应该想着如何去追求利，而是建立起公正、正义，以及人与人之间的良善关系。司马迁在《史记·孟子荀卿列传》中谈到孟子的仁义，司马迁认为，孟子所否定的"利"，是只讲个人需要不讲道义原则的"利"。两千多年前孟子给我们的启示：不应只看到"利"，还应看到"利"背后的义；只有建立起义，建立起合理、公正的秩序，才能更好地追求"利"。在孟子等儒家学者看来，执政者本来就是要为天下百姓谋取、创造利益的，执政者若奉行仁义，百姓安居乐业，各得其所；若执政者违背了仁义，百姓的生活得不到保障。因此，义和利实际是统一的，或者说应该是统一的。这里的"义"是指道义、公正、正义，"利"则是指社会的整体利益，也指民众的物质利益。仁政，是指以民众的物质利益为重，对内实行仁义，通过"得民心"使天下归附。

（二）人须立志，志立则功就

理想信念是精神支柱、力量之源。习近平总书记指出："一个国家，一个民族，要同心同德迈向前进，必须有共同的理想信念做支撑。"理想信念是共产党人精神上的"钙"，习近平同志一再用这个比喻强调信念的重要性。的确，精神上如果缺了钙，就会得"软骨病"，行不正、站不直，无法开展工作。坚定理想信念，坚守精神追求，是共产党人安身立命的根本。100 多年来，无数共产党员为党和人民利益英勇牺牲，这是"革命理想高于天"的精神力量。历史和现实表明，坚持共同的理想信念，任何时候都是我们的显著优势所在，都是我们前进的根本动力所在。新时代，为实现中华民族伟大复兴，在世界百年未有之大变局的背景下，我们同样需要筑牢共同的理想信念，更好统一全党全国人民的思想和意志，汇集起攻坚克难、奋力前行的强大精神力量。

1. 理想：杀身以成仁

2018年3月20日，习近平总书记在第十三届全国人民代表大会第一次会议上的讲话中指出：中国人民是具有伟大梦想精神的人民。在几千年历史长河中，中国人民始终心怀梦想、不懈追求，我们不仅形成了小康生活的理念，而且秉持天下为公的情怀，盘古开天、女娲补天、伏羲画卦、神农尝草、夸父追日、精卫填海、愚公移山等我国古代神话深刻反映了中国人民勇于追求和实现梦想的执着精神。中国人民相信：山再高，往上攀，总能登顶；路再长，走下去，定能到达。

理想是激励个体的精神内驱力，是凝聚集体的精神力量。矢志不渝地坚守理想，是中国古人崇尚精神的典型体现。儒家把仁爱、和谐视为最高理想，为实现理想即使献出生命也在所不惜。孔子提出"志士仁人，无求生以害仁，有杀身以成仁"。子贡问为仁。孔子曰："工欲善其事，必先利其器。居是邦也，事其大夫之贤者，友其士之仁者。"意思是指：志士仁人，不贪生怕死因而损害仁德，只勇于牺牲生命来成全仁德。子贡问如何成就仁德。孔子道："工匠要把事情干好，一定先要完善他的工具。我们住在这个国家，就要敬奉那些大臣中的贤人，结交那些士人中的仁人。"

那么，什么是仁？"仁"是孔子思想体系的核心范畴，指人的本质特征，由仁的意义引申出人生的意义和价值、理想人格特征等，是包罗众德的最高概念，是人们修养达到的很高境界。孔子认为，一个人具有"恭、宽、信、敏、惠"五种品德才可能合乎仁，恭即庄重，宽即宽厚，信即诚实，敏即勤敏，惠即慈惠。孝、悌被认为是为"仁"之本，忠、信则被认为是"仁"的重要表现。孝是八德之首，简单来说就是孝敬父母。在中国文化中，孝养父母是人的天性。孝还有更高的层次，即孝顺天下所有的父母，然后以仁爱之心爱全天下的人，让整个世界充满爱和敬。悌，指的是兄弟姐妹互相友爱。中国自古就重视手足之情，悌也有更高的境界，即把身边的同龄人及同事都作为兄弟姐妹来爱敬关心，进而将所有善良友好的国家都视为兄弟友邦，在国家或民族关系中做到亲仁善邻、协和万邦。忠，是指讲原则，守规矩，以及尽职尽责的担当。"忠"在中国儒家道德伦理思想中占有极端重要的位置。曾子对孔子思想做过概括："夫子之道，一以贯之，忠恕而已。"忠就是修己，恕就是推己。信，就是诚实无欺、恪守信用。中国人常说，守诚信是最大的财富，讲诚信是最大的聪明。孔子认为，达到仁境界的人，称之为"仁者"。孔子认为，"仁者爱人"，即从爱人出发推而广之，涵盖爱护自然万物。孟子讲"仁者爱人"，仁爱意味着推己及人，底线要求是尊重他人权利，更高要求是扶危救困、见义勇为。"仁政"是孟子的政治思想体系，孟子一生推崇仁政，以民为本，主张"制民之产"，注重国君修养、尊贤任能，推行推己及人、"以善养人""以德服人"的原则。

"苏武牧羊"是一个广为人知的故事。苏武是汉武帝时期著名的外交家、政治家，也是为后人所敬仰的爱国英雄。苏武出身于将门家庭，年轻时仕途顺利。汉武帝即位后，汉朝实力大增，与匈奴交战多占上风。然而，连年征战耗费了大量人力、财力，国家需要休养生息。为缓和与匈奴关系，汉武帝任命苏武为中郎将护送匈奴使臣回匈奴。苏武等人完成任务准备归汉时，因匈奴怀疑苏武等汉朝使节参与匈奴内部一场谋反事件，准备对苏武等人进行讯问。为维护汉朝名誉，避免遭受羞辱，苏武两次自刎，都被他人及时制止。匈奴单于得知此事后，对苏武愈发欣赏，盼望他能归顺自己。不论是武力要挟，还是名利诱惑，都无法撼动苏武持节不辱的决心。但是，单于仍不死心，命人将苏武囚禁于地窖中，不给食物和水，试图摧垮其意志。见其不屈服，又把苏武驱逐到北海放牧公羊，并扬言要等到公羊生崽才准其归汉。苏武在荒无人烟的北海，手持汉使旄节，每日与羊群为伴。年深日久，旄节上的穗子脱落了，只剩下一根光溜溜的杆子，但他仍紧握不放。在苏武心中，旄节是国家的象征，是他活下去的精神支柱。汉武帝去世后，汉匈都不希望再起战事，双方和亲。汉朝使者趁机要求匈奴单于释放苏武，可单于却谎称苏武已死。和苏武一起出使匈奴的常惠让汉朝使者对单于说，汉朝皇帝在上林苑射下一只大雁，大雁的足上系着帛书，上面写着苏武在北海放牧。单于无法抵赖，只得把苏武给放了。昭帝始元六年（公元前81年）春，苏武回到长安，成千上万的人出来迎接。看到苏武含着热泪坐在车上，怀里紧紧抱着那支脱了穗子的旄节，百姓们无不感动落泪。苏武是中国古代崇尚气节、忠贞爱国的典型代表，面对匈奴的威逼利诱，信念坚定，牧羊北海十九载，始终将肩负的使命和责任铭记于心，忠于国家。这种对国家矢志不渝的感情令人敬佩。

回顾历史，像苏武这样视气节为生命的志士仁人，亦不在少数。宋朝使臣洪皓羁留金国十五载，宁死不做贰臣，被誉为宋之苏武。同为爱国志士，南宋文天祥曾写下赞颂苏武的诗句："独伴羝羊海上游，相逢血泪向天流。忠贞已向生前定，老节须从死后休。"时至今日，在京剧、秦腔中，"苏武戏"都是经典剧目，广为流传，可见苏武在人们心目中地位崇高且影响深远。"临危不忘国，忠也。"爱国主义一直是志士仁人的精神支柱。

千百年来，儒家文化当中仁、仁爱、仁政的思想成为中华传统政治文化当中的优秀基因。中国共产党人始终是中华优秀传统文化的忠实继承者和弘扬者。习近平总书记强调"要深入挖掘和阐发中华优秀传统文化讲仁爱、重民本、守诚信、崇正义、尚和合、求大同的时代价值"。仁爱精神居中华优秀传统文化价值之首。青少年是祖国的未来、民族的希望。新时代，要完善青少年理想信念教育，需要大力宣传和弘扬中华优秀传统文化中的仁爱精神，引导广大青少年树立正确的世界观、人生观、价值观，立志肩负起民族复兴的时代重任。

2. 信念：千磨万击还坚劲，任尔东西南北风

南宋陆游曾在《病起书怀》中写道："病骨支离纱帽宽，孤臣万里客江干。位卑未敢忘忧国，事定犹须待阖棺。天地神灵扶庙社，京华父老望和銮。出师一表通今古，夜半挑灯更细看。"陆游一生屡遭挫折，但他对前途依然充满希望，其乐观体现在"事定犹须待阖棺"。其中，"位卑未敢忘忧国"是本首七律的"点睛之笔"，表明作者虽然地位卑微，但从未忘却忧国忧民的责任。这句话也成为后世许多忧国忧民之士用以自勉自励的座右铭。尾联"出师一表通今古，夜半挑灯更细看"含蓄地表达了陆游忠心报国的愿望。

清朝郑燮的《竹石》："咬定青山不放松，立根原在破岩中。千磨万击还坚劲，任尔东西南北风。"诗人表面上写竹，实则借竹喻人，表现其正直倔强的品格，以及决不向邪恶势力低头的铮铮铁骨。此诗的第一句是"咬定青山不放松"，一个"咬"字写出了竹子的顽强，同时把竹子拟人化了。后两句"千磨万击还坚劲，任尔东西南北风"，进一步描述竹子经过无数次磨难，愈发坚韧不拔，任凭风吹雨打也毫不动摇。诗人郑板桥在为人、为官、为事方面处处彰显了竹子坚忍执着的品格。其中，"衙斋卧听萧萧竹，疑是民间疾苦声"体现诗人的悯民情怀，"写取一枝清瘦竹""乌纱掷去不为官"展现诗人的人格气节，"任尔东西南北风"凸显诗人坚劲风骨。

2013 年 6 月 28 日习近平在全国组织工作会议上的讲话中引用了清代学者金缨编著的《格言联璧》中的"志之所趋，无远勿届，穷山距海，不能限也。志之所向，无坚不入，锐兵精甲，不能御也"，意思是：人若志存高远，则无不可实现之目标，纵然山海尽头，亦不能阻止其追求理想的步伐；无攻不破的壁垒，即使是精兵坚甲，也无法抵御他的坚定信念。正如《左传》所言："志以发言，言以出信，信以立志，参以定之。"意思是指：话一出口，就一定要言行一致。语言是用来表达信用的，信用是用来确立志向的。苏轼说："古之立大事者，不

唯有超世之才，亦必有坚忍不拔之志。"明成祖朱棣也说："人须立志，志立则功就。天下古今之人，未有无志而建功成事者。"可见，立志对于一个人事业成功的重要性。自古至今，为官者的价值都承载于奉公为民上，在领导干部的价值排序中，"为人民服务"应该始终排在物质利益的前面。因为只有解决了"立志"的问题，才能真正找到自己工作和生活的价值。

"石可破也，而不可夺坚；丹可磨也，而不可夺赤"出自《吕氏春秋》。意思是，石头可以被打碎，但无法改变它坚硬的质地；丹砂可以被研磨，但不能改变它朱红的颜色。硬度和颜色分别是石头、丹砂的本性所具有的，是与生俱来的，不能任意择取和变更。党的百年历程，就是一部高举真理旗帜、为远大理想不懈奋斗的历史。"砍头不要紧，只要主义真""敌人只能砍下我们的头颅，决不能动摇我们的信仰"，这些视死如归、大义凛然的誓言生动表达了共产党人对远大理想的坚贞。

习近平总书记指出："中国共产党成立一百年来，始终是有崇高理想和坚定信念的党。这个理想信念，就是马克思主义信仰、共产主义远大理想、中国特色社会主义共同理想。理想信念是中国共产党人的精神支柱和政治灵魂，也是保持党的团结统一的思想基础。"一百多年来，中国共产党之所以能够完成近代以来各种政治力量不可能完成的艰巨任务，就在于始终把马克思主义这一科学理论作为自己的行动指南，并坚持在实践中不断丰富和发展马克思主义。

（三）推崇"君子""真人"以知行合一

1. 推崇理想人格：争做"君子""圣人""真人""新民"

中华民族崇尚精神的优秀传统，亦表现为对品格养成的重视。儒家把"君子""圣人"作为自己的理想人格，道家推崇逍遥于天地之间的"真人""至人"，近代启蒙思想家梁启超呼吁"新民"的理想人格。这些理想人格虽时代不同、类型各异，但其共同点是关注人的精神品格。人格，中国古代思想中称之为人品。儒家、道家、法家、阴阳家、名家、墨家、纵横家、兵家、杂家、农家等"百家之学"，都很注重人格养成的道德精神、以天下为己任的经世致用精神以及奋发图强、生生不息的自强精神等。尤其是儒家创始人孔子把"人"作为理论探讨的中心。"君子"最初用来代表人的社会身份与地位，一般指统治者和贵族男子。但自孔子始，"君子"更多地被赋予了道德的意义，德行出众者被称为"君子"，反之为"小人"。在儒家传统中，"君子"是有志于追求和不断实践"道"，并把"道"视为生命意义的根本，"君子"是一种位于士和圣人之间的理想人格，这标志着道德人格的确立。

"真人"是指得道之人。《庄子·大宗师》中曰："何谓真人？古之真人，不逆寡，不雄成，不谟士。若然者，过而弗悔，当而不自得也。若然者，登高不慄，入水不濡，入火不热。是知之能登假于道者也，若此。"意思是指：怎样才叫作真人呢？古时候的真人，他不违反少数人的意志，不以自己的成功而自豪，不计谋任何事务。像这样的人，有了过失，也不懊悔；做得适当，也不自鸣得意。像这样的人，登到高处，并不害怕；跳到水里，并不沾湿；投到火里，并不觉热。掌握了知识，而升到"道"的高峰的人，就是如此。因此，"真人"是用"道"充实其身心之人。"真人"之外，《庄子》中还有"天人""神人""圣人""至人"等具有超越性人格的概念。有时候，它们的确并无明显的区别，但大多数情形还是有所不同。"神人"带有养生术、神仙家的色彩，"圣人"带有政治色彩，与"真人"最为接近的是"天人"和"至人"。

梁启超在反省戊戌变法失败的原因时，他意识到，要在中国建立新制度、新政府、新国家，首先必须以"新民"作为社会的根基。"新民"具有双重含义：第一，通过开展思想启蒙运动，帮助民众摆脱旧时代的束缚。第二，造就有新道德、新思想的新型公民。梁启超认为，造就"新民"具有两方面的必要性和紧迫性：第一，建立以"新民"为主体的社会基础是立国的根本。第二，对内，要改变国家的政治格局，必须从造就新民下手；对外，近代的中国，只有造就新民，才能抵御外辱，用新民取代旧民，方能找到中国走向独立富强的道路。

中华传统文化蕴含丰富道德资源与正心修身理念，教人如何坚守道德底线、追求完美人格。所谓正心修身，是道德上的自我修养和人格上的自我完善，是人之为人的存养过程。《论语·子路》中"行己有耻"，就是说自己认为可耻的就不去做。人之为人，既要有耻，还要学礼。《荀子·修身》中"人无礼则不生，事无礼则不成，国家无礼则不宁"。正心修身是一种功夫，靠的是自律，且要善待他人，正如《论语》中所言"己所不欲，勿施于人""己欲立则立人，己欲达则达人"。人要恻隐、仁爱、忠恕、明理，"与人为善"。新时代，需要从传统文化正心修身理念中汲取思想精华，通过教育引导、道德养成与行为矫正，培养能够担当民族复兴大任的时代新人。

2. 理想人格须知行合一：君子以行言，小人以舌言

中华文化自古就重视行动对提高道德修养、修身治国的重要性。汉代桓宽的《盐铁论·非鞅》中就有"言之非难，行之为难"的说法，意思是：万事说

起来容易，做起来难。因此，中国传统文化更注重"做"而非"言"。正如《论语·子路》里说的："言必信，行必果。"如果做出承诺，则必定要在行动上得到落实，这才是君子所为。在《孔子家语·颜回》中更有"君子以行言，小人以舌言"的告诫。所谓君子重行不重言，不大肆宣扬，不自我炫耀，而是以实际行动表明自己高尚的品行；唯有小人重言不重行，纵使巧舌如簧，却难掩其自身鄙陋。重行胜过重言，亦是中国古人修身治国的重要路径。《晏子春秋·内篇·杂下》中有"为者常成，行者常至"，意思是：一个人只要努力去做事情就会取得成功，一个人只要坚持不懈地朝着目标奋勇前进就可以到达目的地。《传习录》中有"某尝说知是行的主意。行是知的功夫。知是行之始。行是知之成。若会得时，只说一个知，已自有行在。只说一个行，已自有知在"，意思是指："（王阳明说）我之前曾经说知是行的主意，行是知的功夫。知是行的开始，行为知的成果。如果能够会得古人的宗旨，只要说一个知，已经自有行在其间了。只说了一个行，已经自有知在了。"王阳明主张知行合一，知中有行，行中有知，强调知行合一作为"致良知"的重要途径。君子要注重知行合一，不能知行分离，不能轻视知而重视行，也不能轻视行而重视知，须言行一致、表里如一，以知促行，以行促知。

二、中国人的辉煌成就

中国人民的特质、禀赋不仅铸就了绵延几千年发展至今的中华文明，而且深刻影响着当代中国发展进步。中国人民在长期奋斗中培育、继承、发展起来的伟大成就，为中国发展和人类文明进步提供了深厚积淀。

（一）日新月异的创造：删繁就简三秋树，领异标新二月花

习近平总书记在第十三届全国人民代表大会第一次会议上的讲话指出：中国人民是具有伟大创造精神的人民。在几千年历史长河中，中国人民始终辛勤劳作、发明创造，我国产生了老子、孔子、庄子、孟子、墨子、孙子、韩非子等闻名于世的伟大思想巨匠，发明了造纸术、火药、印刷术、指南针等深刻影响人类文明进程的伟大科技成果，创作了诗经、楚辞、汉赋、唐诗、宋词、元曲、明清小说等伟大文艺作品，传承了格萨尔王、玛纳斯、江格尔等震撼人心的伟大史诗，建设了万里长城、都江堰、大运河、故宫、布达拉宫等气势恢宏的伟大工程。今天，中国人民的创造精神正在前所未有地迸发出来，推动我国日新月异向前发展，大踏步走在世界前列。笔者相信，只要14亿多中国人民始

终发扬这种伟大创造精神，我们就一定能够创造出一个又一个人间奇迹！

1. 思想巨匠与文化成就

几千年来，中国人民始终扎根生活、秉笔直书，涌现了无数闻名于世的伟大思想巨匠，创作出浩如烟海的伟大文艺作品、震撼人心的伟大史诗与文化遗产。这是中华民族千百年来的文化理想，也是中华民族千百年来的家国诗篇。

(1) 老子与道家思想

老子姓李，名耳，字聃，曾任周朝"守藏室之史"，中国古代哲学家、思想家，道家学派的创始人，又被后世道教尊为始祖。据司马迁的《史记》记载，老子在出函谷关前，被关令尹喜强留著书，言道德之意五千言乃去，最后不知所终。老子哲学分为"道"与"德"两个部分，"道"与"德"是体用关系，以"道"为宇宙本源，解释宇宙及世间万物的变化。老子哲学的理论基础是"道"，老子主张自然无为、虚静、柔弱。

老子哲学的理论基础是"道"，而"道"事实上只是一个虚拟的问题。"道"是老子在经验世界中所体悟的道理。在《老子》不同章句中，"道"具有不同的涵义。比如，"道"是指形而上的实存者，或者一种规律，或者人生的一种准则、指标或典范。"道"最大的特性就是"自然"，"自然"即自然而然的意思，这也是老子哲学的核心。

"自然无为"是老子哲学最重要的一个观念。老子认为任何事物都应该顺应它自身的情状去发展，不要以外在的意志去干预它或制约它。事物本身就具有潜在性和可能性，不必由外附加。因而，老子提出"自然"一观念，来说明不施加任何外力而任其自由发展的状态。而"无为"一观念，就是指顺其自然而不人为干涉或制约的意思。

老子认为万物的根源是"虚""静"状态的。老子认为，面对世事的纷争搅扰，人们的活动能够致虚守静。"虚"是"实"与"盈"的反义词，"实"含有成见的意思，"盈"表示自满。老子阐述了自满所产生的弊病，比如"自见者不明，自是者不彰，自伐者无功，自矜者不长"，提醒人们不要自满，要深藏。"虚"状的东西，必然也呈现着"静"定的状态。老子重视"虚"，也重视"静"。无论在人生或人事各方面，老子都很重视"静"的作用。在政治方面，老子阐述"静"，认为清静的境地也就是"无欲"的状况。"无欲"是要消解心智作用的巧诈欲望。"静"也指不急躁、勿烦扰。老子认为"治大国，若烹小鲜"，即执政者不宜轻率急躁。老子用煎小鱼来比喻治理国家，也就是喻示着治理国家应以清静为原则，不可搅扰百姓。

老子认为"弱者道之用""绵绵若存，用之不勤"，这说明"道"的创生作用虽然是柔弱的，却能绵延不绝，作用无穷。而柔弱正是"无为"状态的一种描写。老子认为："柔弱胜刚强。"老子认为，刚的东西容易损毁，柔的东西反倒难以摧折，所以最能持久的东西不是刚强者，反是柔弱者。老子"柔弱"的主张，主要是针对"逞强"的作为而提出的。逞强者必然刚愎自用，自以为是，也就是老子所说的自矜、自伐、自是、自见、自彰。世间的纷争多半是由于这种心理状态和行为样态所产生的。

（2）孔子与儒家思想

孔子名丘，字仲尼，出身于没落贵族家庭，幼年丧父，家境清贫，曾做过管理仓库和牧畜的小吏，后专心教授弟子，整理古代文献，以好礼、知礼闻名。孔子是儒家学派创始人，是我国古代最有影响的思想家和教育家。孔子主张"仁""以德治国""完善的人格"。

孔子思想体系的核心是"仁"。孔子认为"仁"首先是"爱人"，是一种普遍的仁爱，其中最基本的当然是家族亲情之爱。要做到仁爱，就要求能够体恤他人，推己及人。自己想要成就的，也要成就别人；自己不愿意做的事情，也不要施加给别人，也就是"忠恕"。比"仁"更高的目标是广济博施，泛爱大众，"博施于民而能济众"，这就达到了更高层次的"圣"。

孔子主张以德治国。他认为"政者，正也"，为政者应当首先修养仁德，端正自身，百姓才会归心，远方的人才会归附。"其身正，不令而行；其身不正，虽令不从。"应该选拔那些正直有德的人才来管理国家，"举直错诸枉，能使枉者直"。治理国家不能仅靠政令刑罚，而要以德治、礼治为主导；"道之以政，齐之以刑，民免而无耻；道之以德，齐之以礼，有耻且格"。"民无信不立"，一个国家最重要的是人民对政府的信任。"均无贫，和无寡，安无倾"，社会贫富均平，人民和睦安定，国家就不会倾覆。

孔子主张完善的人格境界，即成为"君子"。君子以仁为己任，为了仁道可以牺牲自己的生命，即"无求生以害仁，有杀身以成仁"。若不按仁义之道而得富贵，君子决不会居有；若行仁义之道而致贫贱，君子也决不逃避。孔子的仁学实际是人学。孔子重视人，强调人要自重自律，修养完美的人格。

（3）墨子及墨家思想

墨子姓墨名翟，春秋战国之际的思想家、政治家，墨家学派创始人。墨子思想在先秦时代与儒家并称为显学。春秋战国之际，战争频仍，墨子思想在此种特殊的历史背景下产生，带有明显的底层苦行色彩。墨子主张"兼爱""非攻"。其中，"兼爱"是墨子思想的核心。

墨子认为，"天下兼相爱则治"。墨子指出，国家社会混乱的根本原因是"不相爱"，如果要想长治久安，就得"兼相爱，交相利"，而这一思想真实反映墨子在战乱年代期望人们通过兼相爱来实现美好与和平的善良愿望。而"兼爱"思想又面临对复杂人性的考验，因而在方法论上，墨子指出，"苟君悦之，则士众能为之"，"兼爱"乃"圣王之道而万民之大利也"。"兼爱"思想在现代仍然具有一定的启发意义，无论是对家庭、社会的道德伦理建设，还是对国家与国家之间建立和平共处、互利共赢的外交关系都是大有裨益。

"非攻"体现了墨子思想中对战争、和平、天意、民生的重要思考，也体现了先秦墨家对于以往历史的认知方法。墨子认为，人们容易分辨小的是非善恶，而往往会在国家政治方面尤其是战争性质上失去分辨力。墨子认为，百姓生活四时、制度一丝一毫不可荒废，而战争给人民带来的恰恰是无限的"夺民之用，废民之利"的伤害，甚至是为一己一国之利，而杀民数千数万。并且，以"攻占"而亡的国家也不可胜数，他认为以"攻占"为利的国家显然是不明智的。

2. 科技成果：日新月异

技术是人类文明进步的关键因素之一，是比科学更为直接的生产力。几千年来，沿着浩浩汤汤的历史文脉，中国人民始终辛勤劳作、发明创造，中华民族创造了灿烂的古代文明，其众多杰出的科技发明创造在人类文明长河中熠熠生辉，构成了先民智慧的历史回响。

中国古代四大发明：

第一，造纸术。从考古发掘的文物可知，早期的纸是由植物纤维（麻类）制成。据考古发现，中国早在西汉初年至末年已制造出麻纸。到了东汉，蔡伦在前人的基础上，对造纸术进行技术革新，组织生产出质量更好的麻纸。到魏晋南北朝时期，又制造出桑皮和藤皮纸。隋唐五代时期是麻纸的全盛时期，而雕版印刷的发明更进一步促进了纸业的兴旺。唐末南方制造出竹纸。宋元时期皮纸与竹纸由于技术的进步而成为主要纸类，麻纸则因原料问题开始衰落。明朝是造纸术的集大成阶段，其技术也被宋应星在《天工开物·杀青》中记载下来。中国造纸术在发明之后，开始向外传播到世界各地。

第二，活字印刷术。活字印刷术的基本方法是预制大量独立活字，组合排版，涂墨覆纸印刷，拆版之后，活字可再行重排。北宋毕昇发明胶泥活字，排版印书。12世纪末，周必大用胶泥活字印行《玉堂杂记》。13世纪末，木活字与金属活字均已出现。明代木活字印刷书籍可考者百余种，其中金属活字本可考者约 60 余种，其中 16 世纪初无锡华氏、安氏印本约占三分之二。18 世纪，清朝官方大规模采用活字印书。乾隆以来，民间活字印书较前代更为盛行，报纸、彩票、家谱也往往选择活字排印。

第三，火药。火药的主要成分是硝石、硫磺和木炭，是由人工按一定比例合成的一种混合物，点火后能够速燃或爆炸。秦汉时期对于后来成为火药主要组分的两种矿物质——硝石和硫磺已经有了认识。不迟于唐代晚期，中国炼丹家已经发明了火药，或者说掌握了火药的秘密。因为在这个时期的炼丹术著作中，已经有了以硝、硫、炭为主要组分的炼丹配方，而且出现了关于硝、硫等合烧会爆燃的经验记述，如《真元妙道要略》中"有以硫黄、雄黄合硝石并蜜烧之，焰起烧手面及烬屋舍者""硝石宜佐诸药，多则败药，生者不可合三黄等烧，立见祸事"。

第四，指南针。中国人较早地借助磁石或磁铁在地磁场中受力指向南北来辨别方向。最早在文献中提到司南的是战国时的《韩非子》与东汉王充的《论衡》。指南针的确切证据首见于公元 9 至 10 世纪的唐代。北宋《武经总要》记载把鱼形薄铁片烧赤红，用铁钳夹住鱼首沿南北方向置入水中急冷，制备水浮式指南鱼。北宋沈括的《梦溪笔谈》讲到堪舆师用磁石磨铁针制备指南针。北宋朱彧《萍洲可谈》最早记载了指南针用于航海。元代以后罗盘沿袭宋制。指南针为航海事业的发展创造了一种导航手段。

3. 伟大工程：神乎其技，巧夺天工

几千年来，沿着这道枝繁叶茂的历史文脉，中华民族勤勉耕耘、自强不息，建设了万里长城、都江堰、大运河、故宫、布达拉宫等气势恢宏的伟大工程。

长城，又称"万里长城"，是中国古代的军事防御工事。长城从公元前的春秋战国开始修建。春秋战国时期列国争霸，长城修筑进入第一个高潮。秦灭六国统一天下后，秦始皇连接和修缮战国长城，始有万里长城之称。到清初才停止大规模修筑，历时两千多年，历代修建长城的总长度在 5 万千米以上。长城主要分布在 15 个省区市以及自治区。现存长城文物本体包括长城墙体、壕堑、界壕、单体建筑、关堡、相关设施等各类遗存，总计 4.3 万余处。1961 年 3 月 4 日，长城被国务院公布为第一批全国重点文物保护单位。1987 年 12 月，长城被列入世界文化遗产。2020 年 11 月 26 日，国家文物局发布了第一批国家级长城重要点段名单。

故宫，旧称"紫禁城"，是中国明清两代的皇家宫殿，位于北京中轴线的中心，是我国古代皇家建筑的"集大成者"，也是我国收藏文物最丰富的博物馆。

北京故宫于明成祖永乐四年（1406）开始建设，以南京故宫为蓝本营建，到永乐十八年（1420）建成，成为明清两朝二十四位皇帝的皇宫。北京故宫内的建筑分为外朝和内廷两部分。外朝的中心为太和殿、中和殿、保和殿，统称三大殿，是国家举行大典礼的地方。内廷的中心是乾清宫、交泰殿、坤宁宫，统称后三宫，是皇帝和皇后居住的正宫。北京故宫是世界上现存规模最大、保存最为完整的木质结构古建筑之一，是国家 AAAAA 级旅游景区，1961 年被列为第一批全国重点文物保护单位，1987 年被列为世界文化遗产。

在近代，由于政治腐败、战乱频繁、经济和教育水平落后等原因，中国科技事业远远落后于世界水平。直到新中国成立后，在党的领导下，我国的现代科技事业才得到较全面发展。进入新时代，中国基础设施建设成就显著，尖端成就相继问世，重大创新成果竞相涌现。中国科技实力正处于从量的积累向质的飞跃，不断实现科技自立自强。

（二）坚持不懈的奋斗：天行健，君子以自强不息

习近平总书记在第十三届全国人民代表大会第一次会议上的讲话指出：中国人民是具有伟大奋斗精神的人民。在几千年历史长河中，中国人民始终革故鼎新、自强不息，开发和建设了祖国辽阔秀丽的大好河山，开拓了波涛万顷的辽阔海疆，开垦了物产丰富的广袤粮田，治理了桀骜不驯的千百条大江大河，战胜了数不清的自然灾害，建设了星罗棋布的城镇乡村，发展了门类齐全的产业，形成了多姿多彩的生活。中国人民自古就明白，世界上没有坐享其成的好事，要幸福就要奋斗。今天，中国人民拥有的一切，凝聚着中国人的聪明才智，浸透着中国人的辛勤汗水，蕴涵着中国人的巨大牺牲。笔者相信，只要 13 亿多中国人民始终发扬这种伟大奋斗精神，我们就一定能够达到创造人民更加美好生活的宏伟目标！

"立鸿鹄志，做奋斗者。"中国人民拥有的一切，是中国人民的智慧结晶，更是中华民族的奋斗使然。5000 年来，中华民族始终扬鞭奋蹄。近代以来，面对列强入侵，中国人民展现了天下兴亡、匹夫有责的爱国情怀，视死如归、宁死不屈的民族气节，不畏强暴、血战到底的英雄气概，百折不挠、坚忍不拔的必胜信念。1919 年 5 月 4 日，中华民族危难之际，数千名爱国青年代表怀抱"中国向何处去"的深刻追问和思考，高呼"国土不可断送、人民不可低头""废除二十一条，拒绝在巴黎和约上签字"，表达他们的爱国激情，一场席卷了千百万民众的"五四运动"就此爆发。新时代，"五四运动"的呐喊虽已散去，然而爱国、进步、民主、科学的"五四精神"却一直沉浸在中华民族奋斗的血脉里，在"五四精神"激励下的中国人民，为拯救民族危亡、捍卫民族尊严、凝聚民族力量的奋斗从未停息。

"芳林新叶催陈叶，流水前波让后波。"沉淀在中华民族血脉和灵魂中百折不挠的奋斗精神，是推动中国革命、建设、改革事业不断前进的强大精神动力，社会主义是中国共产党领导全体中国人民干出来的！从开启新纪元到跨入新时期，从站上新起点到进入新时代，中华民族始终奋斗不息。习近平总书记在多个场合反复强调中华民族的奋斗精神，"幸福都是奋斗出来的""新时代是奋斗者的时代"。习近平总书记的"奋斗幸福观"，是中国人民实现中华民族伟大复兴中国梦的最有力的动员令。新时代是奋斗者的时代，是实现梦想的时代。"中国梦"是要实现的目标，"奋斗"是最具体的方法。在新时代，我们必须永远保持奋斗精神，以永不懈怠的精神状态和一往无前的奋斗姿态，继续把改革开放推向前进，继续为实现社会主义现代化强国的奋斗目标和中华民族伟大复兴的中国梦奋勇前进。

（三）万众一心的团结：能用众力，则无敌于天下

在几千年历史长河中，中国人民始终团结一心、同舟共济，建立了统一的多民族国家，发展了56个民族多元一体、交织交融的融洽民族关系，形成了守望相助的中华民族大家庭。

1. 万众一心的团结：能用众力，则无敌于天下矣

2020年5月22日，习近平总书记在参加十三届全国人大三次会议内蒙古代表团审议时，引用"能用众力，则无敌于天下矣；能用众智，则无畏于圣人矣"强调，人民是我们党执政的最大底气。"能用众力，则无敌于天下矣；能用众智，则无畏于圣人矣"出自西晋时期史学家陈寿的《三国志》，此句大意是说，如果能充分发挥和利用众人的力量与智慧，就能勇往直前，无所畏惧。

2. 团结精神源自中华民族追求团结统一的内生动力

2019年，习近平总书记在全国民族团结进步表彰大会上的讲话强调，一部中国史，就是一部各民族交融汇聚成多元一体中华民族的历史，就是各民族共同缔造、发展、巩固统一的伟大祖国的历史。各民族之所以团结融合，多元之所以聚为一体，源自各民族文化上的兼收并蓄、经济上的相互依存、情感上的相互亲近，源自中华民族追求团结统一的内生动力。正因为如此，中华文明才具有无与伦比的包容性和吸纳力，才可久可大、根深叶茂。

3. 中华民族历来十分重视民族问题

同舟共济，众志成城，团结一心，患难与共，历来是中华民族的伟大精神。在几千年历史长河中，中国人民始终精诚团结，建立了统一的多民族国家。从古至今，中国政府都十分重视民族问题。不同时期，他们以不同的方式开展民族工作，实现文化认同，增进民族感情，加强民族团结。

东汉班超出使西域，促进民族团结。班超是东汉时期著名的军事家、外交家，从小志存高远，渴望为汉朝做出贡献。东汉初年，匈奴控制了大部分西域地区，盘剥百姓，阻断著名的"丝绸之路"，西域各国纷纷向东汉政府寻求保护。勤政爱民的汉明帝派班超出使西域，设立都护府。在西域的 31 年，班超通过不懈的努力，最终西域 50 多个国家都归服了汉朝，维护了东汉的国家安全，推动我国统一多民族国家发展，促进了东汉与西域各民族的团结与融合，也重新打通了"丝绸之路"，促进了东西方的往来与交流。

三国时期孙权用众力众智稳定政权。三国时期，孙权深知团结民众对于巩固政权的意义，他爱民利民，他认为"君非民不立，民非谷不生"，他不拘一格，广招贤良，重用周瑜、鲁肃、吕蒙、陆逊等英杰，他整顿吏治，获得士民拥戴。在汉末三国乱世，执掌东吴 50 余年，保一方平安。曹操喟叹"生子当如孙仲谋"，赞叹孙权善于整合人才资源、众人之力。王夫之的《读通鉴论》评价孙权说："自汉末以来，数十年无屠掠之惨，抑无苛繁之政，生养休息，唯江东也独。"

唐朝对少数民族采取比较开明的民族政策，促进民族融合。唐太宗采取开明的民族政策，宽待少数民族，减免少数民族地区的赋役，重用少数民族的人员，在各方面给予他们援助，缓解民族矛盾，筑牢民族情感，促进了民族融合，凝聚民族力量，赢得了少数民族的拥护。少数民族自愿尊奉唐太宗为各族共同的首领"天可汗"，为唐朝的一统盛世奠定了基础。后来，唐朝的两位公主——文成公主和金城公主远嫁吐蕃，促进了中原与吐蕃交流互信，保持了多年的和平，在中华民族关系史上留下了千古传颂的佳话。

明朝对少数民族一视同仁，推动多民族国家的统一。生于乱世的明太祖朱元璋，对元朝末年的民族矛盾深有感触，十分清楚民族矛盾激化源于歧视性、不平等的民族政策。在对待少数民族问题上，明朝借鉴了唐朝的方式，推崇"华夷一家"，主张对少数民族与汉民族一视同仁。其后，明朝统治者尊重各少数民族的信仰和习惯，并给予他们多方面的帮助，营造各民族和睦相处的环境。各民族相互交流、相互学习，形成"你中有我，我中有你"的格局。

近代以来，中华民族的团结精神凸显爱国主义情怀。近代以来，在伟大团结精神的激励下，中华民族团结一心，英勇奋斗，浴血奋战，打败了一切穷凶极恶的侵略者，共同书写了中华民族保卫祖国、抵御外侮的壮丽史诗。"你是中国人吗？""你爱中国吗？""你愿意中国好吗？"1935年9月17日新学年开学典礼上，著名教育家张伯苓向南开大学学生们提出振聋发聩的"爱国三问"。正值中华民族危亡之际，时局动荡，人心思乱，这三问瞬间点燃了南开师生的爱国斗志，也推动了民族的觉醒与团结。

中国共产党历来重视民族团结，大力弘扬伟大的团结精神。新中国成立后，面对百废待兴的局面，毛泽东指出："要继续巩固和扩大人民民主统一战线，团结一切可能团结的力量。"邓小平也很重视团结，提出"解放思想，实事求是，团结一致向前看"，为改革开放奠定了坚实的思想基础。党的十八大以来，习近平总书记高屋建瓴，用"各民族像石榴籽一样紧紧拥抱在一起"的比喻，不断强调民族团结的重要性，进一步激发了各民族的伟大创造力，进一步汇聚了民族团结的磅礴伟力，为中国式现代化发展注入了强大精神动力。

2019年，习近平总书记在庆祝中华人民共和国成立70周年招待会上的讲话强调，团结是铁，团结是钢，团结就是力量。团结是中国人民和中华民族战胜前进道路上一切风险挑战、不断从胜利走向新的胜利的重要保证。在新的征程上，我们要高举团结的旗帜，紧密团结在党中央周围，巩固全国各族人民的大团结，加强海内外中华儿女的大团结，增强各党派、各团体、各民族、各阶层以及各方面的大团结，保持党同人民群众的血肉联系，大力弘扬爱国主义精神，凝聚成一往无前的力量，推动中华民族伟大复兴的航船乘风破浪、扬帆远航。

（四）矢志不渝地逐梦：长风破浪会有时，直挂云帆济沧海

中华民族伟大梦想精神是民族精神的重要组成部分，并承载着独特的使命，是伟大创造精神的前行航标，是伟大奋斗精神的目标取向，是伟大团结精神的价值支撑，具有极其深刻的意蕴。中华民族伟大梦想精神是中国人民辛勤培育的。

《愚公移山》出自《列子·汤问》，是一篇寓言小品文。愚公耄耋高龄，按理应当静心颐养天年。然而愚公因苦于大山堵塞交通，出行不便，就毅然下决心要搬掉门前的太行、王屋两座大山。于是，愚公调动了全家人的积极性，率领并指挥家中壮丁劳力，敲石挖土，肩挑手提开始了移山。两座大山是巍峨高大的，而愚公带领家人用最简单原始的劳动工具移山，看起来这是一件不可能完成的任务。但愚公与家人并没有退却，他们干得热火朝天，展现不达目的誓不罢休的坚定执着精神。最终愚公与家人不畏艰难，坚持不懈，挖山不止的行为感动天帝，天帝将山挪走。

严复是中国近代启蒙思想家、翻译家、教育家。严复所处的时代，山河破碎，风雨飘摇，泱泱华夏竟摆脱不了积贫积弱、受人欺凌的悲惨命运，严复从小立志为中国"寻求富强"。为此，他13岁进入福州船政学堂学习驾驶。后又赴英国学习海军。回国后，在北洋水师学堂任职。甲午战争爆发后，严复以"鼓民力""开民智""新民德"为己任，翻译《天演论》介绍"物竞天择，适者生存"，创办《国闻报》宣传变法维新。他的译著文字雅驯、体大思精而影响深远。因受《天演论》的影响，鲁迅改变了自己的世界观，更多的中国人走出国门，去西洋和东洋了解列强之所以强大的原因。毛泽东曾经评价他是"中国共产党出世以前向西方寻找真理的一派人物"。1921年，严复辞世。同年，中国共产党召开第一次全国代表大会，党的一大宣告中国共产党正式成立。1949年，中国共产党建立新中国。中国共产党团结带领中国人民开启了中华民族实现伟大梦想的奋斗历程。

"两弹一星"元勋程开甲，1931年考入浙江嘉兴秀州中学，立志成为科学家。1937年，程开甲以优异成绩考取浙江大学物理系的"公费生"。那时的中国正遭受日寇蹂躏，学校整体西迁，在不断搬迁的过程中，程开甲深深明白中国挨打的原因是落后。从那时起，"科学救国"的信念便在他心中生根发芽。后来，程开甲赴英留学。新中国成立后，程开甲放弃了国外优厚条件回到中国，1960年加入我国核武器研究的队伍。为开创中国核武器研究和核试验事业，他"消失"了20余年，为中国核事业发展倾注了全部心血和才智。

"东方欲晓，莫道君行早。"新时代，中国人民的伟大梦想就是全面建成社会主义现代化强国、实现中华民族伟大复兴。如今，我们比历史上任何时期都更接近中华民族伟大复兴的目标，比历史上任何时期都更有信心、有能力实现这个目标。

三、中国人崇尚革新，拒绝因循守旧

自古以来，中华文明在继承创新中不断发展，在应时处变中不断升华，积淀着中华民族最深沉的精神追求，是中华民族生生不息、发展壮大的丰厚滋养。

（一）创新：即不断革新，既是传承又是包容吸收

2014年6月，习近平总书记在中国科学院第十七次院士大会、中国工程院

第十二次院士大会上的讲话中引用"苟日新，日日新，又日新"。它出自《礼记·大学》汤之《盘铭》。这句话最早是商朝的开国君主成汤刻在澡盆上的警词，旨在激励自己自强不息，创新不已。"创新"一词就源于此。中华文化之自我"革新"，既来自古为今用，扎根古文明，传承和弘扬中华优秀传统文化，又表现为在包容和吸收人类优秀文明的基础上推进中华文化的创造性转化和创新性发展。

（二）创新是中华民族最鲜明的禀赋

"创新是一个民族进步的灵魂，是一个国家兴旺发达的不竭源泉，也是中华民族最鲜明的民族禀赋。"《诗经·大雅·文王》中说"周虽旧邦，其命维新"，原意是指周人建立的邦国虽然很古老，但它肩负的天命却在于革新。在近代一些学者的研究和释义中，通常用以形容和阐释改革与创新的精神。《周易·系辞下》上讲"穷则变，变则通，通则久"就说明改革即求变通，只有变通才能恒久。

如何变化也是一个经常讨论的问题。《韩非子·五蠹》上讲"不期修古，不法常可，论世之事，因为之备"，认为既不能照搬古人所为，也不能墨守成规，而要根据当时的具体情况，采取相对应的措施。《吕氏春秋·察今》则提出"譬之若良医，病万变，药亦万变。病变而药不变，向之寿民，今为殇子矣"。改革犹如用药，必须根据不同的病症开出不同的药方，不然就会造成截然相反的结果。时移世易，不能一成不变地对待事物。

当变则变，不然就会落后。如程颐所说："君子之学必日新，日新者日进也。不日新者必日退，未有不进而不退者。"他认为，君子学习一定要做到日新，日新就是每一天都要有进步。

（三）中国历史上改革创新的故事

1. 管仲改革。管仲的改革是自上而下、由内而外进行的，涉及政治、经济、法律、军事、外交等多个方面。在政治上，和顺民心，改革吏治。在经济上，采取富民政策，实现贫富有度。在法律上，实行法治，提升向心力。在外交上，主张"尊王攘夷"，创造了良好的外部环境。这些改革举措极大增强了齐国的国力，一举奠定了齐国的霸主地位，对当时的天下局势产生了极大的影响。

2. 商鞅变法。商鞅变法是中国历史上最为著名的变法运动之一。商鞅劝说秦孝公变法，修订刑律，对内鼓励百姓搞好农业生产，对外鼓励将士为国征战。商鞅变法整个过程凸显出商鞅敢于冲破思想观念的障碍，勇于突破利益固化的藩篱，做到改革不停顿。最终，商鞅变法使秦国国力日益增强，很快成长为与当时东方六国相抗衡的大国，也为日后秦统一天下奠定了坚实的基础。

3. 赵武灵王改革。最为人熟知的应该是赵武灵王学习北方游牧民族的胡服骑射。赵武灵王认为，本没有一成不变的东西，就像衣服和礼仪都是为了人们便于行事才创造出来的一样，圣人会根据一定的条件和环境变化对其进行适当的调整，目的在于使百姓得到切实的利益，使国家得以富强。而其改革最终也确实增强了赵国的军事力量，使赵国的国力得到切实的提升，成为战国七雄之一。

4. 北魏孝文帝改革。北魏孝文帝拓跋宏，鲜卑族，其改革在历史上是声名卓著的。他在位期间推行汉化改革，重用汉人，迁都洛阳，仿照汉人制度。比如：仿照汉人建造太学，设立教授儒家五经的学官，用儒家礼乐思想治理国家，提倡祭祀尧、舜、禹、周公等先圣，允许群臣按照儒家的要求守三年之丧，等等，逐步实现了由游牧向封建制的转变，其治理现状大大改善。

中国历史上改革创新的故事很多，管仲改革、商鞅变法、赵武灵王改革、北魏孝文帝改革的故事仅仅是其中的一小部分，但也足够表明：中国传统文化是比较强调创新的，要求人们以一种革新的姿态，适应并推动社会发展，而不能因循守旧阻挡历史前进的步伐。

（四）新时代，改革创新是中国时代精神的核心

习近平总书记强调：文明永续发展，既需要薪火相传、代代守护，更需要顺时应势、推陈出新。世界文明历史揭示了一个规律：任何一种文明都要与时偕行，不断吸纳时代精华。我们应该用创新增添文明发展动力、激活文明进步的源头活水，不断创造出跨越时空、富有永恒魅力的文明成果。

新时代，科技自立自强是国家强盛之基、安全之要。我们必须完整、准确、全面贯彻新发展理念，深入实施创新驱动发展战略，把科技的命脉牢牢掌握在自己手中，在科技自立自强上取得更大进展，不断提升我国发展独立性、自主性、安全性，催生更多新技术、新产业，开辟经济发展的新领域、新赛道，形成国际竞争新优势。

【新时代启发】

"人能弘道，非道弘人。"精神是人的精神，人有怎样的精神，就有怎样的作为。在"七一"重要讲话中，习近平语重心长地说："新时代的中国青年要以实现中华民族伟大复兴为己任，增强做中国人的志气、骨气、底气，不负时代，

不负韶华，不负党和人民的殷切期望!"

三个"不负"，这是总书记对新时代中国青年提出的要求，也是一份沉甸甸的嘱托。

"不负时代，不负韶华，不负党和人民的殷切期望"是中国青年运动的主题。

回望建党百年风云，青春是我们党与生俱来的优秀基因，青年是我们党干事创业的重要力量。习近平曾说："我们党取得的所有成就都凝聚着青年的热情和奉献。"

一百年前，一群新青年高举马克思主义思想火炬，在风雨如晦的旧中国苦苦探寻民族复兴的前途。"以青春之我，创建青春之家庭、青春之国家、青春之民族、青春之人类、青春之地球、青春之宇宙，资以乐其无涯之生。"在上海一栋石库门建筑里，一群平均年龄只有28岁的青年人踏上了建党求索之路，将民族复兴的责任担在自己肩上。

一百年来，一批又一批中国青年为了实现国家富强、民族复兴、人民幸福接续奋斗，为了建设他们理想中的美好中国甚至不惜献上年轻的生命。陈树湘、赵一曼、刘胡兰、江竹筠、邱少云、黄继光、雷锋……他们的青春和故事不断激励着后人；钱学森、邓稼先等一大批青年英才突破重重封锁从海外回国，成为建设新中国的栋梁。进入新时代，一批又一批中国青年与时代同行，在实现中华民族伟大复兴中国梦的生动实践中放飞青春梦想。无论是脱贫攻坚，还是抗疫斗争，青年党员始终冲在一线，用青春的蓬勃力量证明新时代的中国青年是好样的。

"不负时代，不负韶华，不负党和人民的殷切期望"是中国青年的奋斗动力。

国家的希望在青年，民族的未来在青年。青春理想、青春活力、青春奋斗，是中国精神和中国力量的生命力所在。青年一代的理想信念、精神状态、综合素质，是一个国家发展活力的重要体现，也是一个国家核心竞争力的重要因素。

习近平一直非常关心广大青年的成长成才，对青年工作发表了一系列重要论述。

谈理想信念，习近平勉励他们"树立对马克思主义的信仰、对中国特色社会主义的信念、对中华民族伟大复兴中国梦的信心，到人民群众中去，到新时代新天地中去"。

谈道德修养，习近平要求他们"自觉树立和践行社会主义核心价值观，自觉用中华优秀传统文化、革命文化、社会主义先进文化培根铸魂、启智润心，加强道德修养，明辨是非曲直，增强自我定力，矢志追求更有高度、更有境界、更有品位的人生"。

谈干事创业，习近平启发他们"历练宠辱不惊的心理素质，坚定百折不挠的进取意志，保持乐观向上的精神状态，变挫折为动力，用从挫折中吸取的教训启迪人生，使人生获得升华和超越"。

谈自身进步，习近平鼓励他们"增强学习紧迫感，如饥似渴、孜孜不倦学习，努力学习马克思主义立场、观点、方法，努力掌握科学文化知识和专业技能，努力提高人文素养，在学习中增长知识、锤炼品格，在工作中增长才干、练就本领"。

"不负时代，不负韶华，不负党和人民的殷切期望"是中国青年的使命担当。

一代人有一代人的长征，一代人有一代人的担当。

习近平说过，我国青年一代必将大有可为，也必将大有作为。这是"长江后浪推前浪"的历史规律，也是"一代更比一代强"的青春责任。

在"七一"讲话中，习近平对青年强调要"以实现中华民族伟大复兴为己任"，增强做中国人的"志气、骨气、底气"。

站在新的历史起点，向着第二个百年奋斗目标迈进，习近平对新时代青年发出的号召、寄予的厚望，正是新时代青年们的担当所在、使命所系。

拓展阅读

大力弘扬伟大建党精神

来源：《人民日报》2021年12月24日09版

作者：孙秀玲（新疆师范大学副校长）

党的十九届六中全会《决议》指出："一百年来，党坚持性质宗旨，坚持理想信念，坚守初心使命，勇于自我革命，在生死斗争和艰苦奋斗中经受住各种风险考验、付出巨大牺牲，锤炼出鲜明政治品格，形成了以伟大建党精神为源头的精神谱系。"坚持真理、坚守理想，践行初心、担当使命，不怕牺牲、英勇斗争，对党忠诚、不负人民的伟大建党精神，是中国共产党的精神之源。习近平总书记强调："我们要继续弘扬光荣传统、赓续红色血脉，永远把伟大建党精神继承下去，发扬光大！"

我们党从诞生之日起，就把马克思主义写在自己的旗帜上。毛泽东同志指出："自从中国人学会了马克思列宁主义以后，中国人在精神上就由被动转入主动。"坚持真理、坚守理想，体现了中国共产党人对马克思主义的坚定信仰、对社会主义和共产主义的坚定信念。坚持真理就是坚持马克思主义，坚守理想就是坚守共产主义远大理想和中国特色社会主义共同理想。一百年来，中国共产党坚持用真理之力开创美好未来，以理想之光照亮奋斗征程，不断创造历史伟业。新的征程上，大力弘扬伟大建党精神，就要深刻认识习近平新时代中国特色社会主义思想的科学性和真理性，不断增强政治认同、思想认同、理论认同、情感认同，自觉用这一思想武装头脑、指导实践、推动工作，为实现第二个百年奋斗目标不懈奋斗。

一百年来，中国共产党能够在腥风血雨中一次次绝境重生，在攻坚克难中不断从胜利走向胜利，根本原因就在于始终坚守为中国人民谋幸福、为中华民族谋复兴这个初心使命。党的初心使命是党的性质宗旨、理想信念和奋斗目标的集中体现，是激励中国共产党人不断前进的根本动力。一百年来，我们党始终践行初心使命，团结带领全国各族人民绘就了人类发展史上的壮美画卷，中华民族伟大复兴展现出前所未有的光明前景。在新的征程上，大力弘扬伟大建党精神，就要更加坚定、更加自觉地践行初心使命，更好坚持和发展中国特色社会主义，不断实现人民对美好生活的向往，不断朝着实现中华民族伟大复兴的宏伟目标奋勇前进。

党和人民取得的一切成就，不是天上掉下来的，不是别人恩赐的，而是通过不断斗争取得的。环顾世界，没有哪个政党像中国共产党这样遭遇过如此多的艰难险阻，经历过如此多的生死考验，付出过如此多的惨烈牺牲。我们党从小到大，从弱到强，每一步前进和发展都经历了无比艰辛的斗争，都是中国共产党人不怕牺牲、英勇斗争得来的。不怕牺牲、英勇斗争，体现了中国共产党人为信仰信念而奋斗的英雄气概。在新的征程上，机遇与挑战并存，我们要总结好中国共产党人不怕牺牲、英勇斗争的宝贵历史经验，发扬斗争精神，坚定斗争意志，增强斗争本领，以更加昂扬的奋斗姿态走好新时代的长征路。

对党忠诚是党员、干部的首要政治品质。我们党一路走来，经历了无数艰险和磨难，但任何困难都没有压垮我们，任何敌人都没能打倒我们，靠的就是千千万万党员的忠诚。对党忠诚，就要做到一心一意、一以贯之，做到表里如一、知行合一。对党忠诚与不负人民是高度统一的，只有对党忠诚，担当作为、履职尽责，才能实现好、维护好、发展好最广大人民的根本利益。党员、干部要牢记自己的第一身份是共产党员、第一职责是为党工作，把"两个确立"真正转化为做到"两个维护"的思想自觉、政治自觉、行动自觉，把对党忠诚、不负人民转化为爱岗敬业、履职尽责、苦干实干、勇创佳绩的实际行动。

思考题

1. 新时代大学生如何养成优良的品格？
2. 新时代大学生如何弘扬创造创新精神？
3. 如何理解新时代大学生自身梦想与中国梦之间的关系？

专题六

爱国与创新：位卑未敢忘忧国

【主题出处】

在社会主义核心价值观中，最深层、最根本、最永恒的是爱国主义。爱国主义是常写常新的主题。拥有家国情怀的作品，最能感召中华儿女团结奋斗。范仲淹的"先天下之忧而忧，后天下之乐而乐"，陆游的"王师北定中原日，家祭无忘告乃翁""位卑未敢忘忧国""夜阑卧听风吹雨，铁马冰河入梦来"，文天祥的"人生自古谁无死，留取丹心照汗青"，林则徐的"苟利国家生死以，岂因祸福避趋之"，岳飞的《满江红》，方志敏的《可爱的中国》，等等，都以全部热情为祖国放歌抒怀。

——2014 年 10 月 15 日，习近平总书记在文艺工作座谈会上的讲话

【原典出处】《病起书怀》（南宋·陆游）

病骨支离纱帽宽，孤臣万里客江干。位卑未敢忘忧国，事定犹须待阖棺。天地神灵扶庙社，京华父老望和銮。出师一表通今古，夜半挑灯更细看。

【原典释义】

《病起书怀》全诗的意思是：自己病体消瘦，就连头上的帽子都显得宽大了，我孤独一人在距离东南万里之外的成都江边居住。虽然职位低微却不敢忘却国家天下事，我一生追求的北伐统一事业，只怕只有死后才能有定论。希望上帝保佑国家社稷，北方百姓仍在期盼南方王师去解救他们啊。诸葛武侯的《出师表》一股浩然正气通于古今，令人赞叹感慨，还是挑灯细细品读吧。

陆游写这首《病起书怀》时已经五十二岁。他一生仕途坎坷，始终不受重用，屡次遭到权贵构陷，颠沛流离。他是坚定的抗金派，而主和派占据主流的南宋王朝内部，对陆游等主战派持续打压和排挤。所以，陆游只能郁郁寡欢，

职务始终不高，权力更是没有。即便如此，陆游对于自己的理想和追求矢志不渝，他毕生精力都在疾呼北伐，终生未改。他说自己"位卑不敢忘忧国"实在是恰如其分，写尽了自己的情怀和追求。"位卑不敢忘忧国"，如今已成为唤起世人爱国情怀的传世名言。这句诗同顾炎武的"天下兴亡，匹夫有责"意思相近，虽然自己地位低微，但是从没忘掉忧国忧民的责任，它的主旨就是热爱祖国。它总结了中华民族热爱祖国的伟大精神，揭示了人民与国家的血肉关系。我们不求轰轰烈烈，只要立足自身的岗位辛勤工作了，多奉献，不添乱，就是爱国，就是忧国。热爱祖国有不同表现：创造物质财富、精神财富，捍卫民族尊严，为国争得荣誉，维护祖国统一，发扬民族美德，等等，都值得赞美。

【主题讲解】

中国特色社会主义进入新时代，实现中华民族伟大复兴的中国梦是新时代爱国主义的鲜明主题。大力弘扬新时代的爱国主义，是凝聚新时代爱国奋斗的强大力量。邓小平同志曾经讲过："中国人民的民族自尊心和自豪感，以热爱祖国贡献全部力量、建设社会主义祖国为最大光荣，以损害社会主义祖国利益、尊严和荣誉为最大耻辱。"当前，我们国家和民族正处在两个百年奋斗目标的重大历史转折期，所以如何把中华民族热爱祖国的优良传统和崇高美德发扬光大、在新的历史条件下创造出一种浓郁的爱国主义氛围、进一步唤起全民族的历史使命感和社会责任感、自觉地维护社会主义祖国的利益和国家安全稳定，对于民族伟大复兴和向着第二个百年奋斗目标顺利前行有着极其重要的现实意义。

改革开放以来，中国人民在邓小平建设中国特色社会主义理论的指导下，国民经济取得了突飞猛进的发展，我国在国际政治舞台上发挥着越来越重要的作用。因此，当我们在建设现代化国家、走向世界、走向 21 世纪之际，历史又赋予了爱国主义许多崭新的内容和深刻的内涵。其中，一个十分重要的方面就是：在新的历史条件下不仅要以经济建设为中心，还要大力维护国家和民族的统一，保护国家和民族的利益。打击和防范国内外敌对势力的破坏活动，保卫国家安全和社会稳定，使党和国家的利益不受侵犯，实现中华民族伟大复兴的中国梦。

爱国情操，在不同历史时期有其不同的表现。在近代，它表现为救国图存、走向世界、走向现代化，与此同时，把争取国家独立、抵御外辱斗争同争取民族、国家和社会主义前途努力结合起来。从林则徐的"苟利国家生死以，岂因祸福避趋之"到谭嗣同的"我自横刀向天笑，去留肝胆两昆仑"，从孙中山的

"中国非革命不兴"到李大钊、毛泽东的"铁肩担道义，妙手著文章"，从"五四"的"科学与民主"的时代呐喊到抗战时期我党提出的"统一战线""爱国一家"以及那响彻中华大地的"用我们的血肉筑起新的长城"的万众心声，思潮滚滚，激起一股气吞山河的爱国主义潮流。

本专题的灵感便来自习近平总书记讲话中对南宋著名诗人陆游《病起书怀》中内容的引用。宋徽宗淳熙三年（1176），陆游在成都大病一场。病愈之后，就被"燕饮颓放"的罪名弹劾了，只落得一个领干俸禄无职事的祠官，这对他无疑又是重大的精神打击。然而即便如此，陆游仍然没有放弃自己的理想和追求。"位卑不敢忘忧国"正是陆游一生的写照。在中华民族五千年的历史长河之中，从来都不缺乏"位卑"但心怀国家兴亡的"小人物"，比如在战争中的爱国将领、社会动荡中的政改先锋以及推动文化发展的学者哲人等，都曾为民族兴亡、国家发展做出了不可磨灭的巨大贡献，并且生动地阐释了中国精神的内涵。

中国精神是兴国强国之魂。实现中华民族伟大复兴的中国梦，开启社会主义现代化国家建设新征程，必须大力弘扬中国精神，弘扬以爱国主义为核心的民族精神和以改革创新为核心的时代精神，振奋起全民族的"精气神"。

一、中国精神凝聚民族力量

中国精神是凝聚民族力量的精神纽带。推进民族复兴的时代伟业，开启全面建设社会主义现代化国家的新征程，我们必须有万众一心、众志成城的强大精神凝聚力。人民群众是历史发展和社会进步的主体力量。坚持和发展中国特色社会主义、实现中华民族伟大复兴，最根本的力量在人民，最强大的力量在团结凝聚起来的人民。弘扬中国精神，对于维系中华民族的生存与发展、维护国家统一和民族团结发挥着重要的凝聚作用。

中国精神是激发创新创造的精神动力。当前，我们正在从事的中国特色社会主义事业是一项前无古人的创造性事业，中国精神作为兴国强国之魂的价值和意义更为凸显。推进新时代的伟大事业，必须有创新创造、向上向前的强大精神奋发力，勇于变革、勇于创新，永不僵化、永不停滞，使全体人民始终保持昂扬向上的精神状态。

中国精神是推进复兴伟业的精神支柱。实现中华民族伟大复兴的中国梦，需要我们正确认识当代世界和中国发展大势，正确认识中国特色和国际比较，增强民族自尊心和自信心，坚定不移走自己的路，使全体人民拥有坚如磐石的精神和信仰力量，坚定不移把中国特色社会主义事业不断推向前进。

党的十八大以来，以习近平同志为核心的党中央准确把握世界范围内思想文化相互激荡、我国社会思想观念深刻变化的趋势，坚持以人民为中心的工作导向，举旗帜、聚民心、育新人、兴文化、展形象，牢牢掌握意识形态工作领导权，建设具有强大凝聚力和引领力的社会主义意识形态，建设社会主义文化强国，激发全民族文化创新创造活力，更好构筑中国精神、中国价值、中国力量，巩固全党全国各族人民团结奋斗的共同思想基础。下面，将从中华文明五千年的历史长河中追溯以爱国主义为核心的民族精神和以改革创新为核心的时代精神中的民族典范，以更好地诠释中国精神，为中国梦的实现提供精神力量。

二、弘扬以爱国主义为核心的民族精神

热爱国家、维护祖国的主权和利益，是中华民族几千年来的主题和生存与发展的支柱。英国哲学家罗素曾经说过，自孔子以来，埃及、巴比伦、波斯、马其顿，包括罗马帝国，都消亡了，但是中国却以持续的进化生存下来了。原因在于中华民族有世世代代绵延不衰的爱国主义文化传统和以此焕发起的全民族对伟大祖国的挚爱。爱国主义是中华民族精神的核心。在中华民族绵延几千年的历史长河中，爱国主义始终是激昂的主旋律，是人民生生不息的强大力量。从"天下兴亡，匹夫有责"到"我和我的祖国，一刻也不能分割"，古人的诗句、今人的歌声，无不体现着深厚的爱国主义情怀。在我国五千年文明史中，涌现了无数的爱国将领，他们以高度的爱国情怀为国家鞠躬尽瘁，他们的事迹永远为我们后代所敬仰。

（一）"精忠报国"——岳飞

岳飞，是一位家喻户晓的抗金英雄。他的形象已经成了中华民族的一面旗帜，其形象所蕴涵的内容则成了我们民族的宝贵财富。

岳飞（1103—1142），字鹏举，出生于河北西路相州汤阴县（河南汤阴县）的一个普通农家，是抗金名将。岳飞于北宋末年投军，从1128年遇宗泽起到1141年为止的十余年间，率领岳家军同金军进行了大小数百次战斗，所向披靡。然而在朝廷主和派的设计下，岳飞受到秦桧等人的诬陷，以"莫须有"的罪名，与长子岳云等被害于风波亭。宋孝宗时，岳飞的冤狱被平反，改葬于西湖畔栖霞岭，朝廷追谥为武穆，后又追谥忠武，追封为鄂王。

岳飞"精忠报国"的精神被世代传颂，被人们尊称为"岳王"。岳飞作为一个爱国的典范，被后来的统治者作为忠孝教育的模范，立庙祭祀，官方和民

间都举行隆重的祭祀活动。岳飞精神的核心就是"精忠报国",这是他一生为之奋斗的目标。岳飞先后三次从军,第一次前往抗辽前线应募"敢战士",第二次应募参加了太原外围战。岳飞第三次参军,是在看到祖国河山沦陷、中原生灵涂炭的悲惨景象后,主动前往参军,立志拯救人民于水火,恢复破碎山河。临行前,岳母在岳飞背上刺下了"精忠报国"四个大字。自此,不仅是岳飞,而且亿万华夏儿女,都把"精忠报国"作为人生道德要求的最高典范。

自古称忠臣必是孝子,岳飞的精忠不仅表现在对国家责任,也是恪尽孝道的表率。岳飞曾言:"为人子必尽孝道,为人父必为表率。"岳珂在追述祖父岳飞时说:"先臣天性至孝。"岳飞认为孝道与爱国是统一的情感,他曾经说过:"若内不克尽事亲之道,外岂复有爱主之忠?"实际上将"忠"与"孝"的精神品格紧密联系在一起了。

岳王精神核心的"精忠",在岳王传记、历代祭文、庙记、碑文和古代现代诗词中可以看到。例如,清代成书的《精忠录》所收录的明代官方祭文:"惟神义胆忠肝,贯乎日月。""惟神诞育兹土,佐宋中兴。大义精忠,贯乎金石。"又如,清代吏部尚书屠滽在《重修敕赐忠烈庙记》中写道:"维王之德,忠孝为先。"如此等等,都突出了岳王的精神核心在于"精忠"二字。岳王的精忠是忠于国家的,但是并不是很多人误会的忠于一朝帝王的愚忠。岳王不是惟皇上的命令是从的,他反对高宗和主和派的议和行动,违抗了皇帝一道道班师回朝的诏令,而岳飞最后惨遭奸人陷害,悲壮牺牲,也正是源于他忠于国家而不是效忠一朝帝王的可贵精神。

因此,虽然岳飞的一生与尽忠报国相伴始终,但他"精忠"的指向对象是国家,而非其他。岳飞的爱国主义精神,主要表现在以下两个方面:

首先,以国家民族利益为重,矢志抗金,生死以之。岳飞生活在北宋覆灭、南宋初建,女真铁蹄蹂躏中原大地,国家、民族处于生死存亡之秋。岳飞亲眼看到家乡人民遭受金军践踏,流离失所,陷于水深火热的境地。自幼受到其父岳和"汝为时用,其殉国死义乎"的爱国教育;从军时其母又在背部刺上"精忠报国"四个大字,深入肌肤,激励岳飞以身许国。岳飞20岁从军,一上战场,在爱国主义精神的激励下,每战必身先士卒,亲冒矢石,义无反顾。例如,1126年6月,岳飞所在部队团练,因岳飞作战勇敢,便叫他领百余骑去做武装侦探,途中突遇金兵袭击。有的骑兵畏怯规避,而岳飞勇猛异常,单骑冲入敌阵,往来反复冲杀,劈死敌骑兵数人,金兵四散逃奔。同年12月,岳飞随刘浩向澶渊进军至滑州(今河南滑县),金兵突然到来,岳飞策马举刀向前迎敌。金军中一勇将舞刀直奔岳飞，双方拼命厮杀。岳飞猛力挥刀，敌将的刀刃被砍进一寸多深，拔刀又一猛击，将敌将杀死。部众一齐拥上，金兵大败。1127 年 9月，岳飞所部与金兵大队人马相遇，兵力悬殊。岳飞激励士卒，率先奋战，受伤十余处，最终打败金军。这几次战役说的是岳飞从军不久，还是一名下级军官，自应冲锋在前。当岳飞积功升任京湖宣抚使，成为指挥官后，也并不像张俊、刘光世等大将那样拥兵自重，常在几百里处遥控指挥，而是每战必自为旗头，挥动手中旗帜，在阵前指挥战斗，有时还亲率士兵冲锋陷阵。1140 年 7月10 日郾城大战时，岳飞的主力部队由张宪率领在颍昌一带活动，而岳飞的司令部则驻扎在郾城。金兵侦知这一情况，想突然袭击岳飞的大本营，便集中兵力向郾城压来。当时，有的部将劝岳飞稍避其锋，岳飞说："这正是大家报国立功之时。"便跨上战马，带着 40 个骑兵冲出迎敌，砍死敌人一员上将。一场恶战，人为血人，马为血马，岳飞负伤多处，终于打败了金兵。所以，宋高宗也说："用将须择孤寒流忠勇，久经艰难，亲冒矢石者。"岳飞素无一介之助，致位通显，是英勇战斗的结果，而英勇战斗的基础，则是以国家、民族利益为重和矢志抗金的爱国主义力量所促成的。

其次，以爱国抗金为判断是非的标准。岳飞以抗击金人、收复故土为最高目的。"靖康耻，犹未雪，臣子恨，何时灭。""待从头，收拾旧山河，朝天阙。""直抵黄龙府，与诸将痛饮耳。"因此，凡是符合抗金利益的，他都积极支持；凡是违背抗金利益的，即使是皇帝、权相，他都坚决反对，义无反顾。例如，1127 年赵构即位之初，岳飞还是一个下级军官，越职进言，希望赵构"亲率六军北渡，则将士作气，中原可复"。结果，他因触犯阶级法而被免职。特别是1137 年以后，岳飞坚决反对宋高宗、秦桧向金国乞降求和政策，接二连三向高宗上奏章反对和议。1138 年 9 月，岳飞上奏说："不可与和。国事隙深，何日可忘！臣乞整兵，复三京陵寝；事毕，然后谋河朔，复取旧疆，臣之愿也。"1139年，南宋与金第一次订立和约，赵构、秦桧大肆渲染。岳飞进了一道《谢表》，对和约予以全盘否定。"臣幸遇明时，获观盛事。身居将阃，功无补于涓埃。口诵诒书，面有惭于军旅。尚作聪明而过虑，徒怀犹豫以致疑。谓无事而请和者谋。恐卑辞而益币者进。"对卖国求荣的投降活动以合法斗争的形式，尽情加以揭露和鞭挞。接着，旗帜鲜明地阐述自己的观点："臣愿定谋于全胜，期收地于两河，唾手燕云，终欲复仇而报国；誓心天地，当令稽颡以称藩。"对和议根本不予承认，要坚定不移地收复失地，收复燕云十六州，要把金政权作为南宋的一个藩臣。岳飞还曾当面对赵构说："金人不可信，和好不可恃。相臣谋国有藏，恐贻后世讥议。"足见岳飞有反潮流的勇气，为了抗金，敢于挺身与赵构作斗争。1140年，岳飞第四次北伐，局势稍有稳定，赵构令李若虚面谕岳飞："兵不可轻动，且宜班师。"而岳飞不听，反而继续进兵。后来李若虚支持岳飞说："事继而，势不可还。矫诏之罪，若虚当任之。"李若虚愿意冒着改变圣旨的危险，支持岳飞进军，确是难能可贵的。1141年，金人撕毁和约，向淮北进犯，赵构即调岳飞入援。岳飞念及前几次每胜，复被诏还，乃以乏粮为辞，按兵不动。最后上御札付飞云："社稷存亡，在卿此举。"飞奉诏移兵30里而止。由此可见，岳飞接受赵构的命令，也是以抗金为判断标准：凡是不符合抗金大业，岳飞并不因尽忠于皇帝而一概听从，而是有所抵制的。这自然要冒极大的风险，没有凛然的不畏死的爱国精神做支柱，是无法这样做的。

岳飞为了抗金大业，往往释私憾而急公仇。例如，部将杨再兴，原为曹成部将，在镆铘之战中曾杀死岳飞胞弟岳翻和第五将韩顺夫。后曹成战败，杨再兴被张宪俘虏。岳飞深知杨再兴武艺超群，便喻以忠义报国，不计杀弟斩将之仇，将他释放，后又任用为将。在岳飞的开导下，杨再兴忠勇报国，屡立战功，在小商桥战役中壮烈殉国，焚化其尸体时得箭镞两升。再如，韩世忠、张俊与岳飞有嫌隙，岳飞为了顾全大局，团结抗金，将作战时缴获的两只船满载贵重器物，赠给两位前辈，表示敬意。"幕中之轻锐者复教飞勿苦降意。"但岳飞屈己下之。1141年5月10日，高宗命张俊、岳飞前往楚州检阅韩世忠部兵马，其实是去找韩世忠的岔子，向他开刀。岳飞检阅韩世忠军籍，"知世忠只有众三万，而在楚州十余年，金人不敢犯，犹有余力以侵山东，可谓奇特之士也"，不胜叹服。他为了保存抗金力量，不同意张俊分韩世忠背嵬军，不同意在楚州建城之议，并把秦桧阴谋陷害韩世忠的消息遣人持函告诉韩世忠。韩世忠接信后，立即面见高宗说明原委，未遭陷害。秦桧、张俊便迁怒于岳飞而向岳飞开刀。韩世忠与岳飞结成真诚的友谊。岳飞下狱后，致有韩世忠对秦桧"莫须有三字何以服天下"的责问。

总之，岳飞作为中国古代爱国主义的典型，他的忠孝品质被统治者拿来教化民众。岳王身上值得学习的精神品质，不仅是忠于国家、孝顺父母，也有清廉节俭、仗义执言。他还被当作"忠勇神仙"而被官方和民间广泛祭祀，凸显了岳王精神感召力和教化的力量。岳飞树立了中华民族忠孝爱国的道德典范，在当代依然有着不可忽视的教育价值。

（二）抗倭名将——戚继光

在十八届中央政治局第十二次集体学习的讲话中，习近平指出："像戚继光抗倭、冯子材抗法、鸦片战争、甲午海战、抗日战争、抗美援朝战争这些历史，都要深入挖掘其中的爱国主义精神，创作更好、更多的精品力作，以长中国人志气，引导我国人民树立和坚持正确的历史观、民族观、国家观、文化观，增强做中国人的骨气和底气。"戚继光是我国明朝伟大的军事家、爱国者、民族英雄。他出生于将军世家，19岁时立下"封侯非我意，但愿海波平"的爱国宏志，在江南抗倭和疆北御房40余载，面对强敌入侵毫不畏惧，遇到事业挫折不改初心，一心报国，终生不渝，形成了"干实事，图实战、实功，以报国耳"的报国思想，并对后世产生了深远的影响。

戚继光祖上是追随朱元璋南征北战的将领，后在云南战死。为了表彰其功绩，戚家享有世袭登州卫指挥佥事，从此戚家五代一百四十年皆为武将。由于出生武将世家，受到家庭环境影响，戚继光从小就对军事十分感兴趣，并表现出很高的天赋。而戚继光的父亲之所以给他起名戚继光，那是因为想让戚继光以后继承戚家的光荣传统并发扬光大，于是取名继光。不但戚继光的父亲是一位武艺精熟、为人正直、忠于朝廷的优秀武将，戚继光的大母（戚继光的母亲为妾，大母是正妻）也通武艺，能带兵，抵抗并击退过倭寇。戚继光的父亲对戚继光寄予厚望，亲自教他读书写字，传授武艺，给戚继光讲一些为人处世的故事和道理。由于优秀正直的父亲给戚继光树立了很好的榜样，加上良好的教育，戚继光不但在军事素质上具有较高的造诣，还树立了远大的抱负，也养成他的像父亲一样优良的品格，这一切都是他日后建功立业的基础。

1544年，戚继光的父亲去世。17岁的戚继光袭任父职，成为登州卫指挥佥事。后来考中武举，其中间屡立战功，累功升至都指挥佥事，负责山东海防。戚继光到任以后，整顿海防，积极训练，使山东海防为之一振，一改过去颓废气象。

对于明朝的海防，在制度上是很不合理的，明朝的卫所是世袭制，父子相传，由于日久承平，已经渐渐疏于防范。大部分都是老弱病残，身体不如农夫；兵器年久失修，残缺不齐；士兵基本没有经过正规训练，都是子承父业，既无心也无力，根本谈不上有任何战斗力。面对凶狠而又训练有素的倭寇根本没有任何抵抗力。最著名的是有一次一百多个倭寇一直从浙江上虞一路劫掠，在杭州兵分两路，其中一路六十多人经过安徽转而攻陷江宁，然后打到南京城下，没有攻下南京，又南下，历经三个多月，虽然在归途中被明政府调集大军围剿并消灭，但是仅仅七十多人便可以直闯到南京城下，一路杀了四千多人，可见当时的边防废弛到什么程度。在作战中，经常发生百名明军士兵不敢与十余名倭寇交战的事情，甚至只要倭寇龇牙咧嘴摆出一副很凶狠的样子冲过来，明军直接就一哄而散。正因为如此，人数并不多的倭寇才能长期横行于中国沿海。

戚继光接任山东海防的时候，归他指挥的军士在名册上有六万多人，实际人数不足十分之一，而且素质还很差。面对这样的形势，戚继光知难而上，通过一系列整改，山东士兵战斗力大增，海防逐渐稳固。倭寇见戚继光防守严密，很难占到便宜，就逐渐退出山东海域，转战东南沿海。

朝廷见戚继光在山东肃清了倭寇，大为高兴，在嘉奖之余，就决定调戚继光到倭寇最为严重的浙江；戚继光年轻气盛，也想沙场立功，报效国家。到浙江之后，近一年没有打仗，第二年当上参将，率军与倭寇交战。第一战便是龙山所之战，这一战非常具有意义，它直接促使戚继光对明军的武器和战法进行改革。战争之初，双方的兵力对比是明军四千，倭寇八百。戚继光定下计策，诱敌深入，伏击倭寇。一切都很顺利，倭寇如期进入伏击圈，戚继光指挥人马顺利包围倭寇。正准备歼敌之际，发现包围圈出现巨大豁口，倭寇顺利杀出包围圈。戚继光赶忙命令追击，追了数百米之后，发现最前面的追兵返身往后跑。仔细一看，原来是倭寇杀过来了，明军接敌即溃。戚继光急中生智，跑上附近高地，搭弓射箭，连射中几个匪首之后，明军才重获优势，返身追杀。但不久又被倭寇杀得大败而逃，戚继光又是搭弓射箭，如此几番之后，明军还是败了。此战之后，戚继光终于明白了为什么倭寇始终不能消灭：明军的战斗力与倭寇相差太过悬殊，基本上是一触即溃；本来战斗力就差，明军的武器又落后于倭寇，导致战斗一败再败，倭寇横行于沿海。

此后数战，明军都表现出军事素质太低的特点，戚继光感到靠这些士兵是无法战胜倭寇的，不但军事素质差，身体素质也差，而且养成了一打就跑的恶习。戚继光认为必须重新训练一支精干的部队，人数不在多，但是一定要精。于是戚继光开始寻找兵员。直到有一天，戚继光看到义乌与永康矿工斗殴，戚继光惊呼："如有此一旅，可抵三军。"于是戚继光在此招募了四千人，这些人大都是农民、矿工等青壮年男子，身体素质远好于浙江明军，而且狠勇兼备，一点没有浙江明军的兵痞气息。戚继光对他们严加训练，组成著名的"戚家军"。另外，还改进明军的武器，使之能够克制倭寇的武士刀，并配合戚继光发明的鸳鸯阵，威力大增，在以后对倭寇的战斗中大放异彩，不但战之能胜，而且往往是以极小的代价取胜，一场战斗下来，少则损失几人，多则几十人。这样的战绩在冷兵器时代是很罕见的，这都是戚继光改进的武器和阵法配合的效果，特别是在浙江台州的十三战十三捷，消灭了大量倭寇。这样，在戚继光和他的"戚家军"的努力下，浙江倭寇大体被慢慢消灭。

戚继光在任福建总督时写下《望阙台》，并在该诗第二联写到"繁霜尽是心头血，洒向千峰秋叶丹"。意思是他登上望阙台，赫然发现：千峰万壑，秋叶流丹。这一片如霞似火的生命之色，使他激情满怀，鼓荡起想象的风帆。在长达十来年的抗倭战争中，戚继光之所以能在艰苦条件下，不停懈地与倭寇展开殊死较量，正是出于爱国和忠君的赤诚。他借"繁霜""秋叶"向皇帝表达自己忠贞不渝的报国之心。虽然朝廷对自己海上抗战支持甚少，而且甚有责难，但自己保家卫国的一腔热血虽凝如繁霜，也要把这峰上的秋叶染红。这表现了他轻视个人的名利得失，而对国家、民族有着强烈的责任感和使命感，哪怕自己遭遇不公，也仍然忠心耿耿地保家卫国。戚继光的爱国精神具体体现在以下三个方面：

第一，矢志报国的坚定信念。矢志报国的坚定信念是戚继光精神的思想根基。戚继光以矢志报国为第一追求，凡事都站在国家和民族利益的高度思考问题，"总然用尽檐潜力，应是无心为利名"。戚继光热爱自己的国家，奋战疆场、报效国家是他毕生的坚定信念。穷凶极恶的倭寇必然会激发以戚继光为代表的广大中华儿女的报国之情，他们用实际行动展现出伟大的爱国情操。正是因为有抗倭集体认同的存在，才使得抗倭取得明显成效。抗倭集体认同是戚继光爱国主义精神的雏形，也是戚继光精神最真实、最重要的组成部分。戚继光在抗倭御房四十余年的战斗生涯中，满怀对国家和民族的强烈使命感和高度责任感。晚年回到故乡，他不忘国家安危，仍以"遐方但愿无烽火，烟柳年年系去骢"（《止止堂集》）寄托感慨。戚继光精神蕴含的简单朴素的爱国情怀使个人命运与国家民族命运紧紧联系在一起，超越时空而不断发展。

第二，保境安民的责任担当。保境安民的责任担当是戚继光精神的动力所在。保境安民、奋勇杀敌是军人的天职，戚继光爱岗敬业和英勇善战的拳拳报国之心通过履职尽责来实现。"一年三百六十日，多是横戈马上行"（《止止堂集》），这是戚继光战斗一生的最好体现。戚继光在戎马生涯中不当"太平官""逍遥官"，身体力行、率先垂范，最终成为明朝守土有责、守土尽责的一代名将。"安民以为志"，责任担当成就了戚继光保障生民、捍御内地的伟大事业。作为军事指挥员，戚继光遇事不推诿、不退让，敢啃硬骨头、打硬仗，在战斗中总是第一个冲向敌军。有本领才能有担当。根据军事实践的需要，戚继光及率领的戚家军努力学习新知识、掌握新本领。尽管戚继光先后辗转抗倭的多个主战场，有时不被朝廷理解，但他无怨无悔、舍生忘死、不计个人得失。比如，在岑港战役中，戚继光虽然遭到革职处分，但他没有懊丧和颓废，把自己同历史上的韩信和岳飞等名将相比，更加刻苦地研究历代战争胜败的原因，吸取经验，决定训练一支攻无不克的军队。因受张居正的牵连，万历十一年（1583）二月，戚继光被贬调广东任总兵官，但他没有被击倒，身带疾病整饬部伍，尽他应尽的职责。

第三，务实创新的奋进意识。务实创新的奋进意识是戚继光精神的内在精髓。自强不息精神和伟大创造精神是中华优秀传统文化经久不衰的关键所在。戚继光不墨守成规，在军事理论创作、武器装备革新方面颇有建树。戚继光善于总结作战和治军经验，熟读古代兵法，运用儒家思想来解决军事问题，实现兵儒一体，写出了《纪效新书》（十八卷本）、《练兵实纪》《纪效新书》（十四卷本）等军事著作，创造性地发展了我国边海防的战略、战术，军事思想的实际操作性更强，推动了我国古代军事思想的发展。戚继光倡导德教，严明军纪，灌输儒家忠君报国、当兵打仗、保境安民的思想，极大地激发了军队敢于战胜凶悍倭寇的战斗士气。戚继光变革军制，改变过去"卫所"世兵制存在的弊端，他以务实为准绳，克服重重阻力，尤其是朝政的非议，"三请练兵"，锲而不舍。在招募新兵时，严把兵员入口关，在练兵时坚持务实练兵，主张"练为战"，练真艺、练真营、练真阵，做到练胆气与练战术相结合，把练兵具体化、系统化和理论化。戚继光遵循《孙子兵法》中的知己知彼原则，在作战中实行"算定战"，不打无把握之仗，不打无准备之仗。戚继光根据作战实际，因时制宜、因地制宜，调整编制体制，在抗倭斗争中创造出能够集体互助、长短兵器结合的"鸳鸯阵"。在蓟门北方御虏，戚继光创造性地制定了车、步、骑多兵种配合作战的新战法，取得了明显的防御成效。总之，发明和改进武器，充分展示了戚继光的军事创造才华和敢闯敢试的胆识魄力。

第四，清廉自律的道德操守。清廉自律的道德操守是戚继光精神的本色体现。戚继光一生清廉，重视品德修养，不随波逐流，"志在求为好人品"。戚继光十分重视个人表率，认为榜样的力量是无穷的，保持廉洁操守的人才能称得起是万人敌的大将。尽管他认为这样的人是没有的，但他自己则仍以这样的标准要求自己。"善将者，宜如何而练其心气哉？是不外身率之道而已矣。倡忠义之理，每身先之，以诚感诚。"他为官态度坚定："任劳任怨，以国事为家事，谋兵如谋身，明纪律，持情操。"戚继光不仅言教，而且注重身教。戚继光做到与部属同甘共苦，战斗中奋勇争先，不仅严格要求自己，而且严肃军纪一视同仁。针对登州卫风气不正的问题，秉公执法，不偏不倚，按照军中纪律杖责母舅。戚继光完全有条件通过攀附胡宗宪、张居正等朝廷要员走仕途捷径，但他凭忠心和本事立身，端正品行，一心结交共同抗倭、维护国家利益的亲密战友。

三、弘扬以改革创新为核心的时代精神

一个国家、一个民族的强盛，总是以改革创新为支撑的，没有改革创新精神的弘扬，就没有中国梦的实现。习近平总书记指出："我们要大力弘扬与时俱进、锐意进取、勤于探索、勇于实践的改革创新精神，争当改革的坚定拥护者和积极实践者，用自己勤劳的双手在改革实践中创造更加幸福的生活。"改革创新精神是中国精神在改革开放和中国特色社会主义发展进程中的集中体现，反映了党和人民勇于变革、勇于创新，永不停滞、永不僵化的精神状态。新时代弘扬改革创新精神能够激发攻坚克难的精神动力，为推动经济社会发展、破解各种难题和障碍蓄势赋能，对于新时代中国精神的构筑和升华，有着积极的现实意义。

改革创新精神虽然主要形成于改革开放以来的历史时期，但其从何而来，因何而生，不仅要揆诸现实，更要追溯历史。正如毛泽东同志所说："现在来考虑我们过去所走的路和经验，要有系统地去考虑。"从历史演进来看，改革创新精神的形成并非一朝一夕，而是在长期的历史发展中积淀生发而成的。

中华民族自古以来就有着自强不息、知常达变、革故鼎新的精神基因。历朝历代都有通过改革而富国强兵的鲜活事例，如战国时期的商鞅变法、唐代的永贞革新、宋代的王安石变法、明代的张居正变法，在当时的历史条件下都取得了一定成效，深刻体现了中华民族穷则思变、大胆探索的精神和传统。

《周易·系辞》有云："穷则变，变则通，通则久。"其中，"变"是宇宙运动变化的普遍性和永恒性，"通"则是运动变化的连续性和事物之间的关联性。天地间没有不变的事情，天地间的一切事情，都无时无刻不发生变化。社会变革同样是只有洞悉其变化，把握其规律，善于打破不合时宜的老规矩，革除阻碍社会发展的种种弊端，才能寻找到发展的新出路，以变通而求生存，以改革而求发展。

习近平总书记在多个场合使用该典故。2014年9月3日在纪念中国人民抗日战争暨世界反法西斯战争胜利69周年座谈会上的讲话中，习近平总书记就引用："'穷则变，变则通，通则久。'改革开放是决定当代中国命运的关键一招，也是实现中华民族伟大复兴的关键一招。"另外，2018年5月28日习近平在中国科学院第十九次院士大会、中国工程院第十四次院士大会上的讲话中，在讲

到"全面深化科技体制改革，提升创新体系效能，着力激发创新活力"时，习近平总书记指出"科技体制改革要敢于啃硬骨头，敢于涉险滩、闯难关，破除一切制约科技创新的思想障碍和制度藩篱，正所谓'穷则变，变则通，通则久'"，体现了总书记对科技创新工作的重视。要科技创新，就要勇于进行改革，科技体制改革就是要破除障碍，改革不适宜的制度，这需要足够的求变思维，理顺关系，营造良好创新氛围，这样才能使创新意识和创新行为如源头活水，不断被激发出来。

历史是在不断变革中前进的。恩格斯指出，任何社会制度都是在"经常变化和改革的"。在我国历史的各个时期，当国家面临各种危机的时候，都会有少数敢为人先的有识之士挺身而出，置个人安危于不顾，以匡正天下、革除积弊、救国安民为己任，锐意改革，兴利除弊，不同程度地推动了中国社会的进步和历史的发展，他们的首创精神也应为后人永远铭记。

（一）改革先驱——管仲

管仲（前719—前645），名夷吾，字仲，亦称为管子、管夷吾，生于颍上（今安徽省颍上县）。管仲的祖先是周穆王的后代，与周王室同宗。父亲管庄是齐国的大夫，后来家道中衰，导致管仲生活很贫困。为了谋生，联合好友鲍叔牙合伙做生意，失败了。管仲做过当时认为是微贱的商人。后来，经好友鲍叔牙力荐，担任齐国国卿，以卓越谋略，辅佐齐桓公，登霸主之位。他是我国古代著名的军事家、政治家、改革家、法学家、经济学家。

管仲曾生活在社会底层，了解百姓的心理和要求；又在宫廷辅佐国君的儿子，对统治阶级上层的弊端也有深刻了解；特别是对当时整个社会的发展趋势有足够充分的认识。正是在此基础上管仲任相伊始便以其卓越的胆识，对齐国的政治、经济、军事等进行了全方位的改革。管仲的改革思想及实践不仅见效于当时，而且对当代社会依然有着很大的启迪与借鉴价值。管仲在齐国的改革主要涉及以下政治、经济等方面。

1. 政治思想改革实践

管仲治国的总纲是："叁其国而伍其鄙，定民之居，成民之事，陵为之终，而慎用其六柄。"（《国语·齐语》）根据这一总体框架，管仲在齐桓公支持下进行了大规模的政治改革，主要表现为"四民分业定居""叁其国而伍其鄙"和加强君主的权柄等方面。

先看"四民分业定居"。在管仲看来，士、农、工、商四民是国家的基石，

《管子·小匡》称为"石民"。如果从事这四种不同职业的人杂居在一起，说什么话的都有，相互影响，见异思迁，百姓就不会专心从事自己的职业，从而影响生产的发展和国家的安定。所以，要使四民按职业的不同划分居住区域：让士居住在娴静的地方，让手工业者居住在官府附近，让商人居住在集市一带，而让农民居住在田野。对此，《国语·齐语》载曰："四民者，勿使杂处，杂处则其言咙，其事易……昔圣王之处士也，使就闲燕；处工就官府；处商就市井；处农就田野。令夫士，群萃而州处，闲燕则父与父言义，子与子言孝，其事君者言敬，其幼者言悌……令夫工，群萃而州处，审其四时，辨其功苦，权节其用，论比协材，旦暮从事，施于四方，以饬其子弟，相语以事，相示以巧，相陈以功……令夫商，群萃而州处，察其四时，而监其乡之资，以知其市之贾，负、任、担、荷，服牛、辂马，以周四方，以其所有，易其所无，市贱鬻贵，旦暮从事于此，以饬其子弟，相语以利，相示以赖，相陈以知贾……令夫农，群萃而州处，察其四时，权节其用，耒、耜、枷、芟，及寒，击菒除田，以待时耕；及耕，深耕而疾耰之，以待时雨；时雨既至，挟其枪、刈、耨、镈，以旦暮从事于田野。脱衣就功，首戴茅蒲，身衣袯襫，沾体涂足，暴其发肤，尽其四支之敏，以从事于田野。"

次看"叁其国而伍其鄙"。据《管子·小匡》记载：

> 桓公曰："三国奈何？"
> 管子对曰："治国以为二十一乡：商、工之乡六，士、农之乡十五。公帅十一乡，高子帅五乡，国子帅五乡。叁国故为三军。公立三官之臣：市立三乡，工立三族，泽立三虞，山立三衡。制五家为轨，轨有长；十轨为里，里有司；四里为连，连有长；十连为乡，乡有良人。五乡一帅。"
> 桓公曰："五鄙奈何？"
> 管子对曰："制五家为轨，轨有长；六轨为邑，邑有司；十邑为卒，卒有长；十卒为乡，乡有良人；三乡为属，属有大夫。五属五大夫。"

"三国伍鄙"是齐国的行政组织，但其意义绝不止于此，它实际上是军政合一的组织形式。在"国"中，国君、高子、国子不仅分别管理自己"乡"的政务，从"叁国故为三军"看，他们还是"三军"的统帅；在"鄙"里，则分工明确，"武政听属，文政听乡"，那么齐国在农村的"属"是军事组织，最高长官为"大夫"；"乡"是行政组织，最高长官是"良人"，虽不统属，但因基层组织统一，也有军政合一的意义。这样的行政组织方式，统属性强，便于政令的通达，更便于军事集结，是强国、强军的基础，也为桓公称霸准备了条件。

再看加强君主的权柄。《管子·重令》说："君国之重器莫重于令，令重则君尊，君尊则国安。""明君察于治民之本，本莫要于令。"那么，令从何来呢？天无二日、国无二主，"君一置其仪"（《管子·法禁》），令必须由国君制定，不能政出多门。同时，国君的律令，必须不折不扣地执行，否则严惩不贷，"亏令则死，益令则死，不行令则死，留令则死，不从令则死。五者死而无赦，唯令是视"（《管子·重令》）。国君的权力可谓大矣。

在管仲改革的总纲中，有"慎用其六柄"的内容。何谓"六柄"？《管子·小匡》指出是"杀、生、贵、贱、贫、富"六个方面。管仲虽要桓公"慎用"或"谨用"六柄，那是因为这些百姓起码的欲望或权利全部集中在他的手里，如不谨慎使用，诛杀不当，赋税繁苛，赏罚失中，骄奢淫逸，就会重蹈襄公的覆辙，称霸目标也就无从实现。其潜在的意义还在于要桓公将使百姓生、死、贵、贱、贫、富的权力牢固掌握在自己手里，保证政令由国君所出，以树立国君的绝对权威。如果这六种权力不在国君手中，也就不存在谨慎使用的问题了。

2. 经济改革思想与实践

管仲的经济改革主要表现在土地制度的改革、农业税收的改革以及工商业的改革等方面。

管仲首先改革土地制度，废除井田制，实行"均地分力"的办法。"均地分力"就是把土地平均分给农民，实现一家一户的个体经营。《管子·乘马》曰："地者，政之本也……地不平均和调，则政不可正也。政不正，则事不可理也……可以正政者，地也。故不可不正也。正地者，其实必正。长亦正，短亦正，小亦正，大亦正，长短大小尽正。地不正则官不理，官不理则事不治，事不治则货不多。"

土地有肥沃、贫瘠之差，有山泽、平地之分，把这些不同质量的土地统一折算，平均分配给农民。这里所说的"平均"，不是指土地的实际数量，而是指土地上粮食收获的数量。因为土地的品质不同，收获相同数量的粮食所需要土地的数量则不同，这叫"地均以实数"。要达到合理分配土地，就要对全国的土地进行测量。这里所说的"正"，是指土地分配制度要正确，不论土地面积大小，都按照既定的方式折算和分配。

由于土地折算、分配合理，农民的生产主动性和积极性就被充分调动起来了。"民乃知时日之早晚，日月之不足，饥寒之至于身也，是故夜寝早起，父子兄弟不忘其功，为而不倦，民不惮劳苦。"（《管子·乘马》）

在"均地分力"的基础上，管仲对农业税收方式也进行了相应的改革，即把过去井田制下的劳役地租改变为实物地租，就是《管子》所谓的"与民分货"。"货"指土地上的收获。"与民分货"就是国家根据农民土地产量的多少，收取一定的租税，即"相地而衰征"。《国语》韦昭注："相，视也。衰，差也。视土地之美恶及所生出，以差征赋之轻重也。"这些都是说因土地品质的不同而征收数量不等的租税。其具体办法虽不很清楚，但透过《管子·乘马》篇的记载，我们可以了解当时因土地品质的不同而征收数量不等的情况："一仞见水不大潦，五尺见水不大旱。一仞见水轻征，十分去一，二则去二，三则去三，四则去四，五则去半，比之于山。五尺见水，十分去一，四则去二，三则去三，二则去四；尺而见水，比之于泽。"

这种根据土地贫瘠的不同交纳租税的办法，管仲认为有很大的优越性，就是"相地而衰其政，则民不移矣"（《管子·小匡》）。道理十分明显，土地经过"相"确定了等级，这是全国统一的，而不同质量的土地交纳地租的数量不同也是统一的。因此，就没有必要迁徙流动，这就增加了常住户口。"民不移"，不仅有利于培养农民对自己所耕种土地的感情，增加农产量，也有利于国家的稳定和管理。

在工商业的改革方面，管仲继承了太公因地制宜发展齐国经济的方针，并经过改革进行了发扬光大。其主要措施如下：

其一，官山海。山，指矿产，主要指铁；海，指水产，主要指鱼盐。"官山海"，就是矿产、水产由国家经营，实行盐铁国家专卖政策。齐国濒临大海，鱼盐资源丰富；域内还有矿物资源，特别是含铁量高的矿山，这些都是国家财富的重要来源。

其二，鼓励对外贸易。管仲的改革极大地调动了人们的生产积极性，致使手工业产品大增。于是，管仲充分发扬太公"通商工之业，便鱼盐之利"（《史记·齐太公世家》）的政策，积极主动地开展国际贸易，将齐国的鱼、盐、丝织品等产品销往他国，并采取优惠措施吸引他国商人到齐国来，从而达到"来天下之财，致天下之民"（《管子·轻重甲》）的目的。

（二）变法名相——王安石

王安石，字介甫，号半山，抚州临川（今属江西）人，北宋政治家、文学家。王安石自幼随做地方官的父亲王益转徙于新淦、庐陵、新繁、韶州等地，至北宋景祐四年（1037），全家定居于江宁。早年的播迁生活，使他较为广泛地接触到社会的贫困和人民的苦难，产生了"心哀此黔首"的感情。

入仕后的十五六年，王安石深入实地调查研究，广泛接触百姓，了解民情民意，对社会现实有深刻体验：朝廷软弱无能，官吏强取豪夺，民不聊生，王安石忧虑万分，深入思考国计民生重大问题。采取试点，开始改革，为国为民做好事、做实事。在改革实践中，王安石洞察当时社会政治问题的严峻性，必须即刻诊治，采取措施，否则国将危矣；试点改革的十余年是王安石改革思想的形成时期，王安石积累了大量经验，逐渐孕育了全面社会政治改革的方案。嘉祐四年（1059），王安石上表万言《上仁宗皇帝言事书》，审时度势，客观分析，率言效法先王、整吏治、选人才、革故鼎新。此时的王安石经过艰辛探索，独立的哲学体系已基本建立，形成朴素的辩证法思想，这是王安石提出变法的思想基础。

王安石立志改革，主张变法图强，可仁宗庸碌未采纳他的改革方案。嘉祐六年（1061），调任知诰，晋升最高决策层后，王安石不失时机向皇上献计献策，上呈《上时政疏》等，再次建言培养人才、改革法度之重要与必要。嘉祐八年（1063），王安石回江宁守制，他潜心治学、设账讲学。服除后，宋英宗召其进京，他借故不就，留金陵讲学，培养了一批改革创新人才，后皆成变法的骨干。

治平四年（1067），英宗病逝，神宗即位。赵顼决心锐意进取，奋发图强，召见王安石，征询治国方略。王安石上言治国大计，择术为先，只有变法，唯能长治久安，并撰写《本朝百年无事札子》，一语中的指出"百年来理财无术，致使民不富、国不强；大有为之时，正在今日"，详细阐述了民富国强之办法与举措。神宗赞许"非卿不能为朕推行新法，朕当以政事任卿"。熙宁二年（1069），王安石任参知政事，力主"变风俗，立法度"，建议设立制置三司条例司，委派吕惠卿任其事。在得到皇帝首肯后，他毅然颁布并推行新法，自上而下的变法拉开帷幕。次年，王安石任同中书门下平章事（宰相），全面主持工作，变法趋向高潮，王安石的改革蓝图得以实现，王安石的改革思想也在变法中发展，日臻成熟。

这场变法是中国古代史上继商鞅变法之后又一次规模巨大、威武雄壮的社会变革运动，以"理财"为中心，涉及社会、政治、经济、军事、文化、教育各方面。其主要有以下三大类。

1. 理财

理财的主要方法为：第一，农田水利法。鼓励开垦荒地和兴修水利工程，费用由当地住户依户等高下出资修建水利。第二，方田均税法。政府重新丈量土地，核实每户占有土地数量，并按土地多少和肥瘠收取赋税。第三，青苗法。在每年春夏两季青黄不接时，由官府给农民贷款、贷粮，收获后还本付息。第四，免役法。政府向应服役而不愿服役的人户，按贫富等第收取免役钱。第五，市易法。在东京设置市易务，出钱收购滞销货物，市场短缺时再卖出。第六，均输法。设立发运使，掌握东南六路生产情况和政府与宫廷的需要情况，按照"徙贵就贱，用近易远"的原则，统一收购和运输。第七，免行法。免除商业行业对官府的实物供应，改用现金交纳。

2. 整军

整军涉及方法如下：第一，将兵法。设"将"为军队编制的基本单位，每将置正将一人，选派有武艺又有战斗经验的军官担任，专管训练。第二，保甲法。将农民组织起来，编为保甲。以十户为一保，每户两丁以上抽一丁为保丁，农闲时练兵，战时作战，实行连坐法。第三，保马法。规定百姓可自愿申请养马，每户一匹，由政府拨给或给钱自购。养马户可减免部分赋税，马病死则要赔偿。第四，军监器。督制造兵器，严格管理，提高武器质量。

3. 取士

取士的主要内容为：第一，改革科举制度。废除死记硬背的明经诸科，进士科专考经义和时务策，设明法科，专考律令、断案等。第二，整顿太学。重新编纂教科书，内容为儒家经典，太学生成绩优异者不经过科举考试可直接为官，设置武学、医学、律学专科学校，培养专门人才。第三，唯才用人。有志于改革的官员，都被委以重任。

总之，王安石变法作为改变落后局面的一次尝试，尽管失败了，但仍是一宗宝贵的社会财富，一部生动的历史教科书，我们可以总结其成功的经验，也可以吸取其失败的教训。尤其是他的"三不足"的大无畏精神，给人鼓舞，给人力量，九百多年来激励千千万万的改革者投身改革的洪流，推动社会的进步。人们永远不会忘记这位中国十一世纪时著名的改革家。

【新时代启示】

中华文明源远流长，中国精神生生不息，成为照耀我们民族奋勇前进的不灭灯塔。今天，中国进入社会转型期、改革攻坚期，精神力量的作用也愈加凸显。离梦想越近，就越需要不断增强团结一心的精神纽带，越需要持续激发自强不息的精神动力。爱国主义始终是把中华民族坚强团结在一起的精神力量。不管是民族危亡关头的同仇敌忾，还是众志成城抵御重大灾害，凝聚在爱国主义旗帜下，个人命运才会与民族命运紧密相连，滴水之微才能汇聚成无坚不摧的磅礴力量。家是最小国，国是最大家，中国梦的本质内涵就是国家富强、民族振兴、人民幸福。在实现中国梦的征程中，大力弘扬爱国主义精神，就能最大限度凝聚共识，团结一切可以团结的力量，汇聚每个人的梦想成就伟大的中国梦，形成推动社会发展进步的强大正能量。

改革创新始终是激励我们在时代发展中与时俱进的精神力量。40多年来，从农村改革的兴起到深圳等特区的创立，从社会主义市场经济体制的发展到中国特色社会主义多项事业的开拓，改革创新精神激荡神州，造就了历史的巨变，成就了今天的中国。改革没有完成时，站在新起点上的中国，无论是冲破思想观念障碍，还是打破利益固化藩篱；无论是破解发展难题，还是释放改革红利，都需要继续发扬改革创新精神，逢山开路、遇水搭桥，迈过沟沟坎坎、越过发展陷阱，才能赢得更加光明的前景。

鲁迅说过："唯有民魂是值得宝贵的，唯有它发扬起来，中国才有真进步。"在实现中国梦的新征程中，大力弘扬伟大的民族精神和时代精神，让凝心聚力的兴国之魂、强国之魂融入现代化进程，我们就一定能永远朝气蓬勃地迈向未来，不断开创中国特色社会主义新局面。

拓展阅读

爱国主义精神构筑起民族的脊梁

——习近平主席 2020 年新年贺词启示录

来源：《人民日报》2020 年 1 月 2 日 01 版

作者：人民日报评论员

爱国，是人世间最深层、最持久的情感。爱国主义精神深深植根于中华民族血脉中，激励着一代又一代中华儿女为祖国发展繁荣而不懈奋斗。

"爱国主义情感让我们热泪盈眶，爱国主义精神构筑起民族的脊梁。"在 2020 年新年贺词中，习近平主席深情回望新中国成立 70 周年庆典，热情礼赞举国上下澎湃如潮的爱国主义情感，深刻揭示爱国主义精神的时代意义。习近平主席的感人话语，充满自信与豪情，映照光荣与梦想，激扬我们的爱国情、强国志，鼓舞我们走好新时代的长征路。

就如习近平主席所说，2019 年，最难忘的是隆重庆祝新中国成立 70 周年。阅兵方阵威武雄壮，群众游行激情飞扬，天安门广场成了欢乐的海洋，大江南北披上红色盛装，人们脸上洋溢着自豪的笑容，《我和我的祖国》在大街小巷传唱。我们为共和国 70 年的辉煌成就喝彩，被爱国主义的硬核力量震撼，近 14 亿中国人民人心空前凝聚，爱国热情空前高涨，汇聚成礼赞新中国、奋斗新时代的前进洪流，为我们排除一切艰难险阻走中国特色社会主义道路，实现中华民族伟大复兴的中国梦增添了无穷力量。

爱国主义是我们民族精神的核心，是中华民族团结奋斗、自强不息的精神纽带。5000 多年来，中华民族之所以能够经受住无数难以想象的风险和考验，始终保持旺盛生命力，生生不息，薪火相传，同中华民族有深厚持久的爱国主义传统密不可分。新中国成立 70 年来，我们党领导人民创造了世所罕见的经济快速发展奇迹和社会长期稳定奇迹，书写了一部感天动地的奋斗史诗，爱国主义始终是高昂的主旋律，始终是激励我们奋斗进取的强大力量。

实现中华民族伟大复兴的中国梦，是当代中国爱国主义的鲜明主题。当今世界正经历百年未有之大变局，实现中华民族伟大复兴正处于关键时期。越是接近目标，越是形势复杂，越是任务艰巨，越要发挥中国共产党领导的政治优势和中国特色社会主义的制度优势，把各方面智慧和力量凝聚起来，形成海内外中华儿女心往一处想、劲往一处使的强大合力。2020年，坚决打赢脱贫攻坚战，决胜全面建成小康社会，向第二个百年奋斗目标进军，呼唤我们将爱国热情汇聚成时代洪流、转化为务实行动。坚持用习近平新时代中国特色社会主义思想武装全党、教育人民，激发全体人民爱党爱国爱社会主义的巨大热情，凝聚奋进新时代、实现民族复兴的磅礴伟力，我们就一定能够夺取实现第一个百年奋斗目标的伟大胜利，在新征程上创造新的更大奇迹。

关山万千重，山高人为峰。新年的阳光洒满大地，我们仍需攻坚克难、团结奋斗，用汗水浇灌收获、以实干笃定前行。让我们更加紧密地团结在以习近平同志为核心的党中央周围，把爱国情、强国志、报国行自觉融入各自的本职工作中，灌注于实现梦想的奋斗中，一步一个脚印朝着既定目标勇毅前行，把民族复兴的伟业推向前进。

思考题

1. 民族精神的功能是什么？

2. 改革创新精神在新时代的意义是什么？

3. 作为新时代的大学生，如何在开启第二个百年奋斗目标的征程中弘扬中国精神？

专题七

守护命运与共：天地与我并生，而万物与我为一

【主题出处】

人与自然是生命共同体。生态环境没有替代品，用之不觉，失之难存。"天地与我并生，而万物与我为一。""天不言而四时行，地不语而百物生。"当人类合理利用、友好保护自然时，自然的回报常常是慷慨的；当人类无序开发、粗暴掠夺自然时，自然的惩罚必然是无情的。人类对大自然的伤害最终会伤及人类自身，这是无法抗拒的规律。

——2018 年 5 月 18 日，习近平总书记在全国生态环境保护大会上的讲话

【原典出处】《庄子·齐物论》（战国·庄周）

天下莫大于秋毫之末，而大山为小；莫寿乎殇子，而彭祖为夭。天地与我并生，而万物与我为一。既已为一矣，且得有言乎？既已谓之一矣，且得无言乎？一与言为二，二与一为三。自此以往，巧历不能得，而况其凡乎！故自无适有，以至于三，而况自有适有乎！无适焉，因是已。

【原典释义】

《齐物论》通过描写南郭子綦与其学生颜成子游的一段对话，主要阐明一切事物虽然在形体上千差万别，但归根到底都是一体的。就像眼睛、鼻子、四肢、躯干构成人体一样，这些器官外形、作用不同，但都是一体而生，都是必要的存在、缺一不可。推广而言，大小、寿夭、是非、美丑、善恶、贵贱只是事物形式上的差别，万事万物来自一个永恒的本体才是事物的实相。比如：鸟兽在秋天里新生细毛很小，但它的实相本体大到包括天下万物；泰山形体虽然很大，但作为无数形式的一种也只不过是实相中很小的部分。再如：夭折的婴儿也只是形体存在时间很短暂，而本体一直存在；长寿的彭祖虽说活了八百岁，但是

形体的存在比起永恒的实相就非常短暂了。总而言之，天地和我是共同生于本体的，万事万物和我就是一个共同体。既然是一个共同体，怎么会有对立、对抗呢？懂得爱自己，就会爱护万事万物；而爱护万事万物，恰恰是真正全面地爱护自己。

这一共同体思想实际上来自遥遥远古，在伏羲那里就已经用卦象描绘出宇宙一体的真相了，并在三皇五帝的运用发展中一脉流传，提炼成为后世所说的和合共生思想。和合思想在历朝历代仁人志士赓续承传中不断落实，造就了万物繁荣、历久弥新的中华文明。

【主题讲解】

"四方上下曰宇，往古来今曰宙。"中国有世界上现存最早的星图、最古老的观象台、最完整的天象记录，从千百年前起，我们对星空和自我的探索从未停止……现藏于故宫博物院的金嵌珍珠天球仪，是流传至今唯一一件以黄金制成的天球仪模型，弥足珍贵。通过它，我们回眸看到古人的非凡智慧。据《仪象考成》记载，天球仪表面布列星辰、三垣、二十八宿、三百六十八星座，共一千三百三十颗星，依据星体体积与亮度按照比例选择大小相应的一千三百三十颗珍珠代表。天球仪表面还有黄道、赤道、银河、二十四节气的标识，内部还有精密的机械设计，使它可以模拟星体运动。我们知道，1990年2月14日旅行者1号太空船曾在64亿千米外的宇宙中拍摄地球的照片，在这张颗粒状照片里看到的人类家园只是一个模糊微小的"暗淡蓝点"。天球仪的核心正是地球，而令人震惊的是，当从它的核心向外延展，我们会发现天球仪的表面要比拍摄这张照片的地方远得多得多。这意味着古人早已发现，这颗小小星球在宇宙面前就如尘埃一般，它渺小而脆弱，某个未知的因素就有可能将我们引以为傲的一切瞬间毁灭。所以，在重金打造的外形下，更为珍贵的是其中蕴含的万事万物同为一体的深刻哲思，传递出先祖对后世的谆谆教导，告诉我们所有人、所有民族、所有国家乃至万事万物都是一个共同体，激励着中华民族的后世子孙与天下万物相互守望、共存共荣、持续发展。

那么古人是怎样发现这一真相并传递给后人的呢？这就要从历史上三皇五帝的故事说起。

一、三皇五帝创立道统

"三皇"说法很多，或说伏羲氏、神农氏、燧人氏，或说伏羲氏、神农氏、女娲；"五帝"通常指黄帝、颛顼（zhuān xū）、帝喾（kù）、唐尧、虞舜。其实他们只是远古部落或部落联盟的首领，只是因为他们都有超凡的功绩（如伏羲教人渔猎，创制八卦），是原始社会中后期出现的为人类做出卓越贡献的部落首领或部落联盟首领，而被尊称为"皇"或"帝"。

（一）伏羲画卦，描绘天人一体大道

《道德经》有云："道可道，非常道。"这是说，能用语言文字描述的规律，不是恒常不变的大道真相。在发明文字以前，中华民族的祖先早已通过观察发现了天地万物存在和发展的原理及规律，并通过各种方式展示给先民，让人们明了宇宙人生真相，学会如何生活得越来越幸福，创造出无数人类文明。博物馆里有很多远古时期人类创造的各种生活器具，不断改善生活模式，这些发明是怎么来的呢？其实每个民族都有很多传说人物，他们既是部族的首领，也是民族的祖先。在中国古老的传说中，我们要从伏羲说起，因为在他身上集中体现了中国远古先民的全部智慧。

伏羲生活在上古时期，那时的先民虽然已经发明了简单的生产工具，可以打猎捕鱼，也告别洞穴的群居生活，形成了以家庭为单位的部族聚落，但是仍然无法解释各种自然现象的发生，他们生活在荒原野地，人身安全经常受到威胁。这个部族经历过的种种磨难让伏羲感到担忧——为什么有冷暖交替？为什么有白天黑夜？为什么有水灾火灾？这些纷繁复杂的变化似乎有一些规律可循，于是他试图去认识这一规律。

伏羲首先把目光投向了永恒的星空。天空中七颗最亮的星星连接在一起，形状就像现在的勺子。经过长期观察，他发现在一段时间中，当勺子的柄指向太阳升起的方位时，天气开始慢慢变暖，树木慢慢发出新的枝条；指向太阳上升的最高位时，正是天气最暖和的时候；指向太阳下落的方位时，树上的果实就变红、成熟；指向太阳升起和落下之间的方位时，树木会完全凋零，花草会枯萎衰亡，这是天气最冷的时候。然后，当勺子柄重新指向太阳升起的方位时，天气又会转暖，万物再次复苏……这种循环往复不停，从来没有意外。

同时，他对应着天空观察着大地上的变化。发现当河面的冰开始融化时，一些似曾相识的鸟儿又会飞回旧巢，此时天上落下的水滴会伴随远处轰鸣的雷声出现，随着雨水越来越多，雷声也越来越大；当树上的果实和地里的植物慢慢成熟时，天气也慢慢转凉，这时下雨却不再有雷声；而当天气最冷的时候，天空中不再下雨，而是飘下洁白的雪花……

《周易》上说，伏羲长期观察天地万物的特征和变化，结合人的感受，发现了事物存在对立与统一的变化规律。天地万物都是对立相待又协同发展的，比如有天空就有大地，有高山就有湖泽，有白昼就有夜晚。事物之间相互差异，但又互相联系在一起，同时会产生各种变化。于是，他发明"--"（阴爻）和"—"（阳爻）两种爻象，高度抽象地描绘出万物之间的对立现象。

而"阴""阳"两极再向或阴或阳进一步发展，就产生"太阴""太阳""少阴""少阳"四大现象，展现出阴阳二气交流，产生盈虚消长的变化规律。比如，一年当中春、夏、秋、冬就是明显的四象变化。

四象再各自向阴阳两方面发展，就形成各种天文现象、地理事物。用"八卦"表示，这在当时大有用处。上古先民过着茹毛饮血的生活，穿的是兽皮草苇，为了温饱不得不经常出海打鱼、远行狩猎，都是极其冒险的活动。伏羲就用八卦为先民预报天气变化，比如"☰"（乾卦）为寒冷、冰雪，"☳"（震卦）为雷鸣，"☴"（巽卦）为大风，"☵"（坎卦）为下雨，"☲"（离卦）为太阳高照、闪电，等等。他还用八卦表示八方品物的特征，来区分不同地区的鸟兽性情是温顺还是暴躁，以此为先民提供参考，使他们尽量避开危险，更多地保全性命。

八个单卦各居其位、对立相待，表示着万事万物各自不同、分居各处。然而对立只是表面现象，事物之间千丝万缕的联系，相互影响变化才是内在实质，伏羲通过将八卦两两相叠为64个复卦来表示。比如，"☰"（乾卦）和"☷"（坤卦）分居上下，阳气和阴气的力量实际上势均力敌，从整体来看，天地之间是"䷋"（否）的状态，此时万物停滞，不再发展变化；而当阴阳各自发展到极端，就会成为自身的反面，形成相反的"䷊"（泰）的状态，此时阴阳再次交汇、调和，促使万物生长壮大，形成生机勃勃的繁荣景象。这就是冬去春来、"否极泰来"的自然现象。

随着对自然规律不断认知，先民开始把握规律，并不断创造出新事物。比如，伏羲根据"☲"（离）的卦象发明出"罔罟"，帮助先民捕猎打鱼。在新的生产工具的帮助下，先民的生产力得到提高，生命得以存续。根据"䷵"（归妹）这一卦象，制定了"嫁娶之礼"，建立起夫妇间正常的伦理关系。还发明了"瑟"这种乐器，借助音乐的阴阳波动来调节先民不同性情，帮助人们把喜、怒、哀、乐的情绪调整到有益于和谐、秩序的状态，让人心态平和、身心健康，礼乐文明由此发端。几千年后，孔子在阅读上古文献的时候，理解到圣人最初创作的"礼"源于"太一"，就是我们现在所说的"共同体"，这是万物一体的真相。

今天，我们回过头去看这段文化的渊源，可以明确认识到伏羲为我们描绘了一幅天地万物共存共荣的景象。人类来自自然，通过学习自然规律来获得自身长久发展的启示：即万物在外貌形体上虽然有千差万别，但是根源于同一个整体，而且不变当中孕育着千变万化，对立和统一总是交织在一起，万事万物是一个"共同体"。正如《庄子》上所说"万物与我为一"，这个"一"是"一体"的意思，也就是"共同体"。就像一个人有五官、五脏、四肢、六腑，外面有皮肤、毛发，里面有筋骨、经络，诸多器官、无数细胞构成一个身体，这些组成部分都是人体不可或缺的，而且只有所有成分都健康发展，人体才能健康，否则一点点小风寒都会让人无精打采，所谓"牵一发而动全身"。宇宙中的万事万物也是这样的关系，伏羲用六十四个简单的卦象图画揭示出了这个"共同体"的本来面目、内在结构，以及变化规律。

祖先揭示出的宇宙人生的真相，也是历久弥新的大道智慧，形成了中华民族天下一体的宇宙观，整体思维、类比推理等理念，并且一直流传下来。

（二）神农垦荒，开创农耕养民之命

伏羲去世后，他创造的六十四卦，承载着万事万物的规律，被汉水流域的神农氏继承下来。

神农氏的族群居住在水乡泽国，以往都是在堤岸山崖上打洞栖身，到了冬天难以忍受霜雪雾露的侵袭，到了夏天难以忍受暑热潮湿和蚊虫叮咬。于是神农用木杆把土砸实，用木材搭建起有瓦梁屋檐的房屋，来遮风挡雨、驱赶寒暑，并带领先民由原本四处狩猎采集变为安稳定居。

定居之后人们发现，之前那种捕鱼打猎的生活方式使得飞禽走兽越捕越稀，森林的野果也是越采越少，大家经常饿肚子。不仅如此，人类的肠胃并不适合大量食肉，而且动物身上的疾病会时不时地传染到人身上，让人生病、死亡，甚至形成大范围的瘟疫。时间久了，大家既厌倦，又恐惧。神农看在眼里，急在心头：怎样能让大家吃饱？怎样能为大家治病？怎么能让大家生活得更加幸福？

他不停地思索、考察，发现大地上百花百草品类繁多，人吃了其中的一些会神清气爽、耳聪目明，有些可以强身健体、百病不生。于是，他带着一批臣民从家乡随州历山出发，向西北大山走去，开始遍尝百草。他们边走边尝，记录下尝食的感受和效果。走得腿肿了，脚也起茧了，还是不停地向前走。他们打退一批又一批原始森林的凶残野兽；遇到四面如削的陡峭山崖，就砍木杆、割藤条，搭起高高的架子向上攀爬……

当他们终于爬上山顶，眼前顿时豁然开朗——这里到处长满五颜六色的花草果木，红绿白黄、各种各样、密密丛丛……这可是大宝库啊！他们开始采摘花草来观察、品尝、体验，把所有植物分门别类地制作标本。这是一项大工程，需要很长时间，于是他们在山上栽了几排冷杉，当作城墙防野兽，在墙内盖茅屋居住。白天，神农带领臣民在山上尝百草，晚上就生起篝火，就着火光把一天的工作详细记载下来，哪些草是苦的，哪些是甜的，哪些热，哪些凉，哪些能充饥，哪些能治病，等等，都记录得清清楚楚。

神农发现稻、黍、稷、麦、菽这五种植物能充饥，就叫臣民把种子带回去，教给黎民百姓种植。他运用"䷩"（益）这一卦象，创造了耒、耜等农具，教先民耕种。进而，神农又开创了五谷农业，教导先民按天气时节进行农耕，甘雨降落时及时耕作，于是五谷繁茂生长，春生、夏长、秋收、冬藏，"不伤不害，谨修地利，以成万物"，先民的基本食物来源得到了保障。先民的物质生活逐渐丰富起来，就有了相互交换物品的需要。于是，神农根据"䷔"（噬嗑）的卦象，提倡日中为市、以物易物，开创了市场交易，让先民互通有无、公平交易，物质生活水平得到极大的提高。

在尝食百草的途中，不知神农中过多少次毒，他们踏遍了汉水流域的山山岭岭，尝遍了这里的花草植物，品尝出三百六十五种草药，让臣民带回去，为天下百姓治病、驱赶瘟疫。这些草药被一代代先民口耳相传，到东汉的时候被集结整理为《神农本草经》。

神农秉持公心为先民的幸福生活鞠躬尽瘁。而随着先民的物质生活、生命健康得到保障，他进一步制定了按月检查、每季考察、年底祭祀的制度，建造明堂以纪念祖宗，既感念先人留下的经验智慧，同时向祖宗的神灵报告丰收的喜讯。每当祭祀祖宗时，神农会带领大家恭恭敬敬、从容稳重地进入明堂，以表达对祖先的敬意与怀念。在他身体力行的表率下，先民民风朴素稳重、正直诚实，没有互相争夺财物的情况；每个人的用度都节俭而富足，也无须过分劳累地耕作，大家齐心协力就能获得丰收。此外，为丰富精神生活，神农还创造了古琴，以五音演奏天地和乐之德，"声音和，大声不喧哗而流慢，小声不湮灭而不闻，适足以和人意气，感人善心"，使先民培养起和睦、向善的情操。可以说，神农根据天地规律，创造智慧的器物，保持真诚仁爱之心，制定刑罚制度却不必使用，对于教化先民却有神奇功效。他管辖的范围很广，南到交趾，北到幽都，东到旸谷，西到三危，无人不听从归附。那时法律宽松、刑罚轻缓，但是监狱却空虚无人，天下风俗纯一。

然而在最后一次尝食百草时，神农吃到了断肠草，再也没能死里逃生……

自古以来，中华民族为改善民生，遇到过无数艰难险阻，却总有人挺身而出、逆行而上，带领大家克服天灾人祸。大禹三过家门而不入，面对滔天洪水，发挥无穷智慧为先民疏导水患；诸子百家在春秋时期争相发声、奔走呼吁，以儒墨道法等多元视角、不同层次，为乱世中的人们提供生存方案；秦始皇不惜一切代价，遣大将蒙恬北逐匈奴，修筑万里长城以防匈奴南进，为华夏民族抵挡虎狼之师；汉初，宗室公主为缓和军事冲突、加强汉匈文化交流，以保全天下初定的脆弱状态，让人民能够休养生息，而远嫁匈奴单于；范仲淹等积极推行庆历新政的志士为改变"富者有弥望之田，贫者无立锥之地；有力者无田可种，有田者无力可耕"的社会局面，不畏权贵压力；近现代，中国共产党人突破一切炮火、阴谋，带领中国人民站起来、富起来，现在走向强起来……正如基辛格曾在《论中国》里所讲的那样："中国人，总是被他们之中最勇敢的人保护得很好。"

（三）五帝事业，设官制度以利天下

继神农氏之后，黄帝、尧、舜等古圣先王继承前人事业，运用规律来满足先民不断发展变化的物质生活需要、精神文化需要，不断进行创新创造，发展出一系列基础设施和制度建设。

在神农氏后期，中原各部族开始互相攻伐、战乱不止。黄帝根据六十四卦研究军事、动用武力，比如根据"䷥"（睽卦）发明弓箭，以弓箭之利威震天下，守护先民、平息纷争。因此，各部族首领亦纷纷向其臣服归附。他在大将风后、力牧的辅佐下，擒杀蚩尤，统一中原，在涿鹿建都。战后，黄帝率众来到泰山之巅，会合天下诸部落，举行了隆重的封禅仪式，以告祭天地，宣布天下安定。随后划野分疆，以八家为一井，三井为一邻，三邻为一朋，三朋为一里，五里为一邑，十邑为一都，十都为一师，十师为一州，把全国分为九州；同时设置左右大监、三公、三少、四辅、四史、六相、九德等共 120 个官位，选贤任能来管理国家，奠定了上古国家制度的基础。

在物质发展方面，黄帝创制了许多器物。根据天空的玄色做上衣，大地的黄色做下裳，并按照分工、职业设计不同服饰，以方便人与人之间称呼、行礼、排列次序；为方便交通，根据"䷺"（涣卦）把木材做成舟楫，这样就可以在水上来往；为帮助人们负重远行，又根据"☳"（随卦）驯服牛来背重物，驯服马为远行的代步工具；随着物资越来越丰富，水路陆路又交通便利，他接着根据"☷"（豫卦）设置了重重门户，夜晚派人敲击木梆进行巡更，以防盗贼之事；还有根据"☶"（小过卦）制造杵臼，根据"☳"（大壮卦）建造房屋，根据"☱"（大过卦）创造了棺椁，等等。

随后国家制度不断完善，到尧帝时期建立起古唐国。尧帝，名叫放勋，他的仁德就像天空一样广阔，智慧就像神灵一样不可描述。人们靠近他，就会感觉像靠近太阳一样温暖；仰望他的时候，就像百谷草木向往云雨滋润的泽被。他拥有充足的财物却不骄傲吝啬，地位尊贵却不贪图享乐。他头戴黄色冠冕，身着黑色衣裳，乘坐朱红色的车子，驾乘白马。从自身不断修养明德，带动家族上下九代亲戚都相亲相爱。团结同族之后，不断访纳贤能，根据天地大象的规律，按各种政务需要来任命贤人做官，明确划分国家百官的职责和权力，进行合理的奖励或惩罚。

他首先任命羲仲住在东方郁夷的旸谷，负责恭敬地迎接日出，根据节气变化安排春季的耕作；又命羲叔住在南交，负责督导大家开展夏季的农事，要勤勉谨慎，才能有好收成；再任命和仲居住在西土的昧谷，负责恭敬地送太阳落下，有步骤地安排秋天的丰收；最后任命和叔住在北方的幽都，负责认真安排好冬季的收藏。就这样，建立了一年有三百六十六天的历法，并且设置闰月来校正春夏秋冬四季的节气，对于农耕兴盛的当时是最为重要的保障民生的生产生活制度。

尧帝就这样按照百官所长，明确划分百官职责。所有官员都恪尽职守、政绩卓著，部族的各种公共事务都处理得井井有条。内政稳定，同时与众多诸侯国友好往来，使得国内国外的各部落先民相互之间相处日趋和善，实现了尧唐时代的风俗大化。

尧帝慢慢老了，向四方的部落首领询问谁能继续发展天下的事业。四方首领都谦让推辞，于是尧帝提议广泛地推举人选。放齐首先推选尧的儿子丹朱，说他通达事理；但尧帝指出丹朱愚顽、凶恶，不能用。然后驩兜推举共工，因为他在广泛聚集民众方面做出了业绩；但尧帝认为他擅长言辞但用心不正，看起来恭敬但却傲慢无比，也不能用。这时有人说："有一个单身的年轻人在民间，叫虞舜。他的父亲眼睛失明而且心思愚昧，继母顽固不讲忠信，弟弟傲慢无礼，但他却能与家人和睦相处，恪尽孝悌之道带动一家人向善。"

尧帝听后认为舜是候选人才，就先把两个女儿嫁给他，来观察他的内在德行。娥皇、女英嫁给舜后，放下身段住到妫河边，在舜家里遵守为妇之道，将亲戚、邻里关系协调得十分融洽。尧帝看到女儿们的变化很好，又让九个儿子跟舜做朋友，观察他待人处事的风格。不久，他发现九个儿子的德行、能力得到很大改善。由此可见舜的德行表里如一。

然后，尧帝让舜试任司徒之职，发现他能够谨慎地理顺父义、母慈、兄友、弟恭、子孝的伦理关系，并且人们都遵从教导。又让舜在历山耕种，他善于调解农人划分边界的矛盾，大家慢慢都愿意让出田畔；在雷泽捕鱼时，那里的渔人也都向他学着把深潭厚泽让给老弱妇孺；在黄河之滨制作瓦器时，他精益求精的态度提高了当地瓦器的工艺水平，产品不再粗制滥造。总之，舜所到之处人气越来越旺，一年变成村落，两年扩展为乡邑，三年就形成都会，可谓"有德此有人，有人此有土"。

接着，尧帝让舜推举百官的人选，看他能否识人善用。过去高阳氏有"八恺"，高辛氏有"八元"，这十六位才子的家族世世代代为大众做出贡献，名声一直不减，但是尧帝时期没能举用。舜推举八恺的后代主管土地方面的事务，结果纷繁的事情都处理得井井有条；又推举八元的后代去四方布行教化，结果让父母都懂得仁义、慈爱，让兄弟懂得友善、恭谨，让子女懂得孝敬、谏言。舜做到了"选贤与能，讲信修睦"，中原诸部落实现了安定和睦，也使得周边部落向往归顺。

此后，尧帝让舜负责在明堂四门接待宾客，处理四凶族。舜对于从远方来的诸侯宾客都恭恭敬敬，一团和气；但是对待"四凶族"却毫不心慈手软。"四凶族"分别是：帝鸿氏的"浑沌"，不仁不义、好行凶恶；少皞氏的"穷奇"，毁信败义、文饰恶语；颛顼氏的"梼杌"，顽劣无教、不分好坏；缙云氏的"饕餮"，贪恋酒食、图求财货。舜将他们迁放到四方边远地区，以恶治恶，抵御外部更为凶险的入侵者。就这样，古唐国实现了四门通达、内外安定。

但是尧帝的测试还未结束，他又派舜管理山野丛林、大川草泽。然而就算遇上暴风雷雨，舜也从没有过迷路误事。尧帝终于确认舜的智慧、德行足以管理天下事务。

尧帝在位七十年，在众人推荐下得到舜，对他历试诸难二十年后告老退位，推举舜代行天子政务，随后巡视四方各地的发展情况。尧帝退位二十八年后逝世，百姓悲伤哀痛，如同失去了生身父母一般。三年之内没有人奏乐娱乐，一直悼念尧帝。

舜服丧三年后，把帝位让给丹朱，自己躲到南河南岸。但是诸侯朝觐时不去丹朱那里，而是去找舜；打官司的人也不找丹朱断案，也是去找舜；也没人歌颂丹朱，而是歌颂舜。人心所向，舜终于回到京都，登上天子之位。

舜帝即位后，在设官用人方面十分重视征求意见、任人唯贤。他来到文庙，与四方首领商议要开放四门，让全国人民都可以来反映情况。他让十二个州的地方长官讲述尧帝的功德，以推行敦厚的道德教化；让民众看到高尚正义的榜样，懂得疏远巧言奸邪的小人。

之前尧帝在位时，禹、皋陶、契、后稷、伯夷等贤人得到了举用，但没有固定职务。舜帝就询问四方首领谁能辅佐他治理国家，以光大尧帝的事业，四方首领推举禹做司空。于是舜帝派大禹去治理水患，并勉励他为了人民的生存而努力。

舜帝谆谆叮嘱所有官员要谨守职责，时刻牢记为官的目的在于为百姓民众治理国家。此后，舜帝对官员每三年进行一次功绩考核，经过三次考核，按照成绩进行升迁或贬黜。就这样，国家的各类事务都振兴起来。

在官员之中，贡献最大的要数大禹。他开通九座大山，治理九处湖泽，疏浚九条河流，辟定九州方界，根据各地情况划分缴纳贡物的标准以及进贡路线，方便往来沟通、互通有无。当时国土纵横五千里的领域，直到离京师最远的边荒地区，都受到安抚，四海之内都称颂舜帝的功德。在这种背景下，禹创作了乐曲《九招》来歌颂舜帝的功德，甚至招来祥瑞之物凤凰随着乐声盘旋飞舞。孔子曾在齐国听到虞舜时代的韶乐而"三月不知肉味"，还说"不图为乐之至于斯也"，说明舜帝时期的政治清明、深得民心，这样人们才能创作出让人精神富足的礼乐。

《周易》上说："黄帝、尧、舜垂衣裳而天下治。"自从黄帝创立国家、设立官位以来，就树立了为天下谋利益的核心理念，那是朴素共和理念的发端。

二、和合思想历久弥新

"和合"是中华民族文化的精髓，"和合"之境是中华民族千百年来追求的理想境界。张岱年先生曾指出，中国传统文化中有一个一以贯之的东西，即中国传统文化比较重视人与自然、人与人之间的和谐与统一。

"和"的初义是声音相应和谐；"合"的本义是上下唇的合拢。殷周之时，"和"与"合"是单一概念，尚未联用。《尚书》中的"和"是指对社会、人际关系诸多冲突的处理；"合"指相合、符合。春秋时期二字开始联用，构成"和合"范畴。《国语·郑语》记载："商契能和合五教，以保于百姓者也。"还记述了史伯关于和同的论述："夫和实生物，同则不继……若以同裨同，尽乃弃矣。""和合"中包含了不同事物的差异，矛盾多样性的统一，才能生物，才能发展。

和合文化既纵向贯穿于中国文明发展史的全过程，又横向散落在各家各派的思想文化中，成为中华优秀传统文化最具生命力的精髓之一。

（一）诸子百家演绎"和合"

诸子百家对"和""合"的阐释，促进了"和合"观的形塑与发展，其内涵也不断延伸。

1. 儒家次第而"和"

以"和"为人文精神的核心。有子曰："礼之用，和为贵。"（《论语·学而》）认为治国处事、礼仪制度，最终以和谐为价值标准。人与人交往时，孔子强调："君子和而不同，小人同而不和。"（《论语·子路》）既承认差异，又和合不同的事物，通过互济互补，达到统一、和谐。

贵"和"尚"中"，"中"是"和"的尺度。《中庸》有云："致中和，天地位焉，万物育焉。"《礼记·中庸》又有云："喜怒哀乐之未发，谓之中；发而皆中节，谓之和。中也者，天下之大本也；和也者，天下之达道。"能够时刻守住"中"的底线，就可以慢慢实现"和"的目标。

"天时""地利"不如"人和"。孟子说"天时不如地利，地利不如人和"，是把"人和"的作用看得高于一切客观条件。所以，儒家强调人际关系"以和为美"，提出的仁、义、礼、智等一系列伦理道德规范，其目的就在于实现人与人之间的普遍和谐，以"人和"的力量克服时间、空间的困难。

"和合"可以创造"大同"社会。《礼记·礼运》中云："大道之行也，天下为公。选贤与能，讲信修睦。故人不独亲其亲，不独子其子，使老有所终，壮有所用，幼有所长，鳏寡孤独废疾者皆有所养，男有分，女有归。货，恶其弃于地也，不必藏于己；力，恶其不出于身也，不必为己。是故谋闭而不兴，盗窃乱贼而不作，故外户而不闭，是谓大同。""大道"的运行，就是"和合"的力量，可以实现"天下为公"的社会，这样的社会具有重诚信、讲仁爱、求友善、修和睦、选贤能、富庶安康、路不拾遗、夜不闭户等基本特征。

儒家倡导推己及人、由近至远的思维模式，主张以格物、致知、诚意、正心、修身、齐家、治国、平天下之八德实现"和"。个人修身养性，要"心平气和"；与人交往，要注意"和而不同"；治理国家，追求"政通人和"；与自然相处，要懂得"和实生物"；与国交往，要坚持"求同存异、和平共处"；应对潮流，要坚持"和而不流"；终极关怀，是"天人合一、宇宙和谐"的价值追求。

2. 道家无为而"和"

道家创始人老子提出"万物负阴而抱阳，冲气以为和"（《老子》第四十二章），认为万物都包含着阴阳，阴阳相互作用而构成"和"，"和"是宇宙万物的本质，也是天地万物生存的基础，万物本来是"和"的状态，只需要各自恢复原状。

人本身是和谐的状态。老子说："人法地，地法天，天法道，道法自然。"这里的"人"是"真人"，本来如同自然一般和谐，而要回到"真人"的状态，就要"贵生保真""少私寡欲""见素抱朴"，能淡泊名利，身处世而心逍遥，追求"举世誉之而不加劝，举世非之而不加沮，定乎内外之分，辨乎荣辱之境，斯己矣"的人生修养。

"无为而治"的和谐政治。老子说："我无为而民自化，我好静而民自正，我无事而民自富，我无欲而民自朴。"当政者要实现与民众之间的政治和谐，就需"无为"，这样才可使百姓"有为"，才可达到"民自化""民自正""民自富""民自朴"的理想治国境界。老子还指出："祸莫大于不知足，咎莫大于欲得。"为政者若是居功自傲、贪图享受、穷奢极欲，必将导致国家混乱、天下衰亡。

突出的生态和合思想。首先，道家把自然看作一个生命系统，所有事物都相互有机地联系着。老子说："大道泛合，其可左右。万物持之持生不辞，功成不名有。衣养万物而不为主，常无欲可名于小。万物归焉而不为主，可名为大。以其终不自为大，故能成其大。"这是说，大道像广阔的河水一样滋润着万物，毫无私心、偏心，所有的生命依靠道的养育而生，"人与天一也"，所以要善意对待自然、保护生态环境。庄子也说："万物皆种也，以不同形相禅，始卒若环，莫得其伦，是谓天均。天均者，天倪也。"《太平经》提出"中和者，主调万物者也"，认为自然界与人间社会各层次的事物，皆包含阴、阳、和三种基本要素，合而构成一物，故名"三名同心"，是理想的太平世界。阴阳之道体现天意，人要顺应阴阳之理，从各个方面保持人与人、人与自然关系的和顺，才能消灾去异，实现世界太平。

3. 其他学派

与儒道同为显学的墨法两派，同样对"和"有着各自看法。墨子认为和合是处理人与社会关系的根本原理，指出天下不安定的原因在于父子兄弟结怨仇，而有离散之心，所以"离散不能相和合"（《墨子间诂》卷三）。《管子》指出："畜之以道，则民和；养之以德，则民合。和合故能习。"（《管子集校》第八）管子认为：畜养道德，人民就和合，和合便能和谐；和谐所以团聚，和谐团聚，就不会受到伤害，给和合以高度重视。此外，群经之首《周易》提出十分重要的太和观念——"保合太和，乃利贞"，认为保持相合、大小相和，万物就能顺利发展。

概而言之，"和"指和谐、和平、祥和，"合"指结合、融合、合作。和合连起来讲，指在承认不同事物之矛盾、差异的前提下，把彼此不同的事物统一于一个相互依存的和合体中，并在不同事物和合的过程中，吸取各个事物的优长而克其短，使之达到最佳组合，由此促进新事物的产生，推动事物的发展。在和合精神的指导下，中华文化不断创新，同时推动了中国社会的不断发展。由此可见，和合文化并不否认矛盾、差异和必要的斗争，它本身就是矛盾的对立统一体，只是把矛盾、差异和斗争限定在相互依存的和合体中，防止因过度的矛盾斗争而破坏了不同事物共同存在的基础，使得事物的发展停滞不前。

秦汉以来，和合概念被普遍运用，中国文化的发展也呈现出一种融合的趋势，同时保留各家的鲜明特色和个性。不仅世俗文化各家各派讲和合，而且宗教文化也讲和合。宗教文化与世俗文化之间也讲和合，在保持各自文化特色的同时，相互融合、相互吸取，由此促进了中国文化的持续发展。和合思想自产生以来，作为对普遍的文化现象本质的概括，始终贯穿在中国文化发展史上各个时代、各家各派之中，而成为中国文化的精髓和被普遍认同的人文精神。

（二）"和合"之美民间传颂

非物质文化遗产是先人创造的智慧结晶，是一种珍贵的文化记忆。在浙江省台州市的天台县，就保留了众多的非物质文化遗产，蕴含许多"和合"思想，成为老百姓的文化信仰和精神追求。

1. 和合二仙

2022 年，河南省焦作市武陟县博物馆出现了一件反映"和合文化"的明代瓷器——"和合二仙"。瓷器通高 26 厘米，像高 23.5 厘米，二仙散发、微笑，身着宽衣，胸膛裸露。左仙右臂搭在右仙的肩膀上，左手执荷花，左腿直立，右腿弓曲于右仙身后；右仙右手端一圆形宝盒，左手握于胸前。武陟县博物馆工作人员介绍，这是一件彰显中国古代"和合共生"文化的上乘之作。

"和合二仙"原本不是仙，只是兴趣相投、乐见彼此的两个文人，他们一个叫寒山，一个叫拾得，二人诙谐相拥、笑看人生，向今人传递着"和合共生"的文化理念。

1300年前，诗人寒山子从长安来到天台山，与国清寺僧拾得结为好友。寒山曾隐居在天台山寒岩，他性归于自然，行为不被常礼所缚，诗写得很美，常深含佛理，时人以为不凡，但他脾气十分怪僻，常常跑到各寺庙中"望空噪骂"。和尚们都说他疯了，他便洒笑而去。而拾得是个苦命人，刚出世便被父母遗弃，抛弃在荒郊，幸亏天台山的高僧丰干和尚化缘经过，将他带至寺中抚养，并起名"拾得"。在国清寺中受戒为僧后，他被派至厨房干杂活。他言行古怪但心性善良，常将一些余羹剩菜送给寒山吃，二人成为贫贱之交。唐贞观年间，二人来到苏州寒山寺，终有大成。公元1733年，清雍正皇帝下诏封天台山寒山为"和圣"，拾得为"合圣"，从此扬名。

昔日寒山曾问拾得："世间谤我、欺我、辱我、笑我、轻我、贱我、恶我、骗我，如何处治乎？"拾得答："只有忍他、让他、由他、避他、耐他、敬他、不要理他，再待几年，你且看他。"一问一答，将豁达、超然、大度、洒脱精神展现得淋漓尽致。

唐后历代文人对二人题材推崇备至。在民间，人们逐渐以绘画、剪纸、雕塑等民俗化形式展现二人形象。明清时期，"和合二仙"形象已经成熟，在浙江台州常见到一幅"和合二仙"图。图上一人手执荷花相送，一人手捧宝盒相迎，表现出互敬互爱、和谐相处的美好情谊。

寒山和拾得作为和合文化的象征，传达的正是一种追求"身心和合、人际和合、天人和合"的精神。2007年6月，"寒山拾得传说"被列入第二批浙江省非物质文化遗产名录。

2. 和合藤

浙江天台还有一项传统技艺叫"一根藤"，俗称"天台软条"，又名"和合藤"，于2016年列入第五批浙江省非遗名录。历代天台工匠以巧手慧心萃取天台山儒、道、释和合文化的精髓，依照设计好的图案，把许多长短不一的木条，通过榫卯连接成一根无头无尾的盘曲藤状的线条，回环交叉编织出各种图案表达吉祥美满的寓意，主要用于建筑和家具制作。

在"一根藤"传统工艺制作当中，榫卯结构组合是核心，多达几十种。一个看似普通的一根藤挂屏，从开料、打眼、锯榫头、组装到打磨……几十道工序都要精工细作，图案首尾相连、回环穿插，象征子孙后代绵延不绝、和合圆满的愿望。

"一根藤"在中国木作技艺中享有"东阳雕，天台条"的美誉，在明朝臻于完美。相传万历年间，曾督造紫禁城皇极、中极、太极三大殿的工部侍郎张文郁，在天台自家造房子时，启发工匠把中国体现"福禄寿"传统吉祥意义的图案融入门窗之中，将家族生生不息、绵延不绝的美好祈愿永远地留传给后人，寄寓到天台山"一根藤"工艺的设计与制作上，并将它推向了艺术的巅峰。

由此可见，在老百姓日用云为的生活中，"和合"已经化作各种随处可见的事物被不断传颂、传递。

（三）民族和合的动人篇章

"天下没有远方，人间都是故乡……"从 2013 年起，每年在拉萨河南岸、遥对布达拉宫的文成公主剧场恢宏上演的大型实景剧《文成公主》都会吸引络绎不绝的观众。人们循着文成公主的足迹，聆听民族团结的动人史诗。

在唐太宗李世民时期，唐朝国力日盛。青藏高原的吐蕃政权在松赞干布的带领下势力不断增强，积极谋求与唐朝建立密切联系。贞观十四年（640），松赞干布派遣大臣向唐朝请婚。唐代画家阎立本的名画《步辇图》就描绘了太宗接见请婚使者禄东赞的场景。吐蕃请婚态度诚恳、礼节周到，太宗便将宗室之女文成公主嫁给松赞干布。相距万里之遥，远嫁吐蕃可能终生都不能再回家乡，但为了唐蕃世代友好，文成公主毅然踏上了进藏之路。

贞观十五年（641）正月，送亲一行离开长安向雪域高原进发。漫漫长路，翻越积雪终年不化的高山，忍受恶劣气候，经过人迹罕至的荒芜之地，历尽千辛万苦。跟随公主入藏的有许多能工巧匠，和亲队伍在沿途停留时，工匠们在崖壁上刻下佛像、经文，还修建佛塔。

松赞干布亲率群臣到河源（今青海玛多）迎接文成公主，两人一起来到逻些（拉萨）。文成公主依据拉萨地貌特征，因地制宜，主导兴建了大昭寺、小昭寺，深受当地人爱戴。在松赞干布和文成公主的倡导和带动之下，吐蕃人学习唐朝的文化蔚然成风，不但从中原引进了纸墨制造以及农具制造、纺织、制陶、冶金、酿酒等技术，服饰也渐慕华风。文成公主还带去释迦牟尼十二岁等身佛像和大量佛经，以及历史、天文、历算等方面的书籍，这些对西藏的宗教、文化发展产生了深远影响。

松赞干布十分喜爱贤淑多才的文成公主，二人开启了汉藏团结友好的大好局面，民间联姻、社会交往和贸易活动也逐渐增多，唐蕃古道呈现"金玉绮绣，问遗往来，道路相望，欢好不绝"的繁荣景象。矗立在大昭寺前的唐蕃会盟碑，体现了唐与吐蕃"再续慈亲之情，重申邻好之义"的美好愿望，成为千百年来民族团结的历史见证。

如今，布达拉宫里还供奉着文成公主塑像，一幅幅壁画生动描绘了她艰难跋涉进藏的经历……

（四）文化和合的广博胸襟

最深刻的"和合"莫过于文化的和合。公元1465年，明宪宗朱见深创作了一幅《一团和气图》；而一百年后，在河南嵩山少林寺有一块《混元三教九流图赞》碑，对这幅图进行了阐释。

在《混元三教九流图赞》碑的画面中，可以看到三个"同心圆"。最外有一个大圆，意味着圆融、圆满、和谐自足。从宇宙观的角度讲，"圆"又是太极的状态，是宇宙的初始，是万有的根本。进一步去看，中间的大圆好像是一个人拥抱着左右两个人，三个人在读一个卷轴，会心而笑。这三个人分别代表着儒、释、道三教，而三人组成的这个圆意味着三教和合。而这个卷轴上的小圆有九股清流，或者说是九片叶子、九片花瓣，寓意着"九流"，而"九"既是农、墨、名、法、纵横、小说、阴阳、医、杂九家学派，也是虚数，代指所有学派、思想流派，还与"久"谐音。小圆又像一个轮，寓意是"九流圆融无碍"，以及"百家恒久流传"。总体而言，整个画面寓意着宇宙大化、原始反终，三教九流、诸子百家，本原是浑然一体、圆融无二的。

为什么说三教九流都是一体的呢？碑文进一步解释道：

> 佛教见性，道教保命；儒教明伦，纲常是正。农流务本，墨流备世；名流责实，法流辅制。纵横应对，小说咨询，阴阳顺天，医流原人。杂流兼通，述而不作，博者难精，精者未博。日月三光，金玉五谷。心身皮肤，鼻口耳目；为善殊途，咸归于治。曲士偏执，党同排异，毋患多歧，各有所施，要在圆融，一以贯之。三教一体，九流一源，百家一理，万法一门。

总而言之，"三教九流"代表着"百家""万法"各种文化，再多差异其实本来都是一个共同体。既然儒、释、道三家是一体，九流门派出自一源，百家学说阐发的是一致的道理，那么世界上无数的文化都是追寻和谐美满的教育而已。

三教和合不仅是理想，历史上也有"虎溪三笑"的故事流传至今。儒士陶渊明、道士陆修静曾到访庐山东林寺的慧远大师（佛教净土宗初祖），相谈甚欢。以往慧远大师送客从不会超过寺前的虎溪，但是这一次三人与语甚契，离别时竟然不觉送过了虎溪，三人大笑而别。宋代的《虎溪三笑图》正是描绘的这个故事，三人大笑代表了儒、释、道"三教和合"的态度，这种态度是中国思想史、宗教史与文化史的独特现象，体现了中华文化海纳江河、包容万物的心态。

三、弘道之人任重道远

"人能弘道。"在我国漫长的历史进程中，"和合"盛世层出不穷，依靠的是先贤以及划时代伟人为代表的全体人民的共同力量。

（一）张骞凿空，丝路和邦

公元前 200 年，汉高祖刘邦亲率 32 万大军奔赴白登山，此时他已完胜项羽，匈奴成为新兴汉王朝的巨大威胁。匈奴拥有强大的骑兵队伍，经常南下侵扰，刘邦决心倾举国之力彻底打败匈奴，但在白登山被四十万匈奴铁骑团团围住。汉王朝完全处在劣势，不得不采取和亲等怀柔政策来维护关系。

经过六七十年的休养生息，西汉逐步进入鼎盛时期，胸怀大略的汉武帝以北击匈奴、开疆拓土、一雪前耻为最大心愿。为了提高胜算，他要派遣一个高规格的使团出使西域，联合匈奴西边的大月氏（ròu zhī）夹击匈奴。

公元前 138 年，一支一百多人的使团从长安踏上西行之旅。为首者张骞是侍卫皇宫的一个普通郎官，但他的内心充满了对荣誉的向往，有着强烈的探险精神。对于大月氏具体的情况甚至它所处的确切地址，张骞等人几乎一概不知。《史记·大宛（yuān）传》这样记载，张骞向汉武帝请命出使西域，欲与月氏联合灭匈奴，却被匈奴抓住威逼利诱而不变节。他十几年历经艰难险阻，游说大月氏王未果，回长安后向汉武帝献"和邦抗敌"之策得以采纳。

张骞和部属是汉朝有史以来第一批踏入西域乃至更远地区的中原王朝官方使节，他们是"和邦先驱"。使团所到之处，宣言汉朝的威德，传递汉人的友善，使天山南北、亚洲腹地的人们第一次了解到汉朝的强盛与富庶，产生了与这个东方大国交往的愿望，架起了东西方沟通的桥梁。这样一条沟通东西方的政治之路、经贸之路、文化之路，被称为"丝绸之路"。

（二）班超亲邻，海陆通达

汉朝在西域的经营过程并非一帆风顺。西域距中原遥远，汉军无法长期驻扎，汉朝使臣遭劫或者被杀的惨剧时有发生。维持丝路畅通的费用支出相当惊人，朝廷中反对经营西域的声音始终不绝于耳。

东汉之初，由于改朝换代间的大混战，国力明显减弱，一度无暇西顾，西域诸国不得不依附强大的北匈奴。丝绸之路一度中断六十五年，时代呼唤着另一位英雄人物的出现，像张骞一样出使西域，为丝绸之路的重新开通和繁荣做出卓越贡献，他就是班超。

汉代阳关、玉门关以西，葱岭以东的天山南北地区，有几十个大小不等的邦国，分布在沙漠绿洲和戈壁草原上，史称西域三十六国。东汉史学家班固在《汉书西域传》中详细记录了每一个邦国的地理位置、户口人数、人口总数、兵力以及风俗特征。公元73年，他的弟弟班超被任命为假司马投笔从戎，跟丰车都尉窦固与匈奴作战。班超作战英勇，受到窦固的赏识，派遣他出使西域。班超等人到达西域的鄯善国，起初鄯善国王接待他们非常恭谨周到，但不久突然变得怠慢起来。班超断定，这一定是北匈奴的使者来了。

此时，匈奴已分为北匈奴与南匈奴。南匈奴于公元48年归降东汉，而北匈奴仍与东汉对抗，且实力强大；西域诸国不知道该服从东汉还是匈奴，鄯善国王也犹豫不决。这是一个关键的历史时刻，班超将一起出使的36人全部召集起来，鼓励大家"不入虎穴焉得虎子"，只要消灭匈奴使者，鄯善国王就会吓破肝胆。当夜，班超率领36名勇士突袭北匈奴使者的住地，在大风中燃起大火，擂起战鼓，北匈奴使者及随从人员100多人均被击杀或烧死。第二天鄯善国王得知后果然震恐万分，班超趁势劝说安抚，使鄯善国完全归附东汉。班超的事迹传到东汉朝廷，汉明帝大喜，亲自授予班超全权处理西域事宜。

班超投身西域达31年，把亲汉邦国联合在一起，打击匈奴和叛汉势力，维护西域的和平与汉朝的声望。在公元94年的一次军事行动中，班超成功地调发了西域诸国军队8万余众，使西域50多个国家重新归附了汉朝。班超更善于用外交手段团结和联络较远的国家。在他的努力下，旧的丝绸之路更加通畅，新的丝绸之路正在开拓，班超希望与西方的大秦直接沟通，大秦就是罗马帝国。

公元166年9月的一天，东汉都城洛阳张灯结彩，一派祥和景象。盛装美饰的帝都臣民布列街衢、引颈观望。在威风凛凛的皇家卫队的引导夹护之下，一群外国使节缓缓走来。当朝天子汉桓帝在可容万人的德阳殿隆重接待了来使。

大秦使者的这次来访，是两大文明古国的第一次近距离接触，也是中国历史上最早的关于欧洲人到达中国的记录。万里之外的大秦帝国遣使来访，这是大汉王朝德布天下、威加四海的象征。而这一次，大秦使者走的路线是海上丝绸之路。

随着航海技术的进步，汉代的海上丝绸之路逐步形成。早在汉武帝元鼎六年（前111），汉朝大军平定了南越，设置了南海等九郡，中国的船只就从日南、合浦等港口出发，沿近海航行进入印度洋。海上丝绸之路的开通和发展，使得东西方有了更进一步的交往，丝绸之路的内涵也更加丰富，糅合了政治、经济、军事、文化、边疆、民族等诸多因素，书写了汉朝统一多民族国家形成发展过程中的和合共生的伟大事业。

（三）永平求法，文化新生

从公元220年天下三分，到589年隋朝统一，370年的分裂与战争，各种本土和外来的文化在乱世里争奇斗艳。其间，一种起源于古印度的宗教哲学，在中国大地深深扎根，经历300多年的光阴流转，最终融入华夏文明，成为中国思想文化的重要组成部分，它就是佛教。

东汉永平十一年（68），汉明帝刘庄在洛阳城雍门修建中国古代第一座官办佛教寺院——白马寺，由此开启了佛法东来的大门。

公元260年，中国第一个受戒出家的僧人朱士行，带领一行人马从长安出发，穿过河西走廊，西出玉门关，进入戈壁。他们已经行走数月，身体极度虚弱，但他们还需要在沙漠中度过50多天才能到达日夜向往的地方——西域于阗（tián）。

作为丝绸之路的中枢，西域即是东西方商贸往来的胜地，也是中西文化交流汇聚的平台。魏晋时期，佛教在西域兴盛，成为西域各国最富生机的社会信仰。在于阗国的国都，每一年都会举行一场盛大的法会。来参加法会的，除了僧尼徒众，于阗的王公贵族、市井百姓，还有来自中原和周边各国的商人。

朱士行的目的地正是于阗国的都城，除了参加法会感受佛教气氛，他还有更为重要的使命——找到真正的梵本佛经，并且带回中原。13年之后，白马寺迎回了中原僧人们梦寐以求的60万字《大品般若经》。这是朱士行在于阗国一丝不苟、亲手抄写完成的，他的弟子遵循嘱托将经书送回中原，而他因为年迈，没能踏上归程。

经书的翻译问题亟待解决，因为没人能理解其真谛。建初寺的主持康僧会找到了翻译佛经的新方法。康僧会是居住天竺的西域人，自幼精通梵语，少年时期跟随经商的父母来到交趾郡。双亲去世后，康僧会出家为僧。三国时代，康僧会来到东吴弘法，受到厚待。东吴为他修建了建初寺，他通过翻译佛经作为一种弘法方式，在他的笔下，佛法糅合了很多儒家和道家的思想。

但用已知去解决未知，中原的僧人们依然无法真正走入佛法的世界，时代在呼唤一位学贯中西的佛学大师，他就是鸠摩罗什。鸠摩罗什是当时西域最著名的高僧，7岁出家，12岁登坛讲法，声名远扬，21岁被奉为龟（qiū）兹国的国师。

公元383年，前秦名将吕光带领数万名军人在长安城外集结，目标直指鸠摩罗什。而在吕光大破西域联军之时，前秦主苻坚亲自率领的百万大军，在淝水折戟沉沙，被东晋打败，前秦由此一蹶不振，迅速灭亡。听到这个消息时，向中原折返的吕光大军到达凉州，就地称王，鸠摩罗什也被留在凉州。

在凉州的17年，鸠摩罗什在一次次屈辱中被磨炼得越发坚韧，对佛法也有了更深的领悟。他不仅能说一口流利的汉语，熟悉了当地的风土人情，还喜爱上了中原的文学，经常与凉州文人一起吟诗。

公元401年5月，后秦主姚兴的大军一举消灭了凉州的吕氏政权，那时的鸠摩罗什已被岁月打磨成一位真正学贯中西、佛学造诣高深的老僧。此时，在长安的后秦主姚兴正以国家的最高礼遇等待他的到来，还为他准备了中国有史以来最大的译经场。在这个译经场里，后秦主为他配备500多僧人的译经队伍，数千各地僧人慕名而来，鸠摩罗什手持佛经看着梵文，汉语的译文便脱口而出。他的翻译一改之前的直译为意译，流畅优美的汉语言表达，使佛经译文不再晦涩难懂，彻底解决了困扰中国佛教200余年的问题。不到十年的时间里，鸠摩罗什为后世的中国留下了《金刚经》《妙法莲华经》《阿弥陀经》等35部近300卷汉译佛经，从此奠定了中国大乘佛教的基础。

随着佛教影响的扩大，人们对佛教教义的深入了解，外来文化与本土文化之间的差异和矛盾逐渐暴露，表现为佛、道之间与佛、儒之间的矛盾冲突。

但经过最初的碰撞，佛教终于全方位发挥积极作用，提升起中国传统文化，从理论到实践，到民间的习俗生活，渗透到生活的方方面面，形成儒、释、道三教为主体的中国传统文化结构。整个东晋16国时期是佛教在中国大发展的第一个高峰，无论是南方还是北方，佛学的进步和佛教的普遍流行，都促使佛教在南北朝时期进入鼎盛。从北魏初期开凿的云冈石窟，到北魏孝文帝迁都洛阳后开凿的龙门石窟，成为佛教在中国蓬勃发展的见证。众多在那个时期修建的千年古刹，如今成为中国文化的世界名片；寺院和石窟的大量开凿、兴建，也带动了佛教壁画、绘画的发展。魏晋南北朝时期的画家曹仲达、顾恺之、陆探微、张僧繇，都因佛教的绘画而举世闻名；文学艺术家曹植创作的一曲渔山梵唱，更使中国音乐开始变得别开生面。

佛教文化在中国的发展，对于中国传统儒、道思想产生了深刻的影响，促使它们在形式和理论上自我调整和发展更新。儒、释、道三教在相互的冲突中相互吸收和融合；在保持各自的基本立场和特质的同时，又你中有我、我中有你，充分体现了中华文化的和合精神。

经过长期演化，佛教同中国儒家文化和道家文化融合发展，逐渐形成推动社会发展的合力。唐朝以儒、佛、道三教并举，增强了政治的开放性，进一步促进了当时社会经济和文化艺术的繁荣发展。唐朝此时声威远扬，在文化上形成了一种高昂洒脱、开放包容的格调。盛唐时期的经济、社会、科技、文化都处于世界领先地位，无论诗歌、散文，还是建筑、音乐、绘画、雕塑、杂技、舞蹈、书法和工艺美术等方面都取得了超越秦汉的成就，同时与世界许多国家的文化交流越发频繁。

正是有着足够的文化自信，所以唐朝对于外来文明相对宽容，许多外来传教士来唐朝传授教法。公元651年，伊斯兰教先知穆罕默德的舅父沙德作为使节两次出使中国，唐高宗接见后准许他传教，并在广州建造怀圣寺。随后的两个多世纪中，伊斯兰教不断随着西域商人沿着陆海两条丝路进入唐朝，在中国逐渐发展壮大。

与此同时，唐朝文化也远播海外，对日本、朝鲜半岛、印度、阿拉伯、东罗马帝国，乃至非洲都产生了深远的影响。贞观年间，唐太宗曾经命魏征等大臣编纂了一部治国理政丛书《群书治要》。在这部书的影响下，唐太宗接受了魏征"偃武修文，中国既安，四夷自服"的建议，带领贞观群臣励精图治，将初唐饥馑遍地、天灾不断的孱弱局面，扭转为粮食丰收、百姓安居、民风淳化的富足景象。而且唐太宗本人对于四方少数民族"爱之如一"，同时积极建立友好外交政策。就这样，贞观盛世吸引来众多外来进行商业贸易、文化交流的人群。那时，朝鲜、日本等附属国经常派来许多留学生到长安、洛阳学习，他们口中说的是汉语，笔下写的是文言文。后来，《群书治要》因唐末战乱失传，所幸这部经典早年被日本遣唐使带回国，历代天皇及皇子、大臣奉其为圭臬，作为学习中华文化的重要经典，实现了日本"承和贞观之间，致重雍袭熙之盛"。而后，唐朝统治者不断为开放政策创造有利的经济、文化条件，以至于向唐朝朝贡有三百多个国家，到唐玄宗时藩属国多达七十余个，足见中华文化普及地域之广、时间之久。

此后宋、元、明、清的盛世辉煌更是一浪高过一浪，令人目不暇接，而正是一批批仁人志士接力造就。所谓"士不可不弘毅，任重而道远"，矛盾总是普遍存在的，是对立统一的，虽然对立会走向统一，但这一转化过程不会自动发生，而是需要一批又一批敢于走上时代潮头眺望远方、敢于乘风破浪一往直前、敢于直面矛盾铁肩担道的仁人志士，秉承和合理念，奋勇领航。

【新时代启示】

和合之道，是我国历代强国富民、睦邻和邦的重大方略，旨在尚和止争，促合止分。就人际而言，崇尚和睦，防止争斗，促进合好，制止分扰；就国家而论，崇尚和平，防止战争，促进融合，制止分裂。在新时代，国家践行和合之道，是实现中华民族伟大复兴，与各国共同努力，实现多极世界的有效途径。践行和合之道，对内有利于执政为民，主持正义，严明法纪，反腐肃谍，打击台独势力、反华集团，保持社会和谐，坚定文化自信，共建民族融合大家庭；对外有利于协和万邦，和平共处，求同存异，友好合作，反对冷战思维、零和博弈，维护世界和平，促进共同发展，构建人类命运共同体。

拓展阅读

中国传统"和合"理念与构建人类命运共同体

来源：《求是网》2020 年 8 月 24 日

作者：严文波（江西省中国特色社会主义理论体系研究中心江西师范大学基地研究员）

党的十八大以来，习近平总书记着眼于人类历史发展潮流大势，总结中国自身发展的历史经验和文化传承，多次强调要积极推动构建人类命运共同体，促进全球治理体系变革，为世界和平与发展贡献中国智慧。自古以来，中华民族爱好和平，始终崇尚和谐和睦、友好合作。"和合"理念作为中华优秀传统文化的一个重要标识，富有极其深刻的哲学思辨与中国智慧，体现了中华民族的价值追求与民族性格，是新时代推动构建人类命运共同体的重要思想基础与价值支撑。

人类命运共同体内部人与人之间的和谐，需要依靠"和而不同"的思想共识从本质上说，人与人之间的和谐相处是一种平等自主、相互尊重的良性关系。个人作为人类命运共同体的最小组成元素，在整个人类命运共同体运作的过程中起着最基础性的作用。自然地理条件的不同、社会历史环境的差异以及语言风俗习惯的差别等，带来了各地区、各民族之间文化信仰上的差别，孕育了民族文化的多样性，也导致人与人之间的交往行为方式、实践认识活动以及思维方式的不同。怎样实现人与人之间的和谐相处，是构建人类命运共同体过程中需要解决的首要问题。

"和实生物，同则不继"。中国传统文化崇尚和合共生，主张和而不同。《礼记》云："乐者为同，礼者为异。同则相亲，异则相敬。"《论语》曰："君子和而不同，小人同而不和。""求同存异""和而不同"作为中国传统文化思想中处理人际关系的方法论，对于维持人与人之间的和谐交往具有独特的辩证智慧。一方面，和谐并不等于相同事物的简单叠加，其本身也包含着差异和对立，是多样性的有机统一。接受差异是道德观念上的一种共识，也体现为人与人交往中的宽容与尊重。面对世界文化的多样性，应当以开放包容的态度正确理解差异、尊重区别，以消弭隔阂，促进人与人之间的和谐共处。另一方面，在尊重文化多样性的同时，应当充分寻求不同文化之间的共性特征，既要以平等尊重的态度和兼收并蓄的方式进行文化交流与传播，用文化的同一性联结吸纳文化的差异性，也要搭建文化桥梁、摒弃文化偏见，在潜移默化中构筑基于文化理解与认同的新思维，在现实交往与文化传播中形成尊重包容、和睦共处的价值观。

"万物并育而不相害，道并行而不相悖"。习近平总书记在尊重文明多样性的基础上，以宽广的眼界和深刻的思索在更高层面上积极探索不同文明的相处之道。习近平总书记多次指出，"要促进不同文明不同发展模式交流对话，在竞争比较中取长补短，在交流互鉴中共同发展""要把'和''合'的传统理念付诸彼此相处之道"。"各美其美，美人之美，美美与共，天下大同"，是对不同文明差异性和平等性的生动诠释，也是实现不同文明之间友好往来的必要条件。只有在相互尊重和信任的基础上，通过文明对话的形式，各国人民彼此交流借鉴、取长补短，弥合文化差异产生的理念分歧，才能推动实现人类命运共同体内部人与人之间的真正和谐。

人类命运共同体内部人与自然之间的和谐，需要依赖"天人合一"的绿色情怀

习近平总书记在出席"共商共筑人类命运共同体"高级别会议发表主旨演讲时指出："我们应该遵循天人合一、道法自然的理念，寻求永续发展之路。"

"天人合一"思想作为"和合"理念的重要组成部分，在中华优秀传统文化中具有独特的内涵与意义。从人与自然和谐统一的角度看，"天人合一"强调人与自然是一个相互影响、相互作用的统一体。中国传统文化思想提倡"赞天地化育""天地万物为一体"，遵循"道法自然""天地与我并生，万物与我为一"，认为人与自然万物皆为同源，天道的自然是人道的根基，是人与自然和谐共生的必然要求。人与自然之间应当是一种相互统一的和谐关系，人作为实践主体具有主观能动性，但主观能动性的发挥理应建立在现实的客观存在之上，并且主观能动性的发挥要充分尊重客观现实和规律。"天人合一"思想不仅是传统中国智慧对于主客体关系的深刻思考，也孕育了中华民族尊重自然、顺应自然、保护自然的文化传统和绿色情怀，为构建人类命运共同体过程中实现人与自然之间的和谐相处提供了基础理念。

面对全球性的生态危机和环境问题，人类只有回归自然，才能走出困境。人类的生存发展离不开完备健康的生态空间，也离不开以自然资源为主体的物质资料，人类命运共同体的构建需要人与自然的协调合作、和谐共生。无论是发达国家，抑或是发展中国家，都需要主动承担生态环境建设的责任，积极应对全人类共同的生存危机。"天人合一"这一传统中国智慧无疑为全球生态环境建设提供了更好范式。全球生态环境建设需要实现生产发展、生活富裕、生态良好三者的高度统一，生产发展是实现生活富裕的条件，生活富裕是生产发展的目的，而良好的生态环境则是实现生产发展和生活富裕所必须依赖的前提和必须坚持的保障，是从根本上实现人与自然和谐共生的基础。"天人合一"所强调的正是人与自然有机共生的绿色发展理念，这不仅是基于对自然规律更深层次的把握，更是人类实现永续发展的追求和理想，体现了人与自然关系的深化与融合。以自然之道去寻求人与自然的和谐共生关系，是中国"和合"智慧为全球生态治理提供的新方案。

立足于全球背景，习近平总书记倡导在世界范围内要树立"天人合一"的绿色生态理念，在更高科技水平和意识观念层面上实现人与自然的和谐相处与可持续发展，在公平、共担原则基础上开展应对生态环境变化的国际合作，构建全球生态治理新体系，形成共同商议、共同保护、共同管建的新机制。习近平总书记指出，中国将同世界各国深入开展生态文明领域的交流合作，推动成果分享，携手共建生态良好的地球美好家园。当前，只有世界各国自觉树立起"生态兴则文明兴，生态衰则文明衰"的绿色生态观，积极推行生态环境变革，建立严格长效的生态环境保护制度，充分尊重自然、顺应自然、保护自然，形成绿色发展方式和生活方式，人类命运共同体的可持续发展才会成为可能，一个清洁美丽的世界才能成为现实。

人类命运共同体内部不同社会之间的和谐，需要秉承"合作共赢"的价值追求

当今世界，人类处在挑战层出不穷、风险日益增多的时代。贸易保护、资源封锁等有碍世界经济合作的"逆全球化"现象不断出现。习近平总书记指出："世界大同，和合共生，这些都是中国几千年文明一直秉持的理念。不能独善其身，而应该兼济天下。"面对全球化困境与安全威胁，中华优秀传统文化中的"和合"理念，为解决今天的一系列矛盾和问题提供了一种新思路。《周易》的"保合太和，乃利贞。首出庶物，万国咸宁"，强调要达到"太和"境界，赋予作为天下之大道的"和"以普遍的必然性与规律性；《中庸》的"和也者，天下之达道也"，把"和"作为通达天下之"道"；《论语》的"四海之内，皆兄弟"则蕴含着睦邻友好、守望相助的美好期许。人类是休戚与共、风雨同舟的命运共同体，战胜危机的人间正道唯有互相支持、团结合作。协调不同国家之间的关系，必须秉承"协和万邦""和衷共济"的价值理念。坚持对话协商，构建对话不对抗、结伴不结盟的伙伴关系，才能建设一个持久和平的世界；秉持"合作共赢"思想，坚持构建开放型世界经济，引导经济全球化健康发展，才能建设一个共同繁荣的世界；秉持"共建共享"观念，树立共同合作、可持续的新安全观，才能建设一个普遍安全的世界。更加包容的全球治理、更加有效的多边机制、更加积极的区域合作，需要的是和平而不是战争，合作而不是对抗，共赢而不是"零和"，这才是人类社会和平、进步、发展的永恒主题。

为推动建立以"合作共赢"为核心的新型国际关系，构筑持久和平、共同繁荣、普遍安全的和谐世界，习近平总书记创造性地提出共建"一带一路"重要倡议。共建"一带一路"作为构建人类命运共同体的重要实践平台和助力引擎，充分彰显了中华民族"尚和合、求大同"的传统文化理念，是中国理念对世界的贡献，目的是推动世界经济朝着更加开放、包容、普惠、平衡、共赢的方向发展。正如习近平总书记2020年6月18日在给"一带一路"国际合作高级别视频会议的书面致辞中所指出的："我们愿同合作伙伴一道，把'一带一路'打造成团结应对挑战的合作之路、维护人民健康安全的健康之路、促进经济社会恢复的复苏之路、释放发展潜力的增长之路。通过高质量共建'一带一路'，携手推动构建人类命运共同体。""计利当计天下利"。"一带一路"倡议顺应各国要求加快发展的愿望，秉承"合作共赢"的价值追求，实现各国战略

对接、优势互补，用实实在在的行动体现了人类命运共同体的精神实质，为人类命运共同体的实现提供了独具中国智慧的全新范式，必将有力推动不同社会之间和谐共处的最终实现。

总之，构建人类命运共同体重要战略思想深刻体现了中国将自身发展同世界发展相统一的全球视野、世界胸怀和大国担当。作为中华优秀传统文化的精髓，"和合"理念强调在践行人类命运共同体这一战略思想的过程中，充分实现人与人、人与自然，以及不同社会之间的和谐共生。这一理念为新时代推动构建人类命运共同体提供了重要的理论支撑，为解决人类共同面临的重大问题贡献了中国智慧和中国方案。

思考题

1. 你怎么理解"天地与我并生，而万物与我为一"？
2. 你认为和合思想在中国历史上具有哪些价值？
3. 作为新时代大学生，你如何学习并践行中华优秀传统文化？

专题八

核心价值观：大学之道，在明明德，
在亲民，在止于至善

【主题出处】

古人说："大学之道，在明明德，在亲民，在止于至善。"核心价值观，其实就是一种德，既是个人的德，也是一种大德，就是国家的德、社会的德。国无德不兴，人无德不立。如果一个民族、一个国家没有共同的核心价值观，莫衷一是，行无依归，那么这个民族、这个国家就无法前进。这样的情形，在我国历史上，在当今世界上，都屡见不鲜。

——2014 年 5 月 4 日，习近平总书记在北京大学师生座谈会上的讲话

【原典出处】《礼记·大学》（西汉·戴圣）

大学之道，在明明德，在亲民，在止于至善。知止而后有定，定而后能静，静而后能安，安而后能虑，虑而后能得。物有本末，事有终始，知所先后，则近道矣。

【原典释义】

"大人之学"的不变规律在于让人们复明自身光明正大的品性，进而以光明的品性去启发和影响身边的人，直到所有人都恢复自身美好品性的光明，才是最完善的境界。知道"至善"是目标，心就安定了，心能安定下来就能静默自处，淡泊宁静方能安稳不乱，安稳不乱方能思虑周详，思虑周详方能学有所得。任何事物都有根本、有支末，任何事情都有终结和开始，知道先后次序的所以然道理，就离掌握大道规律不远了。今天大学的意义与古代虽然不同，但是教育最重要的意义都是在于培养有政治素质和道德素质的时代新人，树立远大理想抱负，通过学习努力提升品格、能力、素质，不断自我革新并服务社会大众，实现美好幸福生活。

【主题讲解】

党的十八大以来，中央高度重视培育和践行社会主义核心价值观，习近平总书记多次做出重要论述并提出明确要求。他关于社会主义核心价值观的重要论述，内涵非常丰富，把党对核心价值观的认识提到一个新的高度，为践行核心价值观提供了重要遵循。核心价值观是文化软实力的灵魂、文化软实力建设的重点。

2014年5月30日，习近平在视察北京市海淀区民族小学时讲到，富强、民主、文明、和谐，自由、平等、公正、法治，爱国、敬业、诚信、友善，传承着中国优秀传统文化的基因，寄托着近代以来中国人民上下求索、历经千辛万苦确立的理想和信念，也承载着我们每个人的美好愿景。我们要在全社会牢固树立社会主义核心价值观，全体人民一起努力，通过持之以恒的奋斗，把我们的国家建设得更加富强、更加民主、更加文明、更加和谐、更加美丽，让中华民族以更加自信、更加自强的姿态屹立于世界民族之林。

24字社会主义核心价值观分为国家、社会、公民三个层面，每个层面均有4个词、8个字的描述。关于每个层面的要义，2014年5月4日，在同北京大学师生座谈会上，习近平主席这样说：

> 富强、民主、文明、和谐是国家层面的价值要求，自由、平等、公正、法治是社会层面的价值要求，爱国、敬业、诚信、友善是公民层面的价值要求。这个概括，实际上回答了我们要建设什么样的国家、建设什么样的社会、培育什么样的公民的重大问题。

习主席提纲挈领地为我们指出了24字价值观的核心思想，帮助我们看清楚国家、社会未来的发展图景，以及对于每个公民的殷切希望。这些即是国家领导人对未来的规划，更是需要每一名中国人，尤其是青年学子深入思考"我该怎么做""我能做什么"的问题。下面就让我们一起探索每个层面、每个价值的文化渊源，进而思考如何指导自己的实践。

一、国治平天下：富强、民主、文明、和谐

国家为什么而存在？为了人民富裕、国家强大。而国家富强才能实现真实的民主，为全人类创造文明，最终带动各国、万物走向全面和谐。

（一）富强：人民富裕，国家强盛

"富强"的含义是人民富裕、国家强大。人民富裕，是国家存在的意义；国家强盛，是人民生活的保障。二者相互成就、互为表里。

1. 人民富裕——物质精神双保障

中国富民思想的渊源可以追溯到上古。《尚书》中讲"裕民""惠民"，《周易》中讲"损上益下，民悦无疆"，都把重视人民利益视为德政。春秋时，孔子把上古富民观点发展为安邦治国思想，认为人民的富足是政府获得充足财源的基础，主张民富先于国富。鲁哀公向孔子弟子有若咨询："年饥，用不足，如之何？"有若回答："百姓足，君孰与不足？百姓不足，君孰与足？"（《论语·颜渊》）

战国时期，孟子与荀子对富民思想进一步阐发。孟子强调"易其田畴，薄其税敛，民可使富也"，使民"仰足以事父母，俯足以畜妻子，乐岁终身饱"（《孟子·尽心上》）。荀子说："足国之道，节用裕民而善臧其余。节用以礼，裕民以政。彼裕民，故多余。裕民则民富，民富则田肥以易，田肥以易则出实百倍。上以法取焉，而下以礼节用之，余若丘山，不时焚烧，无所臧之。夫君子奚患乎无余？"（《荀子·富国》）他们均对"国富"与"民富"的关系做出了精彩的论述。

物质丰富是什么状态？孟子曾对梁惠王说："五亩之宅，树之以桑，五十者可以衣帛矣。鸡豚狗彘之畜，无失其时，七十者可以食肉矣。百亩之田，勿夺其时，数口之家，可以无饥矣。"这里说的"五十""七十"是泛指，"衣帛""食肉"也是指代，实质是人民生活中最基本的保障：丰衣和足食。

在物质层面基本保障的基础上，更重要的是精神富足。孟子在对梁惠王描绘了衣帛、食肉、无饥的物质丰富后，接着说要"谨庠序之教，申之以孝悌之义，颁白者不负戴于道路矣"。物质总是有限的，只有让民众受到教化，懂得礼仪规范、仁义道理，提高精神境界，才能达到真正的富足。

其实早在孔子就已经说得很明白。《论语》记载："子适卫，冉有仆。子曰：'庶矣哉。'冉有曰：'既庶矣，又何加焉？'曰：'富之。'曰：'既富矣，又何加焉？'曰：'教之。'"讲的是，周游列国的孔子看到卫国人口众多，提出"庶、富、教"的治理次第，才能实现社会安定、国家富强。

春秋五霸之首齐桓公依靠管仲治国，其思想核心便是主张在物质富民基础上进行精神富民。《管子·牧民》中说："仓廪实而知礼节，衣食足而知荣辱。"

强调物质生活水平的提高对于道德进步的推动作用。《管子·治国》中说："凡治国之道，必先富民。民富则易治也，民贫则难治也。"认为只有让百姓富足，他们才能信任统治者，进而听从教化，国家才易于治理。

2. 国家强盛——道德自强方长久

国家的综合国力表现在很多方面，如政治、军事、文化等。《荀子·强国》上论述过"强国"的三种模式："威有三：有道德之威者，有暴察之威者，有狂妄之威者。"第一种以"道德之威"实现强国，是以善政为人民做好事，成为众望所归的强国，实现高度的精神文明，这是真正安定又强大的国家；第二种以"暴察之威"实现强国，是凭借暴政苛刑强大国家，这类强国最后反而十分脆弱，不会持久；第三种是以"狂妄之威"成为强国，不自量力地盲目建设，最后会自取灭亡。

纵观历史上长治久安的王朝，都是国家统一、疆域辽阔、民族相安、天下归心的时代，也是历史发展的客观规律。强盛的政治共同体，不是以对世界的称霸、对区域的强权为诉求，而是以"四海一家""互通有无"为追求，是以自身的强大来赢得彼此尊重、以国家的强盛而有余力回馈他国为荣。政治内在的强大，表现为一种自尊自重、自省自强的状态，"虽百世，可知也"。

中华民族历朝历代的盛世辉煌，不断在人类历史上大放异彩。公元1405年到1433年，也就是明代永乐、宣德年间，郑和曾带领使团"七下西洋"。使团由二百多艘大小船只、两万余人组成，满载大明盛产的丝绸、棉布、瓷器、粮食、淡水、燃料、蔬菜、茶叶等物品，是在15世纪末欧洲地理大发现之前，世界历史上规模最大的一系列海上航行。而之所以下西洋，明成祖朱棣曾这样说："天之所覆，地之所载，日月照临、霜露所濡之处，人民老幼皆欲遂其生业。"就是希望将幸福生活带给天下所有人。

目睹这支庞大船队的沿海居民惊叹不已——几百艘船只在海面上排开，上千张风帆遮天蔽日。白天旌旗猎猎、鼓声阵阵，放眼望去，蔚蓝色的海面犹如春天里开满鲜花的原野；入夜后号声此起彼伏，海面上灯火点点，大海中倒映的灯光与夜空的星光交相辉映，美轮美奂，恰似天上的街市。

郑和下西洋向沿途各国各地赠送礼物、交换特产，带去了大明王朝友好和善的精神风采。只有一个富强的国家，才能支撑这样盛大的远航；只有海洋般辽阔的心胸，才能将和平友好的信息传递到天下。

今天，我国已经成为世界第二大经济体，在2020年完成脱贫攻坚任务，全面建成小康社会。物质富足的同时加强精神建设，大力发展文化教育事业，国民综合素质得到不断提高，国家综合实力受到国际社会高度赞扬。

所以，物质富足，精神强大，一代代人自强不息、厚德载物地创造财富，才是真正持久的富强。

（二）民主：国家之主的权利与义务

"民主"是近现代产生的概念，中国古代统治者十分清楚人民对于国家治乱兴衰的重要性，一直遵循"以民为本""立君为民"的民本思想。近代以后，西方民主观念传入中国，但抽象的"民主"与形式的"民主"最终都无法真正实现人民的幸福。而中国共产党自成立之日起就为争取实现人民民主而不懈奋斗，带领全国人民开创了中国特色社会主义民主政治道路，使得每一位中国人以前所未有的主人翁姿态，在新时代舞台上实现自我发展。

"民主"的第一层含义是"以民为主"。上古文献《尚书》中说："民为邦本，本固邦宁。"如果把邦国看作一棵大树，那么深厚的根系就是人民群众，根深方能叶茂。还提出"民之所欲，天必从之"以及"天视自我民视，天听自我民听"，明确指出民意就是天意。"民"就是"天"，而"天子"正是人民之子，要替天行道、奉天行事，也就是奉从人民的意志、满足人民的需求。

国家治理者是带动人民自发实现美好生活的人，要想人民之所想、急百姓之所急，要弱化自己的意志和私欲。《周易》讲"见群龙无首，吉"，是指当社会领袖化入寻常道，不以高高在上的身份自居，好像一切幸福都由他赋予，而让所有人都发挥自身明德力量，实现自身全面完善的发展，才是真正的吉利。《老子》也说"太上，不知有之""功成事遂，百姓皆谓：我自然"，国家领导者要让每个人都明白宇宙人生真相，将命运掌握在自己手中；他领导百姓谋得福利，人们愿意付出努力并不觉得辛苦，而是感觉这是自发自觉、顺其自然的状态。

汉唐时期，民本思想得到进一步发展。汉代陆贾在《新语·至德》中说："夫欲富国强威……必得之于民。"同时期思想家贾谊也时时提醒执政者："夫民者，万世之本，不可欺……与民为敌者，民必胜之。"唐太宗也在汲取前朝教训后，发出"天地之大，黎元为本"的感悟。唐代著名思想家、政治家柳宗元继承了儒家仁政的学说，提出"吏为民役"的重要命题，认为官吏应该做人民的仆役，服务人民。唐宋以降，民本思想得到不断强化，许多思想家、政治家和文学家以诗词、文赋、奏疏等形式阐述对国家发展的关心，对人民大众疾苦的同情，都是民本思想的体现。

　　"民主"的第二层含义是"为民做主"。《尚书》上说:"天惟时求民主,乃大降显于成汤。"这里的"民主"是指人民的主人,为什么成汤可以为人民做主?《尚书》又说"皇天无亲,惟德是辅",古人说的"天",往往指代客观规律、民意所向。规律毫无偏私,只辅助贤德之君成事。那么君之德就在于以天地一般无私的胸怀为人民谋福利,所以《荀子》说"天之生民,非为君也;天之立君,以为民也"——天地生养人民,不是为了服务于君主一个人,恰恰相反,设立君主是为了保障人民的生活。

　　政权兴衰并不是统治者一人之力造就的,而是很多综合力量造就的结果,其中很重要的是民意。所以,《荀子》里讲:"君者,舟也;庶人者,水也。水则载舟,水则覆舟。"人民信任才能赋予统治者权力;信任一旦颠覆,统治者的权位也就不复存在。"为民做主"的思想深入人心,直到清朝雍正皇帝,还特地在他处理政务的养心殿西暖阁里手书过一副对联:"惟以一人治天下,岂为天下奉一人。"类似的话语早在尧帝时就说过,《史记》中记载:"尧曰:终不以天下之病而利一人。"

　　"民主"的第三层含义是由人民当家做主。人民是国家真正的主人,《尹文子·大道上》说:"所贵圣人之治,不贵其独治,贵其能与众共治。"圣人治理国家之所以难得,不是在于他依靠自己的能力,而在于能够凝聚众人的智慧共同治理国家。圣人所做的事情很简单,不过"修身"而已,但是这件事情足以显发自身内在明德,外在表现出各方面美德,认识各方面贤才,并善于人尽其才,让大家各司其职,每个人都为国家发展贡献力量。

　　而从公民意识和个人素养上来讲,每一个公民都要树立主人翁意识。正如清代思想家顾炎武所说:"保天下者,匹夫之贱与有责焉耳矣!"当我们享受"由民做主"的权利时,也要尽到"民为主人"的义务。北宋范仲淹"先天下之忧而忧,后天下之乐而乐",立志"救人"而寒窗苦读、划粥断齑,出将入相始终以天下为己任;明代于谦冒着粉身碎骨之险、挺身冲在国难关头,践行"千锤万凿出深山,烈火焚烧若等闲"的壮志豪言;清代林则徐力挽狂澜国家命运,以无欲之刚虎门销烟,做到了"苟利国家生死以,岂因祸福避趋之"……正是历朝历代无数仁人志士真正担起国家主人的责任,我们的社会才得以不断发展。

　　如同今天在抗击疫情的前线,冲锋陷阵的是各行各业的男女老少。他们收起佳节思亲之情,担起卫国卫民之责,披上主人的铠甲,从普通百姓化身为无畏险难的英雄。我们都是中国的主人,要发愤图强,增长本领。

（三）文明：社会进步，以文载道

国家主人的责任是不断创造各方面的成就，也就是文明。文明是社会进步的重要标志，体现在物质文明、政治文明、精神文明、社会文明、生态文明等各个方面。众所周知，中国与古埃及、古巴比伦、古印度并称为"四大文明古国"。而中华文明几千年连贯发展至今，这在世界各民族中都不多见。比如，今天我们使用的汉字同甲骨文没有根本区别，老子、孔子、孟子、庄子等先哲归纳的一些观念也一直延续到现在。

现在我们依然可以随口说出很多"世界之最"：世界上最早的兵法著作——《孙子兵法》，世界上最早记述勾股定理的数学著作——《九章算术》，世界上最早的农书——《齐民要术》，世界上最早的药典——《神农本草经》，等等。中国的农业以及生产的丝绸、瓷器也闻名世界；万里长城、兵马俑、大运河等宏伟工程，堪称奇迹。还有许多卓越思想家、文学家、政治家、艺术家的名字灿若繁星，始终辉映着中国古老文明。

真正的文明就是以一国文明带动天下文明。中国古代文明不仅让中国人自豪，也传播到东北亚、东南亚乃至更广阔的区域，赢得了世界的瞩目和赞叹。早在汉代，张骞、班超出使西域，便打通了中国联系中亚乃至欧洲的"丝绸之路"。公元前 1 世纪，古罗马执政官恺撒穿着一件中国丝袍去看戏，立即赢得人民的赞叹。而后中国丝绸不断输入西方，被视为无上珍品，被誉为"东方绚丽朝霞"。造纸术、印刷术、火药、指南针四大发明，更是中华民族献给全人类的贡献，深刻影响了世界文明的进程。元朝时，意大利旅行家马可·波罗在来到中国，并在《马可·波罗游记》中将"迷人的中国文明"介绍给西方，盛赞中国富足繁荣、文教昌盛，如同"置身天堂"。明朝郑和七下西洋，最远到达非洲东海岸，带去中国的茶叶、丝绸和瓷器，还有大国睦邻友好的和合理念。明清时期，来华传教的西方人士，都对当时中国的富庶繁荣、秩序井然、彬彬有礼赞不绝口，并将中国文化带回西方。

中华文明作为世界上唯一生存至今、未曾中断的古文明，在世界潮流中曾落于人后，也是历史常态，人总有打瞌睡的时候。拿破仑曾形容"中国是一头沉睡的狮子"，还说："中国一旦被惊醒，世界会为之震动。"

中国文明是一种自新型、中和型的文明。《大学》开篇就称："大学之道，在明明德，在亲民，在止于至善。""亲民"就是"新民"，人生的大学问是要明了自身明德本具光明，不断恢复本性光明，自我更新，并带动大家一同进步、完善，这才是人生至善圆满的意义。"周虽旧邦，其命惟新。"我们是一种"苟日新，日日新，又日新"的文明，国家虽古老，却不忘守正创新、推陈出新，每一天都能如新生一般生生不息。

中国文明更承载着中和之道。"和也者，天下之达道也。"中国的农耕文明以自给自足、自食其力为生存模式和思维方式，并且在土地上形成了团结紧密的家族意识，世世代代企求的都是稳定与和平。《大学》中说："有德此有人，有人此有土，有土此有财，有财此有用。德者本也，财者末也。"中国人坚信，财富生于自己耕耘的土壤，而非掠夺他人的土地。甚至，连财富也只是支末和结果，道德才是根本。而"致中和，天地位焉，万物育焉"，中和之道可以令天地各在其位、万物健康生存。

中华民族的盛世辉煌层出不穷。而今天，我国举办北京冬奥会和冬残奥会，展现出物质、政治、精神、社会、生态等多方面伟大成就，让世界领略到新时代中国自信开放的大国气象。在开幕式上，二十四节气倒计时将中华文化的瑰丽与智慧展现得淋漓尽致，饱含冬去春来、欣欣向荣的诗意，投射出中国人的生命观、价值观和宇宙观，刚一亮相就瞬间刷屏。火炬"飞扬"取自"道法自然，天人合一"的哲学理念，"黄河之水"倾泻而下极具浪漫色彩，五环"破冰而出"彰显出心系天下的博大胸怀……当中国气质与奥林匹克交相辉映，当五环旗下聚集五洲宾朋，北京冬奥会折射出更加坚实的文化自信，诠释着新时代中国的从容姿态，传递出中华儿女与世界人民"一起向未来"的共同心声。

（四）和谐：万物生生不息的法则

文明的目标是实现世界和平，而和谐正是中华文明的核心价值理念，其中包括人的自我身心、人与人、人与社会、人与自然等层面的有机统一。

首先，修身为本，这是传统文化中一再强调的重点。《大学》里说："自天子以至于庶人，壹是皆以修身为本。"修身以"中和"为标准，所谓"喜怒哀乐之未发谓之中，发而皆中节谓之和"，每个人只有自我先成为一个和谐的、安定的人，再融入集体，才能组成一个和睦有序的大家庭。

进而，在家庭里学会父子、兄弟、夫妻之间和睦相处，然后可以实现团体和睦。《周易》上说："父父，子子，兄兄，弟弟，夫夫，妇妇，而家道正，正家而天下定矣。"家庭是最初的社会模式，将和睦家风带到社会上，自然与人为善，懂得与思想性格截然不同的人们安和相处、彼此欣赏，所谓"君子和而不同"，乃至走到天涯海角都能够实现"四海之内皆兄弟"。此外，老子为人们提出一个人与人之间"无欲""无为""无争"，彼此和谐相处的状态，人人"甘其食，美其服，安其居，乐其俗"的理想社会。佛家对团体和谐提出"六和敬"思想，从见和同解、戒和同修、身和同住、口和无诤、意和同悦、利和同均六方面打造和合群体。

再进一步，实现世界和平。《尚书·尧典》上说："百姓昭苏，协和万邦。"《周易·乾卦》说："首出庶物，万国咸宁。"这些都是主张万邦团结，和睦共处。孔子也说"远人不服，则修文德以来之，既来之则安之"，主张以文德感化外邦，反对轻率地诉诸武力。孟子则提出"仁者无敌"，提倡用和平手段，通过在国际间建立信任关系而扩大影响。古代中国，曾经多次达到过同时期世界辉煌的顶端，然而即使国力鼎盛、兵马精良、粮草充足，中国都从未有过侵略、掠夺、霸占、干预他国的想法，文化和思想的自强有力才是民族长久屹立的定力。

更进一步，与天下万物共存共荣。《道德经》说："万物负阴而抱阳，冲气以为和。"这句话发散来看，就是说任何事物都存在着阴阳两面，世界规律就包含着万物的必然对立。而能够将这些对立面统一调和起来，就是至高的和谐境界。例如，《庄子》里所描绘的"天地与我并生，而万物与我为一"。宋代张载在《正蒙》中首先使用"天人合一"四字，并提出"民吾同胞，物吾与也"，表达自然天与人、万物与人类本质上是一致的。根据天人合一的观念，中国古代哲人提出要以和善、友爱的态度对待自然万物，以及丰富的自然资源保护思想，如"网开三面""里革断罟"等典故正是具体体现。此外，中医把人体本身比喻为自然界的组成元素：骨骼象征山脉、血液象征河流、穴位象征星斗、毛发象征草木等；音乐领域认为，一张古琴的部件组成里就分别代表着天地、山水、年月、龙凤等自然世界，更提出"八音克谐"理论，也就是音乐演奏中的和谐美。

我们的医学要求五脏调和、七情调和、气血调和，琴道讲究中正平和，茶艺推崇和静怡真，建筑里有太和殿、中和殿、保和殿，围棋在博弈对决中寻求中和平衡之道，商业也信奉着和气生财……由此可见，和谐理念渗透在中国人生活的方方面面，将越来越多的力量凝聚为一个共同体。

今天，习近平主席在诸多场合不断提出各种"共同体"理念，如"人类命运共同体""中华民族共同体""全球发展命运共同体""人类卫生健康共同体""人与自然命运共同体""地球生命共同体""利益共同体"等，正是站在道义制高点，为人类的全面和谐发展指明方向，并提供了中国智慧和中国方案。

总之，"各美其美，美人之美，美美与共，天下大同"是中华文化一以贯之的理想追求，只有这样的状态才是永久持续的幸福。

富强、民主、文明、和谐的国家为我们的健康成长提供了良好的大环境，我们也要为创造更加富强、民主、文明、和谐、美丽的国家奋发努力，用青春能量让中华民族生生不息，让人类的明天更加幸福。

二、家齐安社会：自由、平等、公正、法治

社会是人与人组成的集合体，而人与人最初的关系在家庭中形成。人的自由是有规则、有规律的自由，万物的本体价值是平等的，以公正的标准处事、待人、接物是人生的智慧，而法治为社会安定有序发展提供着必不可少的保障。

（一）自由：在规律世界中遨游

自由不是孤立、抽象的，而是与秩序、纪律相生相伴的。自然就是自由的状态，是"万物霜天竞自由"，是"随心所欲而不逾矩"。想要自由，必须先要认识并遵循自然规律。

孔子曾自述一生修养的经过："吾十有五而志于学，三十而立，四十而不惑，五十而知天命，六十而耳顺，七十而从心所欲不逾矩。"他在十五岁的时候立志求学问，三十岁可以在社会上站稳脚跟，四十岁可以抵御外界的迷惑干扰，五十岁明白人生价值所在，六十岁对于一切言论、分歧可以圆融通达，到七十岁终于能够自由地驰骋人间，又不会违背规矩、冒犯他人。可以看到，自由的起点必须是"学"，孔子所学的不是我们现在用来考试的知识，而是古圣先贤对于宇宙人生真相的规律规则——让他明了何以为人、如何处世，并在家庭、社会各种场合中历练成长，最终才能实现真正的自由。

真正的自由是什么样子的呢？《庄子·逍遥游》是极具自由意味的寓言，文中写道："北冥有鱼，其名为鲲。鲲之大，不知其几千里也。化而为鸟，其名为鹏。鹏之背，不知其几千里也；怒而飞，其翼若垂天之云……若夫乘天地之正，而御六气之辩，以游无穷者，彼且恶乎待哉！故曰：至人无己，神人无功，圣人无名……"自由的境界可以大小不二、变化随意，忘却物我的界限，以开阔六合、贯通古今、超越世俗、纵横时空的眼界，达到无己、无功、无名的境界。无所依凭而游于无穷，才是真正的逍遥自在。

人正是因为被局限在三尺之躯、眼前利益等有限的眼界和观念里，才感觉到不自由。《道德经》有言："五色令人目盲；五音令人耳聋；五味令人口爽；

驰骋田猎，令人心发狂；难得之货，令人行妨。"这说明人的不自由来自过度的欲望，无欲、无求、无为恰恰是化解欲望、实现身心自由的重要途径。

古圣先贤给我们印象都是自由自在、无所不能的，而孟子认为人人都可以成为圣贤，但是现实中人是各种社会关系的总和，势必会受到各种情感、利益的羁绊，怎样做才能实现自由呢？这就需要"道法自然"，首先要遵循五伦五常的道德。

"道"是自然规律，"德"是根据规律得到有益于发展的品质。古人从星体自然运行规律中发现，每个星球都有各自运行的恒定轨道，可以相安无事又相互促进，进而认识到人与人的关系也有恒常的轨道，这就是"父子有亲，君臣有义，夫妇有别，长幼有序，朋友有信"的五伦关系。五种关系古今中外一直存在，是恒常不变的大道。我们可以看到，刚出生的婴儿与父母之间是天然亲爱，自然而然；"君臣"是上下级、领导与被领导的关系，一定是因为合适的目标、条件聚到一起，相互支持而成就事业；夫妇成立家庭，根据各自特点分别承担经济、教育和养老等不同方面的职责，实现家人和睦、长久发展；"长幼"就是兄弟姐妹，出生有先后，自然有家庭中的次序；而"同门曰朋，同志曰友"，人与人之间有共同的理想、真诚相待，才能成为朋友。

五伦关系在自然状态下是长久稳定的，但是后天由于环境影响会产生各种问题，相处就会不自在，甚至关系破裂，这就需要"五德"来调节，即仁、义、礼、智、信。"仁"字象形会意，两个人中一个是我，一个是他人，想到自己就想到他人，学会换位思考，替别人着想，不自私；"义者，宜也"，与人相处要学会理解别人的特点，以对方可以接受的适宜方式表达关心和爱意；"礼"不仅仅是外在礼貌周到，更重要的是内心真诚恭敬、谦己尊人，做到"毋不敬"；"智"是理智、智慧地待人处事，明辨是非善恶，不被不良情绪、错误知见影响；而"人言为信"，诚信是人与人最基本的交往条件，欺人最后只会自欺。

"五伦五常"的道德修养最初在家庭里培养形成，"习惯成自然"，走到工作岗位上、社会大众中自然而然运用到与不同特征的人群相处，都能自在应对、游刃有余，就达到一定程度的自由。而家庭是社会的细胞，每个家庭都井然有序，社会也会更加稳定，人们就会有更多自由。

就连提倡法度严明的法家，实际上也追求自由。人的情感、想法是纷繁复杂的，要实现更多人的自由，就需要有效的方式来统一思想行为，而法度正是自由的保障。传统的礼法制度并不是根据某个人或某些人的想法设计出来的，而是根据自然规律、天地之道设计的。《管子·任法》上说："圣君任法而不任智，任数而不任说，任公而不任私，任大道而不任小物，然后身佚而天下治。"这里的"法"就是"数""公""大道"的同义词。换句话说，以大道为法的来源，目标也是让人们认识大道真理、人生真相，最终回归自然状态。当所有人都自然而然地遵循自然规律生活，哪里还感觉得到法度的约束？

教化也好，法度也好，都是调节方式，目的是让人回归自然状态的自由。古代知识分子每当受到案牍之劳、朝堂之险、宦海沉浮、宵小倾轧的不公时，会用很多方式进行自我调节：有的在书海中寻得片纸智慧，有的在乡村打造一方田园，有的通过撰写诗文抒发心中情感，有的留下家书提点子子孙孙……总之，"我欲仁，斯仁至矣"，把命运掌握在自己手中，何等自由！可以说，自由是中华民族的精神传统，也是中华文化的深层价值。

（二）平等：万物不齐，各美其美

中国自古以来就崇尚平等，如在社会宏观层面强调制度平等，在个人实际层面强调人格平等，在生命自然层面强调众生平等。而儒家"天下大同"的设想、道家的"玄同"理念、墨家"兼爱非攻"的主张、法家"刑无等级"的制度，都凸显着平等的价值和意义。

古人常说的"大同"，处处体现着各种"平等"。《礼记》是非常重要的儒家经典，其中《礼运篇》记载了孔子所回顾的上古时代的"大同社会"。首先是心态平等"为公"：天下人都以万物为其本身，而不是任何人的私有物。在这一基础上产生圣贤对于国家事务的共同治理，让每个人各居其位、各成其美，男女老少都有实现自身价值的机会和平台，结果是社会财富极大丰富而没有浪费，所有人全心全力付出而没有私心杂念，阴谋、盗贼之事没有用处，自然平等相处。这在上古时代实现过的社会，到了孔子生活的春秋时期已经不复存在，所以"大同"成了后世学者一直追寻的理想状态。

追求平等，是因为现实不平不等。《孟子》上说："物之不齐，物之情也。"事物存在的情况确实是不同的状态，有大有小、有男有女、有冷有热，而追求"平等"的"大同"不是追求完全相同，因为"比而同之，是乱天下也"，而是在差异中明白万事万物来自一个共同体，进而平和、同等地看待事物的实质价值，放弃对立、区别的思维模式。

首先，人格平等。孔子曾说："性相近也，习相远也。"其实"相近"是让人容易接受的说法，因为我们看到人的差异很多，如果直接说"一样"是不容易理解的。但实际上人的本性都一样，因为都来自一个共同体，只是后天所处环境不同，所以形成不同的习气、特点、风俗等，造成了我们看到的一切差异。

人的本性如何？孟子说："恻隐之心，人皆有之；羞恶之心，人皆有之；恭敬之心，人皆有之；是非之心，人皆有之。"这四方面是从大的角度提醒人们透过差异的形式看到共同的实质，这就让人升起"人皆可以为尧舜"的平等信心，让人们首先认识自我、认可自我，并在世间以自立自强的姿态经营人生。而主张性恶论的荀子也说："性者，天之就也。"这里的"性"就是本性，本性没有或善或恶之分，而是可以生成万事万物的本体；善恶是后天社会评价中的产物，属于习气，顺应当时社会发展要求的习气被称为"善"，否则被称为"恶"。所以，"性善"或"性恶"都是从习性而言，目的是通过辨别不同习气，给予相应的启发或转化方法，使之恢复本性的完善。在这个层面上，孟子倡导"义"，荀子提倡"学"，前提和目的都是人格平等的认知。而在孔子时期则是"有教无类"，任何不同特点的学生，孔子都能找到适合他自身的教学方法，实现平等教育。

其次，平等相处。认识到人格平等，就不会被外在的形式迷惑而产生高低贵贱的区别心态。春秋时期的伯牙是一位著名的音乐家，官任晋国上大夫，被称作"琴仙"。一天，他坐在汉阳江边独自弹琴，忽然看到一位砍柴而归的樵夫正站立在旁侧耳倾听，神态十分专注，他就是钟子期。伯牙弹奏出心中的巍峨高山之景，钟子期听后描述说"巍巍乎志在高山"；又弹奏起滔滔流水之意，而答曰"洋洋乎志在流水"。二人萍水相逢，一个贵为大夫，一个只是樵夫，却没有傲慢或自卑，以平等之心成就了"高山流水"的"知音"佳话。

其实平等相处也是自尊和尊严的维护。《礼记》里有一个故事：春秋时期，齐国饥荒、饿殍遍野，一个名叫黔敖的富翁，本想发放粮食赈灾，可是在饥民来领粮的时候，他轻蔑地吆喝说："嗟，来食！"饥民感觉蒙受了巨大羞辱，宁可饿死也不肯再领受粮食。这就是"嗟来之食"的由来，而"廉者不受嗟来之食"的骨气也成为中国人的一种文化底气。同时可以想见，富翁的脸面何处安放？如果不能给予别人尊严，那么自己的尊严也就无从保全了。

最后，众生平等。社会是人的组织，但并非只有人的存在，还有万事万物的存在，一切与人有联系的存在都应当得到平等的对待。《老子》上说："道生一，一生二，二生三，三生万物。"所谓"一即一切"，万物都来自"道"，本来就是一体，只有人能体认这一真相，所以只有人可以做到平等对待万物。《庄子》中说："道者，万物之所由也。庶物失之则死，得之者生。"如果人能够认识万物起源的"道"，并且保持不失，就可以令万物生生不息地平等发展下去，所以又说"以道观之，物无贵贱"。

"万物"不仅仅是一般意义上人类所知的存在，而是一切已知未知的"众生"。"众生"是佛家用语，含义是"众缘和合而生"，而"缘"就是现在所说的"条件"，"众缘"意味着各种主观、客观、已知、未知的条件，是各种条件形成了事物存在的现象；条件不同会造成不同现象，但不表示本体有差异。同时，就算没有现象也不能认为没有存在。所以，平等的终极意义在于"众生平等"。大乘佛法认为"一切众生皆有如来智慧德相"，也就是说一切众生的本体都是一样的"佛性"，所以"视众生无有差别"，表现在外的是"无缘大慈，同体大悲"。

在"众生平等"的思想指导下，中国传统的平等观念得到强化和深入，形成中国人平等待物的独特气质。我们自尊而尊人，不会自以为是；包容而达观，不会侵略斗争；平和而安稳，不会怨天尤人。正是这种平等的状态，一直为中华民族在世界潮流的跌宕起伏中提供源源不断的能量，让我们守得住初心，不忘本来面目。

（三）公正：天地之间自有公道

公正，即公平正义、没有偏私。如果说平等是本体层面的价值，那么公正应当是标准层面的价值。

什么是"公"？《韩非子》上讲："自环者谓之私，背私谓之公。"将"公"与"私"相对而论就比较好理解和落实，只要不单单为自己，就可以说是有公心了。当然这个公心是有层次的，为家人是公，为朋友是公，为事业是公，为国家也是公，而为天下更是大公。所谓"大道之行也，天下为公"，是人们追求的理想状态，要实现这个理想，需要在现实中一步一步拓宽公心的度量。

每个人都有私心，私心和私心不一样，就会带来现实中的争端和矛盾，影响正常秩序，这就需要以公心去纠正、转化欲念，站到更多人的立场上处理问题，所以公正是很重要的美德。针对"天下之人异义"的现象，墨子分析"一人一义，十人十义，百人百义，其人数兹众，其所谓义者亦兹众。是以人是其义，而非人之义，故相交非也。内之父子兄弟作怨雠，皆有离散之心，不能相和合"，个人都只认为自己的道理或举动是公正合宜的，就会导致天下大乱，这就需要以"正长"来"一同天下之义"。"正长"需要从"贤良圣知"的人中寻得，让他们做"天子""三公""诸侯国君""将军大夫"一直到"乡长""里长"等，这些"正长"自下而上实现"一同其里之义""一同其国之义"，乃至

"一同天下之义"，才能达到"天均"的状态，也就是天然均衡。所以，设置"正长"的目的不是"高其爵，厚其禄，富贵佚"，而是"为万民兴利除害，富贵贫寡，安危治乱"。正如孔子所说"政者，正也"，政治的作用在于领导者树立公正美德，方能统领大众，实现善治。

公正发挥作用，可以促进社会经济发展、民众利益保障等方面的成效。法家代表人物商鞅曾指出："公私之交，存亡之本也。"西汉淮南王刘安也曾说："公正无私，一言而万民齐。"这都说明执政者、管理者的私欲和公心会对社会根本、民心向背产生极大影响。春秋时期，晏子在总结夏桀和商纣灭亡的教训时指出，"惠不遍加于百姓，公心不周乎万国"（《说苑·至公》）是其亡国的根本原因，提醒齐景公以此为鉴，要将恩惠施于全体百姓，将公心惠于万国。《贞观政要》在总结唐太宗"贞观之治"的经验时，同样提炼出"理国要道，在于公平正直"的规律。

另一方面，公道自在人心，不公正会在舆论压力下转向公正。唐代名相姚崇就说"心苟至公，人将大同"，很多人和事如果在当时的法令制度中、在当时的官方制裁下不能得到公正的审判，人民的舆论就会进行抨击和批判。比如：关汉卿的元杂剧《窦娥冤》，演绎了一个年轻的民间女子窦娥，遭人陷害却无处申冤，临刑前满腔悲愤地唱起著名的《滚绣球》："有日月朝暮悬，有鬼神掌着生死权。天地也！只合把清浊分辨，可怎生糊突了盗跖、颜渊？为善的受贫穷更命短，造恶的享富贵又寿延。天地也！做得个怕硬欺软，却原来也这般顺水推船！地也，你不分好歹何为地！天也，你错勘贤愚枉做天！"她指责天和地，就是指责当时执掌人民生死命运的政权与司法，她不仅为自己哭诉，更是为了元朝政府统治下遭受不公待遇的广大百姓。她的哭诉恰恰顺应民心、天意，她的冤死带来三伏天里飞霜雪，以及随后的三年大旱，最终得以翻案。《窦娥冤》自元代开始便一直在民间广受欢迎，常演不衰，正说明了大众对于公正的强烈呼声。

总之，天地之间有杆秤，那就是人心中的公正法度，始终称量天下的正义与邪恶。我们始终在努力构建一个公正社会，在这个过程中难免出现不公正的现象，但是"事在是非，公无远近"，历史的公允在遥遥注视，公正需要所有人共同努力实现。

（四）法治：刚柔并济，转恶为善

"法治"一词在我国有着悠久的历史，如春秋战国时期的法家主张"唯法而治"、"以法治国"等。

社会实现公正的重要保障是基本的准则和方法，即公法。先秦法家思想的集大成者韩非子认为"能去私曲就公法者，民安而国治；能去私行行公法者，则兵强而敌弱"，国家强弱、社会治乱、公正公道在于是否有公法治理。他进一步指出：如果没有法律保障，一切关于公正、公平和公道的许诺，都靠不住；单凭思想、良心和觉悟，是不足以维持社会稳定的。中国古代的很多贤明君主，如刘邦、李世民、朱元璋等，都阐述过"与民休息"、"先存百姓"、"循分守法"等公法思想，对于推动社会公正具有积极意义。

"治"为理顺之意。上古时期有大禹治水的故事，就说明要顺水势去疏导才能解决水患。同样，以法度治理国家也需要注意疏导人心，让人们理解制定法律的意义是转恶为善，帮助人们更好地生活，而不是只在行为上提倡或禁止，这样容易产生敌对心理，误以为法律不过是外在的评判。《群书治要·孔子家语》上有两个故事十分有意思，讲的是孔子做大司寇时审判的两个案子。

> 孔子为鲁大司寇，朝政七日而诛乱法大夫少正卯，戮之于两观之下，尸于朝三日。子贡进曰：夫少正卯，鲁之闻人也。今夫子为政而始诛之，或者为失之乎。孔子曰：天下有大恶者五，而盗窃不与焉。一曰心逆而险，二曰行僻而坚，三曰言伪而辨，四曰记丑而博，五曰顺非而泽。此五者，有一于人，则不免于君子之诛，而少正卯皆兼有之，其居处足以摄徒成党，其谈说足以饰衺荧众，其强御足以反是独立，此乃人之奸雄也。不可以不除。

刚上任大司寇七天，孔子就诛杀了少正卯，可谓雷厉风行。而之所以如此果决，是因为少正卯有五大罪恶，他明事理，又很有能力，但是心术不正，还能引导很多人走向歧途，会造成难以估量的后果，所以对于"奸雄"的最好方法就是斩草除根，以绝后患。然而不久又遇到一个案件：

> 有父子讼者，夫子同狴执之，三月不别，其父请止，夫子赦之焉。季孙闻之不悦曰："司寇欺余。曩告余曰：'为国家者必先以孝'，今戮一不孝以教民孝，不亦可乎？而又赦之。何哉？"孔子喟然叹曰："呜呼，上失其道，而杀其下，非理也。不教以孝而听其狱，是杀不辜也。三军大败，不可斩也。狱犴不治，不可刑也。何者？上教之不行，罪

不在民故也。夫慢令谨诛，贼也。微敛无时，暴也。不诫责成，虐也。政无此三者，然后刑可即也。既陈道德以先服之，而犹不可，则尚贤以劝之，又不可，则废不能以惮之，若是，百姓正矣。其有邪民不从化者，然后待之以刑，则民咸知罪矣。是以威厉而不诫，刑措而不用也。今世不然，乱其教，烦其刑，使民迷惑而陷罪焉。又从而制之，故刑弥繁而盗不胜也。世俗之陵迟久矣。虽有刑法，民能勿逾乎。"

父子之间产生争讼，孔子很久都不去审判，这是为什么？这是在给父子一个冷静期，因为老百姓之间的矛盾很多是由于在气头上，忽视了以往的恩义，等冷静下来，都提起各自的责任、回想起对方的恩情，矛盾自然会化解，这其实是一种柔性断案方式。而更重要的是，平民百姓之间的矛盾能够反映出社会教化、国家制度、媒体舆论等的导向问题，他们的矛盾是这些深层问题的表象，仅仅解决这些矛盾只是治标，唯有反思深层原因才能治本。所以，孔子不去处理这对父子的矛盾，一方面是引导他们恢复善念，另一方面是提醒当时的国君季孙氏要改善国家治理的法度和教化。

从这两个故事可以看到，法度治理的方式不仅有刚性、显性的直截了当，也有柔性、阴性的顺势而为，而刚柔并济的目的是转恶为善，人人都恢复善心善行，善治就实现了。

所以，法治的本质意义在于善德的引导，培养法治意识以"防患于未然"。人在后天环境的影响下，会形成不同程度的善恶习性，善的方面有利于自身和社会发展，而恶的方面会妨害自身和社会利益。实际上在传统文化中德治与法治是一体两面，都是社会善治的重要方式，相互融通、相辅相成。所谓"一阴一阳之谓道"，善恶不是截然对立的，而是普遍存在于所有人身上，所以社会治理不仅要劝恶为善，还要遏恶扬善，正如《孟子》上说："徒法不足以自行，徒善不足以为政。"

社会发展需要公民自觉树立法治意识，这是实现自由、平等和公正的必然要求。清末法学家沈家本说："国不可无法，有法而不善与无法等。"设立了法律制度如果不能执行和遵守，等同于没有法，那将是一个混乱的社会。真正的法治社会，是每个公民"从心所欲不逾矩"的自由社会，在那里人人都有自由，万物享有平等，到处都有公正。

三、身修成栋梁：爱国、敬业、诚信、友善

国家、社会为我们每个人的成长、发展提供各种资源和平台，让我们的人生精彩纷呈。滴水之恩，当涌泉相报。修身成为栋梁之材正是新时代中国每个公民的责任和担当。

（一）爱国：用心感受国家的需要

正体字的"爱"是"受"中有颗"心"，就是用心感受的意思。我们凡是"爱"某人或某物，必然会产生同情心、同理心，可以感受到对方的需要，尽可能地满足合理需要。

有国才有家，我们要将爱家之心推广到热爱伟大的祖国。"国"字中的"囗"（wéi）表示疆域，在一定范围内生活的人们都享受国家的保护。"爱国"一词早在《战国策·西周》就出现："周君岂能无爱国哉？"《前汉纪·孝惠皇帝纪》中也有"封建诸侯各世其位，欲使亲民如子，爱国如家"。中国传统文化里，家、国、天下都是重要的概念范畴，虽然内涵有所不同，但都不断扩大着中国人的包容胸怀。夏朝开始形成完善的国家制度，到战国后期萌芽出许多爱国思想，主要表现为对故土或邦国的热爱。楚国爱国诗人屈原就是典型代表。他早年任左徒、三闾大夫，兼管内政外交大事，主张对内举贤任能、修明法度，对外力主联齐抗秦。楚国郢都被秦军攻破后，自沉于汨罗江，以身殉楚国。秦朝建立中国历史上第一个统一的多民族国家，自此爱国思想突出表现为对祖国锦绣山河、悠久历史、灿烂文化的热爱。

首先，热爱祖国的疆土。国土构成民族家园，疆域是国家存在的基础，维护领土权益必然是一国公民爱国的最直接反应。每当国家领土安全受到威胁时，爱国民众总会同仇敌忾、上下一心来维护领土完整。早在两千多年前的《诗经》的《无衣》就这样写道：

> 岂曰无衣？与子同袍！王于兴师，修我戈矛。与子同仇！
> 岂曰无衣？与子同泽！王于兴师，修我矛戟。与子偕作！
> 岂曰无衣？与子同裳！王于兴师，修我甲兵。与子偕行！

这是先秦时期的秦国人民在抵抗西戎入侵时的一首战歌，表达出上下一心、共御外敌的豪迈精神：一旦有作战需要，同穿战袍，与君共赴战场、共赴国殇！

国土就像我们的身体发肤一样不容侵犯，每一寸山河都是我们生命的见证，每一分沦丧都如同我们生命的折损。基于这种情感，陆游在经历金兵侵宋的一生后，临终时恨道"但悲不见九州同"；陈天华在中国被列强瓜分的大地上，悲愤叩问"好个江山忍送人"；黄遵宪在清朝与日本签订丧权辱国的《马关条约》后，感慨"寸寸山河寸寸金"，疾呼"国民知醒宜今醒，莫待土分裂似瓜！"热爱国家疆土不只是一种情怀，更是具体行动，从爱身边的一事一物、一砖一瓦、一花一草开始。一切都来之不易，一切都值得珍惜。

其次，热爱祖国的人民。《诗经》中说"邦畿千里，维民所止"，维护国土的目的是供养人民生存和发展。因此，在这片土地上生活的人们受到国家的呵护，我们应该和睦相处，维护民族团结、爱护人民性命。《孟子》上说："天时不如地利，地利不如人和。"民心和睦、民力团结，是比任何客观条件更为重要的安定因素。《孙子兵法》也说："上下同欲者胜。"不仅指军队内部上下一心，更是指全国人民团结一心、众志成城。拥有这样的民族力量，就拥有了制胜之道。

中国是一个多民族的国家。风俗迥异、特征各异的民族先辈们相互包容、相互支撑，一路走来，才成就了今天中华民族的大家庭。中国历史上有四次民族大融合、大交汇的时期，各民族因生存迁徙而产生矛盾，由相互冲突转为相互学习，经历贸易往来、联姻通婚，终于相互理解、共存共荣。五千年的血泪交融把56族儿女凝聚到一起，"兄弟齐心，其利断金"，让生活在这个国土上的各族人民越来越幸福安康，才是国家存在的意义，正如《大学》所说："有德此有人，有人此有土，有土此有财，有财此有用。"

最后也是最重要的，热爱祖国的文化。支撑一个古老国家历经沧桑而始终绵延不绝的力量必然是人民群众的集体力量，而凝聚这些力量的是更为深刻的历史文化。中国的文化充满智慧，运用文字和文言文将中华源远流长的文化原汁原味地保留下来。中国文字是象形文字，有音、形、意三方面的内容，读音会随着时代发生变化，但是看到相对稳定的形态仍能理解其中的含义；每个文字的含义会有发展，但不会流失原意。而文言文是书写用的规范格式，与语言不同，语言含义会随着时代习惯而变化，但只要写成书面文字，就有一定的规范，不会产生歧义和流变，能够保证后人看到原意。

中国人十分重视历史，会将重要的事件、道理写成文字留给后人参考。通过文字与文言的帮助，我们打开任何一部经典文献，都可以跨越时空界限与古人面对面交流，中华文化得以一以贯之地保留下来。在多元文化交流互鉴的今天，我们更加需要守住文化的源头活水，并不断开发文化资源，让世界看到博大精深的中华文明何其壮丽，为世界文化的发展繁荣提供无穷的中国智慧。

总之，守卫国家领土、维护民族团结、深入学习文化，是回报国家守护之恩的重要内容，是国家持久发展的不竭动力。

（二）敬业：勤劳付出是幸福之源

国家有序运行需要各行各业的稳定和发展。"业"不仅是一份谋生的职业，更是一项实现自我价值更有益于他人的伟大事业。伟大不在于事业是大是小，在于为了更多人的幸福生活而付出努力，无论是否实现现实的价值，都可以称为"伟大"。曾经有三个建筑工人在同一个工地干活，甲认为自己只是在码砖挣钱，乙认为自己在为城市发展而建设高楼大厦，而丙认为自己在为所有人向往的美好生活而贡献力量。三个人具体工作是一样的，但内在价值却是天壤之别。因为不同的价值观念会提供不同的动力。甲是迫于生活压力不得不付出劳动，乙的动力来自成就感，丙则依靠的是奉献精神。三者都能实现大楼的建设，但是甲可能会因为工钱少而去找其他工作，乙会因为没有人赏识而半途而废，唯有全身心投入的丙不会受到外界的阻挠，兢兢业业地努力下去。

当把一种职业视为事业理想和人生意义时，工作的动力会发生质的转变，从被动的压力变为主动的奉献。楚国诗人屈原说："路曼曼其修远兮，吾将上下而求索。"三国时期蜀国丞相诸葛亮说："鞠躬尽瘁，死而后已。"唐代诗人李商隐说："春蚕到死丝方尽，蜡炬成灰泪始干。"这些都体现着奉献精神。如果每个人都能在自己的职责范围内发挥才智、尽心奉献，就能形成强大的合力，推动个体、家庭、社会和国家发展。

"敬"是认真严肃，是一种专注、投入的状态，"敬业"是对于事业的专注和奉献。后人尊称孔子为"至圣先师"，他无论做什么事情都十分认真负责。年轻时曾担任管理仓库和牛羊的小官，把仓库的账目管理得清清楚楚，把牛羊养得肥肥胖胖。这种精神在他一生中一以贯之，历任官职都尽职尽责。退休后，他教学编书同样兢兢业业，所以培养出"三千弟子，七十二贤人"。而他的思想也影响后世几千年，他被人尊为"素王"。孔子强调"敬事"，要"敬事而信""执事敬""敏于事而慎于言"。

"敬业"意味着吃苦的决心、刻苦的努力、艰苦的付出，而且需要持之以恒，否则就会半途而废，所以韩愈说"业精于勤，荒于嬉"。而全身心投入工作时，人也会体会到乐在其中。孔子把学习传道和克己复礼当作自己毕生的事业，所以老来回味的时候，纵然这一生有过颠沛流离"累累若丧家之犬"的狼狈，有过政坛失意不得不远走他乡寻道远方的艰难，但是仍然感觉是度过了陶然忘机、充实快乐的一生，甚至"不知老之将至"，正是日日夜夜对事业的崇敬和热爱，让他悠然忽略了年华的劳损、人生的劳苦。

当我们将自己的力量和智慧投入事业中，通过努力取得新成绩、创造新成果，自己的实力和价值就会得到展现和证实。人的多数能力都是通过工作实践锻炼而得到提升。孟子说："天将降大任于是人也，必先苦其心志，劳其筋骨，饿其体肤，空乏其身，行拂乱其所为，所以动心忍性，曾益其所不能。"在付出的过程中，其实我们收获更多的是自我完善。通过反省工作中的不足和短板，我们会使自己的道德和能力不断提高。同时，敬业确实是生活的需要，在按劳分配方式为主的社会里，劳动成果越多，对社会的贡献越大，社会给予的回报自然也越多。

而我们在努力的时候，会带动更多人勤奋劳动，促进国家各行各业蓬勃发展。朱熹曾说"天不生仲尼，万古长如夜"，他认为孔子的思想启迪了后世的智慧、照耀了万古的长空。例如：北宋儒学家张载呼吁："为天地立心，为生民立命，为往圣继绝学，为万世开太平。"他立志立身行天地大道，运用大道规律带领人民安身立命，将古圣先贤的经典智慧承传下去，为后世人类开创长久太平，而成为北宋著名思想家、教育家。

总之，敬业是目标明确的专注，指引我们找到追寻的目标，人生境界便由"昨夜西风凋碧树，独上高楼，望尽天涯路"茫然中提升，将职业转化为热爱的事业，此后甘之如饴而"衣带渐宽终不悔"地付出、奉献，终将在"蓦然回首"中成就精彩人生。

（三）诚信：至诚存心，以信待人

诚信是中华民族的传统美德，也是人类在文明进步过程中共同推崇的一种为人处世的准则。从先哲的"人而无信，不知其可也"，到诗人的"三杯吐然诺，五岳倒为轻"，再到民间的"一言既出，驷马难追"，都极言诚信的重要。

诚信，就是诚实守信。东汉许慎在《说文解字》中解释："诚，信也，从言成声。""信，诚也，从人从言。"两个字虽然可以相互解释，但又各有侧重："诚"是对自己的诚实，不自欺；"信"是对他人讲信用，不欺人。

而诚于中方能信于外。《大学》提出"欲修其身者，先正其心；欲正其心者，先诚其意"，在自身修养的培养过程中，诚意是非常重要的内容，意念诚实才能摆正心态，进而修正身行。《中庸》说："诚则明矣，明则诚矣。"对自己诚实、心意真诚的人就会越来越明智，逐渐恢复本性明德的光明和能量，而恢复本性能量才达到真的诚意。"唯天下至诚，为能尽其性；能尽其性，则能尽人之性；能尽人之性，则能尽物之性；能尽物之性，则可以赞天地之化育；可以赞天地之化育，则可以与天地参矣"，真诚的力量将与天地无二无别，足以创造万事万物，实现所有理想。

诚信既是思想家强调的道德准则，又是政治家治国理政的一大法宝，发挥作用足以修身、齐家、治国、平天下。春秋时期著名政治家管仲曾说："先王贵诚信。诚信者，天下之结也。"（《管子·枢言》）意思是诚信是集结人心，使天下团结一致的保证。一般认为这是"诚信"一词的最早出处。后来，荀子也说："诚信生神，夸诞生惑。"（《荀子·不苟》）就是说诚实守信可以产生意想不到的效果，虚夸荒诞则会产生惑乱。秦朝商鞅徙木立信，顺利实行了变法，使秦国成为"战国七雄"之一；东汉曹操"割发代首"，严明军纪，壮大了自己的军事力量；唐代吴兢"秉笔直书"，赢得了"今世董狐"的美誉；唐太宗听取大臣魏征的意见，依靠诚信，赢得了民心，开创了"贞观之治"的局面。

真诚的人一定会有信用，"言必诚信，行必忠正"（《孔子家语》）。信用对于人而言是在社会立足的根基，而对国家来说更是无比的宝贵，如《左传》说"信，国之宝也"。建立信誉要比建造城池、建设经济困难得多，想要长久维持更是难上加难，哪怕"退避三舍"让出军事上的优势，都要守住信用。春秋时期，晋国公子重耳流亡楚国时曾受到楚成王的款待，为表示感谢，他承诺将来回国后如果遭遇晋楚两国交战，一定让晋军退避九十里（三舍）。后来果如重耳所言，晋楚两军对决，晋军退避九十里后才战，最终赢得城濮之战的胜利，成就了晋文公重耳一代春秋霸主的地位。晋军后退时也有很多人强烈反对，认为躲避是耻辱，但重耳的舅舅子犯代表重耳说，如果没有楚国之前的恩情，就不会有晋国后来的发展，不能背弃恩惠而食言。《孔子家语》上说："轻千乘之国，而重一言之信。"国家的威信胜过万马千军，那是品格的力量。

信用是最不能够丧失的品质。《论语·颜渊》中记载着一个故事：

> 子贡问政。
> 子曰："足食。足兵。民信之矣。"
> 子贡曰："必不得已而去，于斯三者何先？"
> 曰："去兵。"

子贡曰："必不得已而去，于斯二者何先？"

曰："去食。自古皆有死，民无信不立。"

子贡问老师如何为政，孔子说了三个要点：充足的食物、足够强大的军事，以及百姓对统治阶层的信任。其中，前两者在一定条件下都可以放弃，但是唯独信任是绝对不可以丧失的，所谓"人而无信，不知其可也"。荀子也提出"君子养心莫善于诚，致诚则无他事矣"，因为"诚心守仁则形，形则神，神则能化矣"，真诚到极处，就会有不可思议的变化力量。此外，道家提倡"信言不美，美言不信"，墨家提倡"言必行，行必果"，法家提倡"巧诈不如拙诚""小信诚则大信立"，兵家提倡"素信者昌"，等等。可以说，诸子百家虽然立场不同，主张各异，但对诚信价值和意蕴的论辩，观点则是大致相同的。

诚信作为人品的基本保障，是我们立足社会的第一张名片，也是从事自己热爱的事业、为国家贡献力量的通行证。

（四）友善：以己之善，成人之美

"友善"虽然是两个字，但实际上"友"是"善"的修饰语，核心是"善"。何为"善"？老子曾说："天道无亲，常与善人。"（《老子》第十七章）自然法则不分亲疏，善人因为遵循天道规律，才能获得助佑。善是什么样子？老子认为："上善若水，水善利万物而不争，处众人之所恶，故几于道。"（《老子》第八章）最高境界的善就像水一样，泽被万物而不争名利，就算处于被人厌恶的涤荡，也能净化污秽，转恶为善，这个样子就十分接近大道了。

友爱、善良更是儒家所强调的品性。《论语》开篇就说："有朋自远方来，不亦乐乎？"表现出亲切热情的待人态度、友好的情谊。此外，与人相处要避免矛盾，"躬自厚而薄责于人"，常反省自己的不足，以宽厚的态度对待他人。《论语》中多次记载了孔子对善的追求，比如"见善如不及，见不善如探汤""择其善者而从之，其不善者而改之"。时时刻刻都择善改过，就可以不断提升道德修养，成就越来越大的事业，正如《周易·坤卦》所言："地势坤，君子以厚德载物。"

而墨子从"利"的角度论"仁"，认为"仁之事者，必务求兴天下之利，除天下之害，将以为法乎天下。利人乎，即为；不利人乎，即止"。仁善的事情必然是对天下都有利的事情，可以消除天下的灾害，让天下人都学习效法。所以，无论做什么事，都不能只顾自己的想法，要多考虑别人的感受和利益。尊重、体谅他人，正是友善的一种体现。

法家虽主张以法治国，但同样强调人要有仁爱的善心。《韩非子·解老》上说："仁者，谓其中心欣然爱人也。"发自内心地去爱护他人，这是真正的仁爱自然发挥的友善作用。

历代政治家、思想家从不同角度阐释"友善"。三国时期蜀汉皇帝刘备在给儿子刘禅的遗诏中劝他"勿以恶小而为之，勿以善小而不为"。隋代思想家王通教育学生在与人交往时要"不责人所不及，不强人所不能，不苦人所不好"，现实中人都有局限性，不要强求别人做一些不可能的事情。宋代李邦献也说过"合以处众，宽以待下，恕以待人"（《省心杂言》），明代曹荩之也劝告我们"朋友小过，不可不容"（《舌华录·名语》）。

另一方面，善念存心，方为真友。朋友是我们人生道路上的重要支撑力量，与人为善、成人之美才能结交真正的朋友。与我们交往的人大致可分两类，一类是我们认同的、喜欢的、看重的人群，而另一类则恰恰相反。对于前者，我们自然而然能够做到友好以对，但重要的是这种友好是否出于自己的善意本心？而面对另一类人时，我们是否不需要友善对待呢？

孔子在《论语》里曾提出"益者三友""损者三友"，指导我们交友的原则。"益友"的特点是"直、谅、多闻"，他们正直、诚信、博文广志，喜好"节礼乐、道人之善、多贤友"，对于我们的德行能力都有促进作用；而"损友"的特点是"便辟、善柔、便佞"，他们谄媚逢迎、软弱阿谀、花言巧语，喜好"骄乐、佚游、宴乐"，对于我们只会产生负面影响。而对于截然相反的两类人是不是采取截然相反的态度去对待他们呢？孔子给出的建议是"见贤思齐焉，见不贤而内自省也"，所谓"三人行，必有我师"，善于不善其实都是我们的老师，看到善言善行就去学习力行、弘扬发展，而看到他人的缺点甚至丑恶不是去批评、批判或排挤，而是反省自身是否有同样的问题；如果有就改正，没有就继续保持，这才是真正的友善心行。成人之美而不扬人之恶是光明的正能量，所到之处可以将黑暗照亮，《孟子》说："君子莫大乎与人为善。"

真正的友善不会因为环境条件的改变而变化，出现矛盾要努力化解。诸葛亮在《论交》里说道："势利之交，难以经远。士之相知，温不增华，寒不改叶，能四时而不衰，历险夷而益固。"任何一种人群、任何一种交往难免出现矛盾冲突，如果以消极、怠慢、放弃去应对，那么我们就已经把自己的状态推向了阴暗，这种消极心态首先会反噬我们内在的美善。所以，友善的前提是守护内心的善意。任何情况都不会否定自己内在善意的起点，无论境遇、结局如何，首先要成就自己的善良，才能持久对人保持友善。

怎样做到守护内心的善念呢？《论语》提供的答案是"忠恕"之道。孔子曾对学生曾参说"吾道一以贯之"，一生待人处事都遵循这个规律，而曾子的理解就是"忠恕"二字。"忠"是尽己之心、以待己之心去待人，不偏不倚、毫无私心杂念，所谓"己欲立而立人，己欲达而达人"。而"恕"是如人之心、换位思考，当我们面对很多不善的人时很容易发怒，虽然是人之常情，但这时我们已经成为情绪的奴隶；只有把"奴"转为"如"，像镜子一样换位思考，理解可恶之人必有可怜之处，转怒为恕，才能帮助丑恶转向美善。

其实生气往往是用别人的错误惩罚自己，只有宽恕别人才能放过自己，成就自己和他人的美善。《左传》告诉我们："人谁无过，过而能改，善莫大焉。"善良很好，但是过错也不是绝对的丑恶，因为只要改过就是大善。生而为人都有这样那样的缺点，我们相遇的目的不是划分高低美丑，或者相互攻击，而是相互提醒改过，共同进步，为我们的身心健康、家庭和睦、社会和谐、国家富强、世界和平、人类永续发展携手奋斗。

【新时代启示】

社会主义核心价值观简简单单的十二个词、二十四字，为我们提炼出崇高的道德法则，犹如灿烂星辰带来光明、指引方向，成为我们心中的价值坚守。每个人从做到"爱国、敬业、诚信、友善"开始，共同打造"自由、平等、公正、法治"的社会，推动国家更加"富强、民主、文明、和谐"，必将为人类的美好明天提供"至善"的力量。

拓展阅读

全面把握社会主义核心价值观的特点（部分）

来源：《经济日报》2019 年 12 月 24 日 12 版

作者：梅岚（中国社会科学院习近平新时代中国特色社会主义思想研究中心研究员）

社会主义核心价值观是当代中国精神的集中体现，是凝聚中国力量的思想道德基础。党的十九届四中全会强调，"坚持以社会主义核心价值观引领文化建设制度"。贯彻落实这一要求，需要我们全面把握社会主义核心价值观的特点。总的来看，在地位上，社会主义核心价值观体现统摄性与崇高性；在培育上，社会主义核心价值观具有系统性与融入性；在内容上，社会主义核心价值观彰显民族性与时代性。

体现统摄性与崇高性

培育和践行社会主义核心价值观，要坚持以理想信念教育为核心。一个国家、一个民族、一个政党，任何时候、任何情况下都必须树立和坚持明确的理想信念。如果没有或丧失理想信念，就会迷失奋斗目标和前进方向，就像一盘散沙而形不成凝聚力，就会失去精神支柱而自我瓦解。中国共产党从成立的那一天起，就在马克思主义世界观指导下把在中国实现社会主义、共产主义确立为自己的远大理想和奋斗目标，一代又一代中国共产党人确立了为之不懈奋斗的坚定信念。坚定理想信念，坚守共产党人精神追求，始终是共产党人安身立命的根本。

当今世界正经历百年未有之大变局，我国正处于实现中华民族伟大复兴关键时期。我们要以习近平新时代中国特色社会主义思想为指导，紧紧围绕进行伟大斗争、建设伟大工程、推进伟大事业、实现伟大梦想，坚持以社会主义核心价值观引领文化建设制度，筑牢理想信念之基，最大限度地凝结社会思想共识，把人民创造历史的力量协调聚合起来，振奋和发扬"滚石上山"的精气神，为实现"两个一百年"奋斗目标、实现中华民族伟大复兴的中国梦提供有力保证，把我国文化制度的优势更加充分地发挥出来。

具有系统性与融入性

社会主义核心价值观的培育是一个系统工程。首先，必须筑牢理想信念之基。共产主义远大理想和中国特色社会主义共同理想，是保持党的团结统一的思想基础。要坚持不懈用习近平新时代中国特色社会主义思想武装全党、教育人民，引导人们把握丰富内涵、精神实质、实践要求，打牢信仰信念的思想理论根基。在全社会广泛开展理想信念教育，深化社会主义和共产主义宣传教育，深化中国特色社会主义和中国梦宣传教育，引导人们不断增强"四个自信"，把共产主义远大理想与中国特色社会主义共同理想统一起来，把实现个人理想融入实现国家富强、民族振兴、人民幸福的伟大梦想之中。

其次，必须坚持科学的方法论。培养社会主义核心价值观，需要运用辩证唯物主义和历史唯物主义世界观和方法论去思考与解决现实问题。比如，关注人们利益诉求和价值愿望，需要战略思维；找准与人们思想的共鸣点、与群众利益的交汇点，需要辩证思维；善于运用群众喜闻乐见的方式，搭建群众便于参与的平台，开辟群众乐于参与的渠道，需要创新思维；等等。同时，对一些错误思潮、观点和言论，要旗帜鲜明、敢于斗争，有针对性地进行辨析和批驳，帮助人们划清是非界限、提高辨别能力，自觉抵制错误思想观点的侵蚀。

再次，在路径设计上，要做到常态化开展、制度化推进。通过制度化措施将社会主义核心价值观嵌入群众日常生活，实现生活化、日常化。在贯穿、结合、融入上下功夫，在落细、落小、落实上下功夫，将社会主义核心价值观转化为人们的情感认同和行为习惯。要持续深化社会主义核心价值观宣传教育，增进认知认同、树立鲜明导向、强化示范带动，引导人们把社会主义核心价值观作为明德修身、立德树人的根本遵循，使之成为人们日用而不觉的道德规范和行为准则。坚持德法兼治，以道德滋养法治精神，以法治体现道德理念，推动社会主义核心价值观融入法治建设。

彰显民族性与时代性

中华优秀传统文化是中华民族的文化根脉，其蕴含的思想观念、人文精神、道德规范，是中国人思想和精神的内核。中华传统美德是中华文化精髓，是道德建设的不竭源泉。要以礼敬自豪的态度对待中华优秀传统文化，让中华文化基因更好植根于人们的思想意识和道德观念。

不忘本来才能开辟未来，善于继承才能更好创新。传承中华民族伟大民族精神，要深化改革开放史、新中国历史、中国共产党历史、中华民族近代史、中华文明史教育，弘扬中国人民伟大创造精神、伟大奋斗精神、伟大团结精神、伟大梦想精神，倡导一切有利于团结统一、爱好和平、勤劳勇敢、自强不息的思想和观念，构筑中华民族共有精神家园。中国共产党人的崇高理想、坚定信念、高尚品德、优良作风等红色基因，寓于"红船精神""井冈山精神""长征精神""延安精神""西柏坡精神"等之中。要继承和发扬党领导人民创造的优良传统，传承红色基因，赓续精神谱系。

以改革创新为核心的时代精神体现了中国精神的时代特征。社会主义先进文化是中国特色社会主义伟大实践的深刻反映，是社会主义核心价值观的时代根基，体现了繁荣、进取、积极向上的时代风貌。彰显时代精神的社会主义核心价值观与现实生活相融相通，成为全体人民精神生活、道德实践的鲜明标识。要紧紧围绕全面深化改革开放、深入推进社会主义现代化建设，大力倡导解放思想、实事求是、与时俱进、求真务实的理念，倡导"幸福源自奋斗""成功在于奉献""平凡孕育伟大"的理念，弘扬改革开放精神、劳动精神、劳模精神、工匠精神、优秀企业家精神、科学家精神，使全体人民保持昂扬向上、奋发有为的精神状态。

思考题

1. 如何在大学时代培养爱国、敬业、诚信和友善的价值观念？
2. 大学生如何为建设自由、平等、公正、法治的社会贡献力量？
3. 在实现第二个百年目标的征程上，我们应如何奋斗？

专题九

道义实践：大道之行也，天下为公

【主题出处】

"大道之行也，天下为公。"和平、发展、公平、正义、民主、自由，是全人类的共同价值，也是联合国的崇高目标。目标远未完成，我们仍须努力。当今世界，各国相互依存、休戚与共。我们要继承和弘扬联合国宪章的宗旨和原则，构建以合作共赢为核心的新型国际关系，打造人类命运共同体。

——2015 年 9 月 28 日，习近平主席在第七十届联合国大会一般性辩论时的讲话

【原典出处】《礼记·礼运》（西汉·戴圣）

大道之行也，天下为公，选贤与能，讲信修睦。故人不独亲其亲，不独子其子，使老有所终，壮有所用，幼有所长，矜寡孤独废疾者皆有所养，男有分，女有归。货恶其弃于地也，不必藏于己；力恶其不出于身也，不必为己。是故谋闭而不兴，盗窃乱贼而不作，故外户而不闭。是谓大同。

【原典释义】

"大道之行也，天下为公"出自儒家经典《礼记·礼运》，阐释了儒家学派的政治理想及其对未来社会的憧憬。当大道行于天下的时候，天下就是人们所共有的。人们会推举那些品德高尚、德才兼备的人，让他们出来管理国家。人人讲求诚信，彼此和睦相处。人们不只是把自己的亲人当亲人，不只是把自己的子女当子女，让老年人能有个养老送终的处所，青壮年有个工作来养家糊口，年幼的孩子可以有个健康成长的地方，让那些鳏夫、寡妇、孤儿、残疾人、独居老人都能得到社会的供养。男子有职务，女子有归宿。对于财货，人们憎恨它被白白扔掉，捡起来却不一定要自己私藏。人们都愿意为公众事业竭尽全力，

而不一定是为自己谋求私利。因此，奸邪之谋不会发生，盗窃、造反、害人的事情不会兴起，所以大门也就不用紧紧关闭。这就是所谓的"大同世界"，表达了中国古人对尽善尽美理想社会的追求。

【主题讲解】

"大道之行也，天下为公"是习近平主席引用率颇高的一则古语，多用于中国外交政策的阐述，旨在打造人类命运共同体。习近平主席所讲的"天下"与前人的理解有很大不同。古代中国的"天下观"指的是"普天之下"，其基本主张是"天下一家，中国居中"。而习近平主席所讲的"天下"是指全世界，中国是人类命运共同体中的一员；"大道"则是全人类共同追求的"公平正义"等价值。"人类命运共同体"是中国促进世界和平发展的理想追求，旨在回答"中国想要什么样的世界"之问；"天下为公"源自中国古人对"大同世界"的追求，二者一脉相承，在价值观念上相通相融。人类命运共同体秉承"天下为公"的使命担当，彰显"共赢共享"的治理理念，贯穿"公平公正"的价值取向，蕴含"和而不同"的伦理思想，体现"求同存异"的包容精神。这是中国贡献给世界的非常具有中国智慧的全球治理方案，体现了更宽的视野、更大的气魄、更广的胸怀，彰显着大国领袖宽广的世界眼光和博大的人类情怀。

一、见利思义：中华优秀传统文化中的义利观

习近平总书记倡导合作发展理念，在国际关系中践行正确义利观。习近平总书记于 2014 年 7 月 4 日在韩国国立首尔大学演讲中指出："国不以利为利，以义为利也。"这句典故出自《大学》，意思是治理国家不应当以财富为利益出发点，应该以仁义为着眼点。

一个国家的文化内涵与精神底蕴，直接影响国家内外政策的制定与实施。中国传统经济伦理观念的核心是"义利观"。"义"的繁体字是"義"，上偏旁"羊"表示祭祀品，义就是指以自身来捍卫保护正当美好的事情，为之付出行动，实现正义。下偏旁"我"是兵器，又表示仪仗，有捍卫、保护之意。"义者，宜也"（《中庸》），即恰当、合乎时宜。一般认为，"义"主要是指思想、行为所必须遵守的道德原则，"利"是指功利、利益，是人们所追求或取得的物质利益和权利利益等。义利思想在夏商时期就有了萌芽，到春秋战国时期逐渐形成了比较系统的义利观思想。孔子孟子为代表的儒家思想义利观成为主流价值观，他们主张"以义为先，舍利取义"的思想，深刻揭示了"义"与"利"

之间的辩证关系，奠定了儒家伦理价值基础。在中国历史上也存在其他学派的义利思想，如墨家、法家、道家等，他们的思想从不同的角度丰富了义利观思想。

（一）儒家义利观思想：重义轻利

在中华五千年文明史上，儒家思想一直是中华文化中最重要的精神命脉和生命土壤。儒家学派的义利思想，以孔子和孟子为主要代表。

1. 孔子义利观思想

孔子认为"义"是人行为的最高规范。"君子喻于义，小人喻于利"，他把义看作一个人安身立命的根本，并把义作为评判君子和小人的道德准绳。"利"是对物质利益和物质欲望的追求，是和"礼""义"相对而言，包含公利（利民）和私利。孔子认为可以追求私利，提出"富与贵，人之所欲也，不以其道得之，吾不处也；贫与贱，人之所恶也，不以其道得之，吾不去也"。可见孔子主张在重"义"的同时并不排斥对"利"的追求，在遵守道义准则的前提下，去取得正当的、长远的利益，否则便是"不义"的行为。孔子认为应该维护公利，对公利非常重视。他的思想奠定了儒家义利观的基础。

义利二者是什么关系呢？义作为一种内在规范，需依利而存；利作为外在实体，需依义而行。义利二者相互依存，先义后利，见利思义，当二者矛盾冲突时要以义为上。他说"不义而富且贵，于我如浮云"，意思是那种凭借不正当的手段谋得的富贵利益，虽然可以使人得到物质的满足，但对我来说这只不过如同飘忽即逝的浮云，毫无意义。义超越一己之利，作为一种道德价值取向，是体现着社会整体利益的公利。大利也是义，义利统一。

2. 孟子义利观思想

孟子继承并发扬了孔子"重义轻利"的义利思想。孟子"义利观"主要包括：仁义至上，以义待利，怀义去利，舍生取义。仁义至上，体现为"富贵不能淫，贫贱不能移，威武不能屈"。以义待利是说追逐利益的同时不能没有限制规范，不能背义取利。怀义去利是说"仁义"是处理人伦关系的基本原则和行为方针，要"由仁去义"就必须"去利"，要去的"利"是个人私利、私欲。如果人人都宣扬仁义，大家就会相互关爱。孟子曰："生，亦我所欲也；义，亦我所欲也，二者不可兼得，舍生而取义者也。"在义利不可兼得时，他主张舍生而取义，把人的精神价值提高到首要地位，作为人的行为准则和判断事物的价值标准。这种崇高的精神境界对于培养中华民族浩然正气和爱国主义高尚情操起到了重要的作用。

孔子孟子都主张重义轻利，先义后利，但并不否认利，肯定了合乎义的利。儒家的义利观基本上构成了中国传统义利观的主要方面。

（二）其他学派义利观思想：丰富发展

墨家主张"民本功利"。其主要特征是将"义"等同于"公利"，强调义利兼顾，"利"指天下人最大的利，离开了利就谈不上义。墨子思想以"民利"为中心来展开，"兼相爱，交相利"是指人与人之间、国与国之间不分贵贱亲疏，一视同仁爱他人。墨家将个人利益与社会的整体利益结合起来，主张利人即利己，损人即损己。法家与儒家观点差异很大，商鞅和韩非子是主要代表人物，非常重视人性问题。法家立足于人性恶，把人追逐私利当作本性，主张重利而轻义，对义的追求进行了否定。道家主张"自然义利"，认为"道"是宇宙万物的根源，"天下万物生于有，有生于无"。老子主张无欲无求，认为"祸莫大于不知足"，世间争斗是源自对物质利益的追求，所以应少私寡欲。他反对法家的法制，也反对儒家的礼。汉武帝时"罢黜百家，独尊儒术"，确立了儒学在我国思想领域的统治地位。正确义利观思想博各学派之所长，对中国传统义利思想的优秀内涵进行了继承弘扬。传统义利观思想并不是一成不变的，而是随时代变迁，这些嬗变使传统义利思想在历史的进程中内涵不断丰富。

（三）习近平外交思想中正确义利观：国以义为利

习近平于2013年3月访非期间首次提出了正确义利观，在之后的演讲和文章中多次提到了正确义利观的外交理念。正确义利观强调中国在开展外交实践时要坚持以义为先、弘义融利和义利平衡的价值取向。

1. 强调以义为先道义观

习近平总书记指出："义，反映的是我们的一个理念，共产党人、社会主义国家的理念。这个世界上一部分人过得很好，一部分人过得很不好，不是个好现象。真正的快乐幸福是大家共同快乐、共同幸福。我们希望全世界共同发展，特别是希望广大发展中国家加快发展。"习近平总书记在2014年11月29日外事工作会议上进一步指出："要坚持正确义利观，做到义利兼顾，要讲信义、重情义、扬正义、树道义。""讲信义"侧重国家信誉。在国际交往上，中国始终信守诺言，毫不动摇地坚持和平发展理念，始终愿意同所有国家建立友好发展的合作关系。在参与多边合作时，中国积极承担应尽的责任和义务，不背信弃义，不见利忘义，在世界舞台上展示了一个诚实守信的负责任大国形象。"重情义"注重民心相通。国家在发展过程中绝不会为了谋取一己之利而做出损害别国利益的事情，与周边及发展中国家打交道，更多地考虑照顾对方利益、诉求和关切，提供援助，以诚相待。"扬正义"主张维护国际公平正义。中国始终从世界和平与发展大局出发，主张通过和平方式解决国际争端和热点问题，反对侵略或对外扩张，积极推动国际新秩序的构建。"树道义"强调敢于主持公道。中国始终坚持将中国人民和世界人民的利益放在第一位，中国不屈服于任何外来压力，不与任何国家搞军事集团、军事扩张，始终坚持公道正义。

2. 倡导弘义融利责任观

习近平主席指出，"利，就是要恪守互利共赢原则，不搞我赢你输，要实现双赢。我们有义务对贫穷的国家给予力所能及的帮助，有时甚至要重义轻利、舍利取义，绝不能唯利是图、斤斤计较""坚持正确义利观，做到义利兼顾，做好对外援助工作，真正做到弘义融利"。

3. 坚持义利平衡合作观

义利观包含义和利两个方面，"义"即道义，可以理解为道德和正义，在国际关系中还包括国家形象和国际声誉；"利"即利益，是每个国家生存和发展的现实需要。在当今世界，每个国家都应遵守道义和利益的平衡，坚持义利辩证统一，以共赢取代独占，在谋求本国发展中促进各国共同发展。在十九大报告中习近平总书记倡导"推动建立相互尊重、公平正义、合作共赢的新型国际关系"。

（四）义利观引领价值观培育

1. 从心所欲不逾矩：培育道德底线

孔子认为，追求利，无论是公利还是私利，都存在一个道德底线制约，即"不逾矩"。"不逾矩"是一种高度自律，在先秦儒家理解为"慎独"，在今天可理解为底线思维。在物质膨胀的商品经济环境需要底线思维，才能营造公平公正的社会竞争氛围，而不能为了追求更高的物质生活，急功近利，一度挑战法律和道德底线。我们要在学习、工作和生活中恪守道德底线。

2. 以义制利：养成敬畏之心

在儒家思想中，仁与义具有最高权威，当利与礼相冲突时，需"克己复礼为仁"。儒家的"以义制利"使我们明白，不要盲目追求物质的"仪式感"和"精致感"。因为利（物质世界）是现实世界中的具体性东西、不完美的，过多追求也只能停留在"形而下"的境界；而义（精神世界）则是抽象的完美的仁的范畴，是心中的"绝对律令"。我们如果对仁有敬畏之心，在实践中就有了义的约束，就不会逾越义去盲目追求超出自己经济能力范围内的物质利益，要做到理性逐利：利己不损人、追利不缺德，见利思义、不唯利是图。

3. 存养浩然之气：塑造高尚人格情操

孟子有云："我知言，我善养吾浩然之气。"存养"浩然之气"，则能"知道"与"集义"，在日常生活中就能谨言慎行，恪守道德规范，终能"慎独"以"知天命"，那么精神家园将得到充实。

4. 天下为公：倡导集体主义价值观

儒家文化是以集体为核心（家庭、家族）并逐步扩大到起核心作用的家，天下一统，中华一体，忠君报国，四海归心。荀子把"义"作为区分人与其他万物的标准，"义"不仅指正义，也指群体利益、整体利益、国家利益。荀子云："（人）力不若牛，走不若马，而牛马为用，何也？曰：人能群，彼不能群也。"儒家伦理文化注重团结，以和为贵。"天时不如地利，地力不如人和"，只有众人的力量，才能成就伟大的事业。

儒家文化体现了对个人利益与群体利益的观点。儒家理想是要修己安民，范仲淹有"先天下之忧而忧，后天下之乐而乐"，文天祥有"人生自古谁无死，留取丹心照汗青"，顾炎武有"天下兴亡，匹夫有责"，林则徐有"苟利国家生死以，岂因祸福避趋之"，儒家文化的群体主义精神正是爱国精神的基础和积淀。在大学校园，宿舍、班级、社团等都是群体，每个人与群体息息相关。我们要树立集体主义精神，关心集体，乐于助人，甚至适当舍弃个人利益达成集体利益。

二、以人民为中心：一枝一叶总关情

天安门前的"华表"来自上古帝王尧舜用来倾听民意的谤木，是古代帝王执政为民的标志。它时刻提醒执政者，无论时代如何变迁，都必须坚持为人民服务。中国五千年的历史周期律，是一部历代王朝兴亡演替的循环史。鉴于对天地之道及国家兴衰成败经验的总结，古人很早就提出"民贵君轻""政在养民"等民本思想，将民心向背作为政权合法性的唯一来源。民本思想作为中国传统治道思想的重要组成部分，不仅在中国古代的大一统历史发展中发挥了重要作用，并作为一以贯之的政道传统传承至今。习近平总书记以人民为中心的发展思想，就是在汲取古代民本思想精华基础上的理论创新。

（一）以民为本：民贵君轻

民本思想是中华优秀传统文化的精华。中国古代很早就意识到了民众的地位和力量，洞察到了民心大如天的客观规律，将民本主义作为治国理政的核心价值，将人民的长远利益和整体利益作为治国理政的根本出发点。

民本思想肇始于夏商周时期，散见于三皇五帝的神话和传说中，如神农尝百草，在部落首领对成员的牺牲奉献中体现了一定的爱民重民思想。《尚书·五子之歌》记载：大禹的孙子太康无道，被有穷、后羿抓起来废了。太康的五个弟弟作《五子之歌》述大禹之训诫："民惟邦本，本固邦宁。"意思是说，人民是国家的根基，根基牢固了国家才能安宁。《尚书·康诰》记载，周公总结商亡的教训，主张"以德配天""敬德保民"，以民本思想为指导实施"德治"。

春秋战国时期百家争鸣，儒家的孔子、孟子、荀子等认为统治者只有赢得民心才能得到天下，提出了"安民利民""民贵君轻""顺从民意"一系列命题，形成了初步的思想体系。老子虽提倡无为而治，但在民本问题上也有高论——"贵以贱为本，高以下为基"。墨子的"兼相爱，交相利"思想中也有一定的民本思想，他所指爱的对象是天下万民，利是万民之公利。这些"重民、富民、爱民、安民、信民、教民"思想，标志着我国传统民本思想的确立和形成。

汉唐时期，传统民本思想进入了深刻的历史反思阶段和治国理政的应用阶段。西汉政治思想家贾谊深入阐述了人民的重要性，总结出人民是国家兴衰成败根本的结论，完善了民本思想体系。唐代柳宗元在"民为本"思想的基础上提出"吏为民役"的观点，可以说是中国古代民本思想发展的高峰。亦有唐太宗吸取隋王朝灭亡的经验教训，深刻认识到"为君之道，必先存百姓"，虚心纳谏，开仓赈民，减轻劳役，民心聚拢，社会和谐，开创了盛唐的"贞观之治"。

元明时期，黄宗羲的言论最有代表性，他大胆发出"天下为主，君为客"的声音。王夫之进一步深化了"民主君客"的思想，提出"宽庶民，严吏治，重民情"。清朝末年，外敌入侵，有志之士爱国救民之心兴起。康有为、梁启超、严复等人大声疾呼，"鼓民力、开民智、新民德"。谭嗣同在《仁学》中提出"君末也，民本也"。孙中山在《民报发刊词》中高度概括了三民主义"皆本于民"，后又发表《人民心力为革命成功的基础》。

中国古代民本思想在政治实践中具体化为以下几个主要方面：畏民重民，尊重和敬畏人民；知民得心，体察民情民意；爱民恤民，体恤爱护人民群众；

忧民利民，关心人民疾苦，为民谋利益；富民强国，使人民富裕、国家强大。其中，"民贵君轻"是中国古代民本思想的精华，出自《孟子》："民为贵，社稷次之，君为轻。"其意指，人民是最尊贵的，国家次之，君主是最轻的。为何"民为贵"呢？西汉贾谊的《大政》中这样讲："于政也，民无不为本也。国以为本，君以为本，吏以为本。"对于一国之政来说，相较国家和君、官等群体，民处在根本地位。国家的生命力由人民决定，国家的安定存亡、民生功绩都是依靠百姓力量成就的。孟子说"天时不如地利，地利不如人和"，人民的拥护和支持才是真正的执政之基、力量之源。

为何"君为轻"呢？在中国文化看来，君权不是依靠暴政或者严刑峻法就能得到的，而是"天与之，人与之"。治国之权是人民赋予的，治权的本质是代表人民整体利益的公权力的统一。执政者唯有大公无私、为人民服务，才具有政权的合法性。纵观中国古代历史，每个朝代的兴衰存亡都与当时统治阶层和百姓的关系息息相关。如果无视百姓的生死，靠暴政统治天下，最后都会导致朝代覆亡的结局。因此，唐太宗李世民经常引以为戒，就是《孔子家语》中"夫君者舟也，庶人者水也。水所以载舟，亦所以覆舟"。以史为鉴，可以知兴替，武王伐纣的故事就充分说明了民心向背决定了国家和政权的稳固性和长远性。

公元前11世纪的商朝，商纣王沉湎酒色、横征暴敛、穷兵黩武，导致朝野上下离心离德，百姓民不聊生，国家日渐衰败。与此同时，商的诸侯国西周，在周文王、周武王两代明君的带领下势力日益强盛。武王姬发继承王位后，励精图治、爱民如子，在乱世中不断壮大力量。他审时度势，在孟津召集八百诸侯举行阅兵演习、会师盟誓，决定联合各诸侯国讨伐纣王暴政。在战斗过程中，尽管商军人多势众、物资充足，但因为纣王长期暴政不得人心，使得军心涣散，毫无斗志。武王势如破竹、众望所归，最终推翻殷商王朝，建立周朝，史称"武王伐纣"。孟子在评价武王伐纣时说："闻诛一夫纣矣，未闻弑君也。"他认为不能代表人民根本利益的统治者，不能尊称之为天子、君王，而只是独夫民贼，如此德不配位的执政者迟早是要被推翻的，不存在政权的合法性。武王伐纣以少胜多的历史告诉我们，无论顺境逆境，想要治理好一个国家，人民都是必须首先争取的力量。在爱民利民的基础上，得到人心的归附，即使逆境也可以转为顺境；残害人民、失去人民的支持，顺境也会丧失殆尽。正如《管子》所说："与天下同利者，天下持之；擅天下之利者，天下谋之。"

不忘本来才能开辟未来，善于继承才能更好创新。5000年历史的兴替演进、起伏变幻，为中国的政治生活积累了丰富的经验教训和文明智慧，凝聚成深厚的致道思想，让一代代中国人引以为戒、继承发扬。回顾中国近代历史，中国共产党之所以能够获得人民的支持，成为新中国的奠基者，最重要的原因就在于其深厚的人民立场。2014 年 5 月 9 日，习近平总书记在参加河南省兰考县委常委班子的专题民主生活会时说："清代郑板桥，以画家、文学家著称于世，长期在河南范县、山东潍县担任知县。他重视农桑、赈济灾民、案无留牍、室无贿赂、清正廉明，深得百姓拥戴，其诗句'衙斋卧听萧萧竹，疑是民间疾苦声。些小吾曹州县吏，一枝一叶总关情'成为千古流传的爱民心声。"习近平总书记引用郑板桥的这首诗，旨在提醒全体党员干部要深怀爱民之情，关心群众疾苦。要坚持走群众路线，密切与人民群众的血肉联系。要以焦裕禄、谷文昌、孔繁森为榜样，"常怀爱民之心"，对人民群众有真情实感，对于人民事业要有担当精神和奉献精神，做到尽职尽责、尽心尽力；在其位，谋其政，成其事。

"人民就是江山，共产党打江山、守江山，守的是人民的心，为的是让人民过上好日子。我们党的百年奋斗史就是为人民谋幸福的历史。"总书记深情的话语，饱含着人民领袖对人民的真挚情怀，映照出百年大党对人民的赤子之心！以造福人民为最大政绩，就是以人民为中心的发展思想，就是人民立场、人民情怀。让老百姓过上幸福、美好的生活，绝不是一句空话，要体现在解决老百姓最关心、最现实、最实际的民生问题上，体现在一系列相关的制度、政策、法律、法规的落地、落实上。如何顺应人民群众对美好生活的向往，让老百姓有更多的获得感、安全感和幸福感呢？那就是坚持人民至上、紧紧依靠人民、不断造福人民、牢牢植根人民，把坚持以人民为中心的思想落到实处。

（二）以人民为中心：治国有常，而利民为本

"政之所兴在顺民心，政之所废在逆民心"出自春秋《管子·牧民·四顺》。管仲的这句话，正道出民心与执政相辅相成的关系。在理论上鲜明提出、在实践中明确要求以人民利益为出发点和落脚点，这是我们党根本的政治优势所在。翻开 100 多年来的奋斗史，正因党旗上始终铭刻"人民"二字，我们党才获得了深厚的土壤与不竭的动力。知民意，顺民心，聚民心，让老百姓过上幸福生活，就是我们的奋斗目标。"坚持人民至上、紧紧依靠人民、不断造福人民、牢牢植根人民，并落实到各项决策部署和实际工作之中"，习近平总书记这一论断，深刻诠释了以人民为中心的根本立场，阐明了执政为民必须有对应的现实内容和实际举措。

1. 坚持人民至上

党的十九届六中全会通过的《中共中央关于党的百年奋斗重大成就和历史经验的决议》，把"坚持人民至上"作为党百年奋斗的重要经验进行了深刻阐释。

坚持人民至上是马克思主义的本质要求。马克思主义人民观认为，人民群众是实践的主体和历史的创造者。从马克思恩格斯提出的"历史活动是群众的事业"，到列宁强调的"生气勃勃的创造性的社会主义是由人民群众自己创立的"，再到毛泽东同志指出的"人民，只有人民，才是创造世界历史的动力"，这些重要论述都深刻阐述了人民群众在社会实践中的主体地位和决定作用，同时蕴含着马克思主义政党要坚持人民至上的本质要求。

坚持人民至上是传承发展中华优秀传统文化的生动彰显。中华民族在发展进程中形成了丰富的民本思想。孔子提出"大畏民志，此谓知本"，是畏民重民；《管子·牧民》中说"政之所兴在顺民心，政之所废在逆民心"，是知民得心；朱熹说"天下之务莫大于恤民"，是爱民恤民；《孟子·梁惠王下》提出"乐民之乐者，民亦乐其乐；忧民之忧者，民亦忧其忧"，是忧民利民；《管子·治国》中说"治国常富，而乱国常贫"，是富民强国……坚持人民至上，具有深厚的历史文化根基。

坚持人民至上是党百年辉煌的成功密码。百年征程中，我们党始终坚持人民至上。革命时期，中国共产党一经成立就将人民至上的价值理念深深地镌刻在自己的旗帜上。建设时期，面临着进行社会主义革命、推进社会主义建设的任务，党坚持人民至上首先体现在根本制度安排上。改革时期，在完成使人民摆脱贫困、尽快富裕起来的任务中，人民至上的价值理念得到深化和发展。进入新时代，在实现中华民族伟大复兴的宏伟目标中，以习近平同志为核心的党中央将人民至上的价值理念提升到新的高度。

2. 紧紧依靠人民

人民是历史的创造者，是决定党和国家前途命运的根本力量。一百年来，我们党以小胜大、以弱胜强，取得辉煌成就，秘诀何在？那就是紧紧依靠人民。

在新民主主义革命时期，靠人民"起家"。毛泽东同志在《论持久战》中指出，兵民是胜利之本。井冈山斗争时期，近5万名革命烈士献出了宝贵生命；淮海战役中，平均1名战士身后就有9名百姓"护航"……每一步前进，每一个胜利，我们党始终依靠人民群众的支持，依靠人民群众的英勇奋斗，打下了社会主义的红色江山。

在社会主义革命和建设时期，靠人民"当家"。新中国成立之初，我们党带领人民白手起家，投身热火朝天的经济建设。以王进喜为代表的大庆石油工人和科技人员，吃大苦、耐大劳，铸就了"铁人精神"；河南兰考县委书记焦裕禄"生也沙丘，死也沙丘"，带领全县人民摆脱贫苦面貌……广大人民群众埋头苦干，初步改变了国家一穷二白的面貌。

在改革开放和社会主义现代化建设新时期，靠人民"兴家"。深圳特区成立与沿海城市对外开放，凝聚了一批批改革者、建设者的心血和智慧。改革开放的"星星之火"成为燎原之势，"春天的故事"在希望的田野上铺展开来。如今，我国经济总量稳居世界第二，综合国力、科技实力、国防实力、文化影响力显著提升。这正是全国各族人民"一个汗珠子摔八瓣"辛辛苦苦干出来的。

在中国特色社会主义新时代，靠人民"强家"。党的十八大以来，以习近平同志为核心的党中央带领全国人民，创造了新时代中国特色社会主义的伟大成就。无论是打赢脱贫攻坚战，还是打赢疫情防控阻击战，无论是推进健康中国、平安中国、美丽中国建设，还是促进全体人民共同富裕，都离不开人民群众的自信自强、守正创新，离不开14亿多中国人民推动中华民族伟大复兴的磅礴力量。

3. 不断造福人民

"我们推动经济社会发展，归根到底是为了不断满足人民群众对美好生活的需要。"参加十三届全国人大三次会议内蒙古代表团审议时，习近平总书记要求广大党员、干部必须把为民造福作为最重要的政绩，要始终把人民安居乐业、安危冷暖放在心上，用心用情用力解决群众关心的就业、教育、社保、医疗、住房、养老、食品安全、社会治安等实际问题……总书记的明确要求，揭示了坚持以人民为中心的发展思想的出发点和落脚点——不断造福人民。

"党的一切工作都是为老百姓利益着想，让老百姓幸福就是党的事业。"我们党团结带领人民进行革命、建设、改革，根本目的就是为了让人民过上好日子。陈乔年立志"让我们的子孙后代享受前人披荆斩棘的幸福"，这是无数革命先烈坚守初心的夙愿；黄大发直言"我们修水渠用了36年，都是为了老百姓"，这是一批批党员坚守初心的行动；黄文秀抱定"建设家乡，让更多父老乡亲过上好日子"，这是新时代无数优秀干部坚守初心的誓言。一代代共产党人接续奋斗，始终把人民福祉放在心中最高位置，切实把造福人民作为最根本的职责。

"共产党就是为人民谋幸福的，人民群众什么方面感觉不幸福、不快乐、不满意，我们就在哪方面下功夫，千方百计为群众排忧解难。"建成世界上规模最大、覆盖人口最多的社会保障体系，为亿万群众基本生活兜底；攻坚世界最复杂的扶贫难题，2020年我国现行标准下农村贫困人口实现脱贫、贫困县全部摘帽、解决区域性整体贫困问题；面对突如其来的新冠肺炎疫情，始终把人民生命安全和身体健康摆在第一位，无论年龄再大、病情再重都绝不放弃救治……党的十八大以来，始终不渝的信念、持之以恒的奋斗、来之不易的成绩，兑现着"人民对美好生活的向往，就是我们的奋斗目标"的承诺。

4. 牢牢植根人民

"我们党要做到长期执政，就必须永远保持同人民群众的血肉联系，始终同人民群众想在一起、干在一起、风雨同舟、同甘共苦"，习近平总书记的讲话充分阐释了牢牢植根人民的深刻内涵和实践要求。我们党来自人民，为人民而生，因人民而兴。无论是长征路上"半条被子的温暖"，还是解放战争中人民群众推着小车支援前线的感人场面，或是十八大后干群同心打赢脱贫攻坚战的鱼水深情，无不深刻诠释着我们党的百年历史就是一部践行党的初心使命的历史，就是一部党与人民心连心、同呼吸、共命运的历史。习近平总书记反复惕励全党必须牢记"水能载舟，亦能覆舟"的道理，正是要让我们党在始终保持同人民群众的血肉联系中永葆旺盛生命力和强大战斗力。

"永不动摇信仰，永不脱离群众"，这是一个政党不变的誓言，也是决定我们事业成败的关键。当今世界面临的不稳定性不确定性更加突出，当前我国发展面临的挑战前所未有。但是，无论面对什么样的风险挑战，9000多万名党员不忘初心、牢记使命，14亿中国人民团结一心、众志成城，是新时代中国战风斗雨、再创辉煌的最大确定性。凝聚起同舟共济、攻坚克难的人民力量，尤须进一步加强党的建设，把群众立场、群众观点、群众路线植根于思想、落实于行动。真诚倾听群众呼声，真实反映群众愿望，真情关心群众疾苦，我们党就能始终赢得人民群众的信任和支持，我们的事业就会始终拥有无坚不摧的力量源泉。

"与天下同利者，天下持之；擅天下之利者，天下谋之。"人民是社会主义事业的生命之基、动力之源，是中国特色社会主义建设的价值落脚点。我们党只要始终坚持人民至上、紧紧依靠人民、不断造福人民、牢牢植根人民，落实以人民为中心的发展思想，就一定能为人民谋幸福，为民族谋复兴，为世界谋大同。

三、国家安全：共享太平之福

安全是生存发展的基石和前提。习近平总书记指出："实现中华民族伟大复兴的中国梦，保证人民安居乐业，国家安全是头等大事。"当前，我国国家安全内涵和外延比历史上任何时候都要丰富，时空领域比历史上任何时候都要宽广，内外因素比历史上任何时候都要复杂。"国家安全"，其实早已超出"国家"限界，必须将外部安全与内部安全、自身安全与共同安全、传统安全与非传统安全等统筹起来，才能真正维护好国家利益。立足民族，"共享太平之福"的大同世界是中国古代的最高理想；面向世界，构建人类安全共同体是标本兼治的中国智慧。

（一）立足民族：亲仁善邻，协和万邦

"亲仁善邻、协和万邦是中华文明一贯的处世之道"，习近平总书记在 2019 年亚洲文明对话大会开幕式上这样讲。5000 年来，和平、和睦、和谐的追求深深扎根于中华民族的精神世界之中，"亲仁善邻""协和万邦"等中华民族优秀文化为世界和平与发展积极奉献着中国智慧。

1. 亲仁善邻

"亲仁善邻"，意思是亲近仁德而与邻国友善。"仁"，狭义指仁者、有仁德之人，广义指仁德、仁义、道德；"亲仁"表示的是对道德、正义的主动亲近与遵循；"邻"原指相邻的国家，亦可泛指近邻。这一思想出自《左传·隐公六年》："亲仁善邻，国之宝也。"中国古人用它作为处理与相邻国家关系的重要指导原则，即邻国之间应当相互尊重、相互友好，共同构筑祥和安定的周边环境，它符合国家和民众的根本利益。从地缘政治角度看，"亲仁善邻"重视国与国之间的友好与和平，和"唇亡齿寒"有相通之处；但它又强调"亲仁"是建立"善邻"关系的基础和前提，即双方都应当共同遵循仁德。它体现了中华民族崇尚"仁"的基本精神。

古代中国一直存在一个与"世界"近乎同义的用语，即"天下"。在中国古人看来，"中国"与周边部族或"国家"之间以"礼"为纽带，是一种共处于"天下"的文化关系。从华夏中央王朝与周边部族的相互关系看，前者基本上遵循一种"恩威并行"和以"恩"为本的模式，而后者则基本上沿袭一条接受、学习中华文明并最终融入中华民族的道路。虽然也发生周边民族的入侵与中央王朝的对外征讨，但古代中国的政治家在战与和的选择中总体上倾向于和。

这种观念和做法最大限度地促进了民族融合。这也体现了我国传统主流文化的最高理想，就是天下太平、世界大同。春秋时期齐桓公礼遇燕国的故事就呈现了"礼"的文明样式和文化特征。

春秋时期是中国历史上列国大纷争的时代，"礼乐征伐自诸侯出"，各国间的兼并与争霸局面开始出现。齐国的齐桓公是一位有雄才大略的君主，对内推行改革，发展经济，终使齐国富国强兵；对外实行"尊王攘夷"策略，在遵循"周礼"的国际规则下积极同各国建立外交关系。公元前663年，北方的山戎侵略燕国，燕王派人突围出去向大国齐国寻求帮助。齐桓公打出"尊王攘夷"的旗号，亲自带兵解救燕国。山戎兵败逃走，齐桓公与燕国共同乘胜追击山戎，一直打到孤竹才返回。两国军队班师回国的路上，燕王满怀感激之情亲自为齐桓公送行，一路将他送出燕国的边境，直到进入齐国的境地50里处还不愿停下。齐桓公是一个"尊礼"之君，他说："只有送天子才能送出自己的国境，诸侯间的相送不能超出自己的国境。"为了不让燕国背上"不尊礼法"的恶名，齐桓公画沟为界，把燕王送他所抵达的地方送给了燕国。联合燕国打败北戎后，齐桓公又帮助邢、卫两国抵御了狄族。后齐桓公又举兵平定周王室内乱，多次大会诸侯，受到周天子赏赐，成为中原第一个霸主。

齐桓公能成为春秋第一个霸主，一是由于他在位时齐国综合实力不断增强，二是因为他在国际上主张道义外交。齐桓公深刻地明白国际地位不能靠武力威胁和阴谋诡计来获得。即使齐国在当时已经是第一强国，齐桓公对国力弱小的燕国还是给予了应有的礼遇，这是他对燕国主权与国家尊严的尊重。孔子对齐国的道义外交高度称赞说："桓公九合诸侯，不以兵车，管仲之力也！如其仁，如其仁！"齐国不以"兵车"为外交筹码，却能"九合诸侯"，这不就是仁政外交的力量吗？仁者无敌于天下。

平等尊重思想历经中国古代政治实践检验，已经成为国家间的交往理念。《周礼》中记载有"大国比小国"，意思是大国应以平等、谦下的态度对待小国。墨子主张"大不攻小也，强不侮弱也"，即国家之间应做到不以大压小，不以强凌弱。老子说"大邦以下小邦，则取小邦；小邦以下大邦，则取大邦"，意思是大国对小国谦让，则可以获得小国的尊重；小国对大国谦下，则可以得到大国的容让。由此可见，平等尊重是亲仁善邻的基本前提。每一个国家都扎根于自己的生存土壤，都有着本民族的非凡智慧和精神追求，所以要尊重彼此的主权、文化、历史、现状等。

2. 协和万邦

"协和万邦"出自《尚书·尧典》："克明俊德，以亲九族。九族既睦，平章百姓。百姓昭明，协和万邦。"这段原文的意思是，尧是一个伟大的人，他能够弘扬"大德"，让家族和睦；家族和睦之后又协调百姓，也就是协调各个家族之间的关系，实现社会和睦；社会和睦之后再协调万邦诸侯，也就是各个邦国的利益，让各个邦国都能够和谐合作。这是一个由小及大、由近及远的思想体系，是中国文化整体和谐观的重要表现，是中华民族文化精神的核心观念。"协和万邦"引申到今天，就是协调不同国家之间的关系，使"四海之内若一家"，让各个国家都能够相互尊重、相互合作、共同发展。

"天地之塞吾其体，天地之帅吾其性。民吾同胞。"中华先民把天地比作父母，把普天下的人民看作同胞兄弟；在看待天下邦国时超越政权、体制、地域限制，期待一个和谐、协调的世界。中国历代明君在政治实践中也主张对邻国要以关怀与尊重为主。

唐朝太宗以海纳百川、有容乃大的气魄，处理万国来朝的中外关系。贞观五年（631），新罗国遣使献女乐二人，皆鬓发美色。太宗谓侍臣曰："朕闻声色之娱，不如好德。且山川阻远，怀土可知。近日林邑献白鹦鹉，尚解思乡，诉请还国。鸟犹如此，况人情乎！朕愍其远来，必思亲戚，宜付使者，听遣还家。"很显然，唐太宗之意不限于仅为人道主义的同情心，而在于对有关国家的尊重，不以国家强大而任意索取，事情虽小，但影响巨大。正是由于唐太宗恩威并用，才造就了"九天阊阖开宫殿，万国衣冠拜冕旒"的中外交往密切、和谐共处的景象。

明太祖朱元璋为了表示中外友好，亲善邻国，在他亲撰的《皇明祖训》中，将日本、真腊、占城、爪哇、苏门答腊等国列为"不征之国"，并戒谕子孙务必恪守与邻为善、协和万邦之道，在国家安定、民生物阜之时，不得擅起征伐他国、劳师扰民之心。洪武十三年（1380），明太祖在致爪哇国的诏谕中着意说明"圣人之治天下，四海内外皆为赤子，所以广一视同仁之心"。

康熙二十一年（1682），康熙帝在敕书中严申"遐迩同仁，无分中外""柔远同仁，协和万邦"，凡与华夏"历世相承，虔修礼好""笃尽悃忱，往来不绝"者，皆礼遇之。由此可见，协和万邦是古往今来统治者一贯秉持的治国方策。

中国古圣先贤提出的"协和万邦"，表现了解决矛盾、贯彻合作的政策导向和基本原则，是主动示好与寻求契合的善意，它的价值就是为人类和平相处提供文化上的支撑和道义上的驱动，也凝聚了对于世界秩序前景的共同认识。"天下何思何虑？天下同归而殊途，一致而百虑。"这种卓越的见识和深远的思考对后世影响深远，成为构建人类命运共同体的伟大动力。

（二）面向世界：构建人类安全共同体

"治国常富，而乱国常贫。"中国特色社会主义进入新时代，我国国家安全形势发生深刻复杂变化，总体国家安全观应运而生。2014年4月15日，习近平总书记在中央国家安全委员会第一次全体会议上，创造性提出总体国家安全观，明确坚持以人民安全为宗旨，以政治安全为根本，以经济安全为基础，以军事、文化、社会安全为保障，以促进国际安全为依托，维护各领域国家安全，构建国家安全体系，走中国特色国家安全道路。当前世界正经历百年未有之大变局，世界之变、时代之变、历史之变正以前所未有的方式展开，和平与发展的时代主题面临严峻挑战，安全问题的联动性、跨国性、多样性更加突出。坚持走中国特色国家安全道路，其中之一就是要坚持共同安全，明确传达中国制定对外安全政策和处理国际安全问题的价值观和基本原则。

当今世界，各国人民命运与共、唇齿相依。实现各国共同安全，是构建人类命运共同体的题中应有之义。"世界需要什么样的安全理念、各国怎样实现共同安全"——时代之问迫切需要正确解答。习近平主席深刻把握人类前途命运和世界发展大势，为推动全球安全治理提供重要思想指引。在2014年亚洲相互协作与信任措施会议第四次峰会上，习近平主席提出并阐释共同、综合、合作、可持续的安全观；在2017年联合国日内瓦总部的主旨演讲中，习近平主席系统阐述构建人类命运共同体重要理念，强调坚持共建共享，建设一个普遍安全的世界；在2020年上海合作组织成员国元首理事会第二十次会议上，习近平主席提出构建安全共同体；在2022年博鳌亚洲论坛年会开幕式上的主旨演讲中，习近平主席着眼应对全球共同挑战、促进世界安危与共，首次提出了全球安全倡议……一系列中方倡议顺应时代发展，符合各国对加强全球安全合作的期待，为解决当今世界面临的安全挑战贡献重要智慧和方案。

"安全是发展的前提，人类是不可分割的安全共同体。"以习近平同志为核心的党中央审时度势，与时俱进地提出并实践"共同安全"的理念，为应对国际安全挑战提供了标本兼治的中国智慧、诠释了平等正义的中国主张、彰显了以和为贵的中国精神。坚持共同安全，就是要始终不渝走和平发展道路，在注重维护本国安全利益的同时，注重维护持久和平、共同繁荣的和谐世界，共建人类安全共同体，这也是亲仁善邻、协和万邦的终极导向。

1. 安全应该是普遍的

共同安全所倡导的安全框架理应包含所有的国家。这种安全不是以对抗为特点，不同于历史上一个国家联盟抗衡另一个国家联盟的安全模式，而是谋求推动所有国家共同合作，建立能够确保所有国家安全的国际安全体制。事实上，只有在具有普遍性的安全体制中，才具备让所有国家实现共同安全的条件。一个"普遍安全"的世界，是每一个国家和地区安全发展的外部环境和条件；世界上不存在自我封闭的绝对安全孤岛——这是由当代国际安全的"关联性"所决定的。从长远和更宏阔的视野来看，人类只有一个地球，各国共处一个世界；同住在地球这个人类的"诺亚方舟"上，尽管有利益的纷争、文明的不同，但都是邻居和朋友——来自此"舟"上的任何风险，无论是人为的还是自然的，都将使大家同受其难、共遭其殃；别国面临的威胁也可能成为本国的挑战，"邻居出了问题，不能光想着扎好自家篱笆，而应该去帮一把"，风雨同舟、荣辱与共才是正确选择。

重大传染性疾病的持续蔓延，是当代人类面临非传统安全威胁的共同挑战之一。当下，尽管各国政府和人民为抗击新冠肺炎疫情做出了巨大努力和牺牲，但直至目前疫情还在扩散。面对这一全人类的共同危机，没有任何一个国家可以置身事外，独善其身。疫情既是对我们国家治理的大考，也是对世界各国内部治理的大考，更是对全球治理的大考。在疫情暴发初期，很多国家积极援助中国的抗疫行动；中国国内疫情得到控制以后，世界范围开始大流行，中国又反过来涌泉相报，上演了一幕幕互帮互助的联合行动剧目。世界上许多国家正在有意无意、自觉不自觉地践行着共同、综合、合作的安全观，推动着建设持久和平、普遍安全的世界。

2. 安全应该是平等的

安全的平等性，其含义是各国作为独立平等的主权行为体，都享有平等地获得安全保障的权利。平等意味着在安全问题上所有国家都应依据权利而不是权力行事。国家谋求安全没有大小和强弱的等级之分，所有国家都享有平等的权利并负有相应的义务。每个国家都有参与地区、全球安全事务的权利，也负有维护地区和全球安全的义务与责任。要坚决反对大国垄断的霸权主义，抵制借助实力主导安全决议的强权政治，更不容许对小国、弱国安全利益的漠视与排除。简言之，应赋予每个国家平等的安全地位。

平等，是中国人自古至今的理想价值目标。《左传》记载，公元前651年，葵丘会盟要求各国"无曲防，无遏籴"，即发生水灾时不要修筑堤防将水排往邻国，发生灾荒时不要恶意阻碍粮食正常流通。公元前579年，晋楚盟约则规定，双方应"交贽往来，道路无壅"，即贸易自由，互不设立关卡。公元前562年，在亳邑盟书中，参加会盟的诸国彼此约定"毋蕴年，毋壅利"，"毋蕴年"是要求各国不得恶意囤积粮谷，而不救邻国灾患；"毋壅利"则是要求各国不得专断水利，影响诸侯国之间的商业贸易。公元前657年，阳谷之会中要求"无障谷"，也是同样道理。所有这些盟约都体现了各国之间的交往是遵循着自由平等的原则进行的。《尚书》有云"无偏无党，王道荡荡"，意思是不结党营私，王道就浩浩荡荡。成就"王道"，必"公""正""仁"。近代以来，国际关系的演变虽然积累了一系列公认的原则，但平等正义还远远没有实现。历史的车轮滚滚向前，站在历史正确一边，站在国际平等一边；共同安全理念顺应国际社会人心，合乎维护全球和平安全的根本大道，必将进一步凝聚国际共识、汇聚合作力量，携手共建人类安全共同体。

3. 安全应该是包容的

《中庸》有云："万物并育而不相害，道并行而不相悖。"文明的多样性和各国的差异性应该转化为促进安全合作的活力和动力。每个国家都有独特的历史文化传统，政治制度各不相同，意识形态互有差异，这是国际社会的一种客观现实。要弱化这种差异，需要以"和而不同"的思维对待不同民族文化，以开放包容的心态交流互鉴。包容的安全理念体现了承认现实的精神，是尊重并照顾各方合理安全关切的务实观念。

共同安全理念的背后，是底蕴深厚的中国"和合"文化。"和合"是中华民族的重要精神基因，融合在中国人的血脉之中。以和为贵、亲仁善邻、讲信修睦、四海之内皆兄弟……追求人际相处乃至国际关系的和合、和睦、和谐，是五千年中华文明的核心价值理念之一。天人合一的宇宙观、协和万邦的国际观、和而不同的社会观、人心和善的道德观，都是"和合"精神的最好注脚。2008年北京奥运会开幕式上展现的大幅"和"字曾让海内外观众印象深刻，故宫三大殿太和殿、中和殿、保和殿，世界闻名的颐和园，等等历史建筑及景点都包含"和"字，这些都是中国人血脉深处追求和合哲学的体现。从首倡"和平共处"五项原则，到坚定维护以联合国为核心的国际体系、以国际法为基础的国际秩序，再到始终倡导和推动以和平方式政治解决国际争端，中国人坚定维护世界和平的行动始终如一。德不孤，必有邻。中国将和各国一道秉持人类安全共同体理念，共同推动世界重回国际法治和秩序的轨道，推动实现所有国家的共同安全，合奏出世界和平与发展美美与共的恢宏乐章。

四、新发展理念的中华优秀传统文化意蕴

新发展理念是"创新、协调、绿色、开放、共享"五大发展理念。新发展理念的提出，既反映我们党对发展的新认识，也体现了中华文明在新时代的发展和弘扬。因此，中华优秀传统文化是新发展理念形成的重要来源，是形成中国特色发展道路的思想根基。具体来说，创新根植于"日新"观念，它是中华民族最鲜明的民族禀赋，是激励中华民族开拓进取的思想根基。协调，从根本上说是要处理好"道"与"术"的关系。绿色，集中体现在"天人合一"思想中。开放，体现在传统文化"海纳百川，有容乃大""和而不同，兼收并蓄"。共享，体现在"各美其美，美人之美，美美与共，天下大同"。

（一）从传统革新精神到创新发展理念

中华优秀传统文化中"革故鼎新"的发展观，是创新发展理念的源头活水。中华传统文化对创新的推崇，有以下两个层面。

1. 国家治理层面善于求新

三千年前的《诗经》就有：周虽旧邦，其命维新。提出周朝虽然是旧的邦国，但其使命在于变革求新。《周易》讲"穷则变，变则通，通则久"。宋朝王安石提出"天变不足畏，祖宗不足法，人言不足恤"的国家改革。《易传》提出"日新之谓盛德"。这些倡导国家、民族要善于变通、勇于创新寻求发展。

2. 个人思想层面追求革新

《大学》记载，商汤王刻在器皿上的箴言《盘铭》写着"苟日新"。身体每天洗澡才能焕然一新，而改变思想也是一个持续不断的求新过程。《尚书》提出"作新民"，激励人们弃旧图新，要有新想法、新作为。

创新发展，是对中华传统文化革新思想的充实和完善。当今中国坚持创新发展，有效解决了发展的动力问题，涵盖了科技、理论、制度、文化等领域的创新，提出我们每个人都应解放思想，体现了我们党崇尚创新的执政理念，激励中国共产党人在危机中育新机、于变局中开新局。

（二）从儒家贵和尚中精神到协调发展理念

中华优秀传统文化中"贵和尚中"的世界观，是协调发展理念的文化底蕴。儒家文化以"贵和尚中"为核心，"和"即和谐，包含了人与自然、社会以及自身的协调。在儒家文化中，"和"具有以下两个方面的意义。

1. "和"是人类生存发展的目的和根本

《中庸》提出：和也者，天下之达道也。"和则相生"指出"和"是所有人都要遵循的普遍原则，"和"能使万事万物兴旺。而"致中和，天地位焉，万物育焉"，达到"和"就可以使天地各自安定在自己应处的位置，万物也能生长繁育了。儒家还认为，"和"也是人际关系的根本，礼之用，和为贵。

2. 和而不同，求同存异，"和"具有包容性

一方面，"和"是一种善于协调的态度和方法。《论语》中"君子和而不同"，主张应在保留个性发展的前提下保持和谐，学会团结合作的为人处事方式。另一方面，"和"并不是抹杀一切不同。《国语》讲"和实生物"，不同性质的物体达到和谐才能生出世间的所有事物。

协调发展，是对中华传统"和"文化的凝练和提升。当今坚持协调发展，目的在于解决发展不平衡问题，改变单一发展偏好，弥补短板和薄弱环节，达到全方位的系统、整体发展，实现均衡发展的和谐状态。

（三）从古代朴素自然观到绿色发展理念

中华优秀传统文化中"天人合一"的生态观，是绿色发展理念的思想来源。中华传统文化具有丰富的朴素自然观思想。

人类文明的历史就是人与自然关系的历史，文明的产生、发展和消亡与自然环境的变化密切相关。人类古代一些辉煌文明的终结，很大程度上就是由于破坏了人类赖以生存的基础——生态系统，"空中花园城市"美誉的古巴比伦、玛雅文明、撒哈拉文明、古埃及文明消失在了历史长河中。而中华文明之所以是世界上唯一没有中断并发展至今的文明，这与中国古代思想家们很早就意识到生态环境优劣决定人类存亡有着重要关联。习近平总书记说："我们中华文明传承五千多年，积淀了丰富的生态智慧。"这些质朴睿智的自然观，至今仍给人以深刻警示和启迪。"中华民族向来尊重自然、热爱自然。"其中，儒道两家为后世保护自然奠定了仁民爱物、道法自然的主基调。

第一，主张人是自然界的一部分。《孟子》认为"知其性则知天矣"，天和人都具有相同善的本性；《庄子》主张人生的境界是天和人达到一体：天地与我并生，而万物与我为一。从西周时期的"天定人伦"思想萌芽，到北宋张载"天人合一""民胞物与"经典解说，都体现了人与天地万物是一体的文化主流思想。

第二，主张对万物要有关爱，善待自然、善待环境。《庄子》讲"爱人利物

之谓仁"，要爱护自身以外的人和环境。《孟子》称"材木不可胜用也"，劝告人们对大自然的开采要适可而止。

第三，主张对自然要有敬畏。儒家文化的"君子畏天命"，强调人事必须顺应天意；道家文化的"道法自然""辅万物之自然而不敢为"，提出自然法则不可违背，尊重万物的存在，才能实现国泰民安。

习近平总书记强调："走向生态文明新时代，建设美丽中国，是实现中华民族伟大复兴的中国梦的重要内容。"加强生态文明建设，是直面时代课题、破解发展和保护之间矛盾的关键抉择。"发展经济不能对资源和生态环境竭泽而渔，生态环境保护也不是舍弃经济发展而缘木求鱼。"加强生态文明建设，"坚持在发展中保护、在保护中发展"。加强生态文明建设，是适应社会主要矛盾转化、满足人民美好生活需要的关键抉择。从"谋生活"到"盼生态"，从"日子难不难"到"日子好不好"。进入新时代，习近平总书记实现了传统生态智慧与现代生态思想的交融汇通。习近平总书记提出了"生态兴则文明兴，生态衰则文明衰"。生态文明建设是"五位一体"总体布局中重要组成部分，坚持人与自然和谐共生是在新时代坚持和发展中国特色社会主义基本方略的一条，绿色发展是新发展理念中一大理念，污染防治是三大攻坚战之一，美丽是建成富强民主文明和谐美丽的社会主义现代化强国的重要目标。

绿色发展，是对中华传统文化"天人合一"核心思想的传承和弘扬。当今坚持绿色发展，把生态文明摆在更加突出的位置，注重绿色环保、低碳生活和生产方式，显著提高人民的生活质量和幸福指数，中华民族昂首迈向人与自然和谐共生的现代化。

（四）从亲仁善邻传统到开放发展理念

中华传统文化中"协和万邦"的外交观，是开放发展理念的传承。中华民族历来重视促进共同发展，加强对外经贸往来。丝绸之路的形成、郑和下西洋是中华民族开放发展的生动史实。在传统文化中，推崇多方共济、和平相处，开放、和平的意识深深嵌入了中华民族的精神世界。

1. 善待其他国家和民族

孔子提出"四海之内皆兄弟""君子和而不同、小人同而不和"，孟子强调"仁者无敌""达则兼济天下"，墨子主张"兼相爱""爱无差等"，这些都表明了与人为善、与邻国亲近友好的原则。

2. 协同万邦、和平相处

《尚书》讲"抚绥万方"，国家强盛根本在于安抚、团结各个邦国。古代兵书《司马法》上说"国虽大，好战必亡"，好战好争斗，大国也会灭亡。《左传》提出"止戈为武"，平息战乱，停止动用武器，才能安定天下。讲信修睦，以和为贵，亲仁善邻、协和万邦。这些传统文化说明了善于团结协作、争取和平发展对国家强大至关重要。

开放发展，是对中华传统文化爱好交流、重视和平思想的强化和延展。当今坚持开放发展，在和平共处原则下，坚持深度融入世界经济，积极参与全球经济治理，提高了对外开放的质量和发展的内外联动性，在全球构建广泛的人类命运共同体。

（五）从传统公平正义思想到共享发展理念

共享发展，是对中华传统文化公平思想的现代阐释。中华传统文化充满着公平、平等、正义思想。一方面，强调社会应充满公平正义。《礼记》讲"大道之行，天下为公"，《左传》提出"衣食所安，弗敢专也，必以分人"，《论语》讲"不患寡而患不均"，都体现了坚持共享发展，实现社会公平正义的文化精髓。另一方面，强调公平还应该尽量照顾社会上的弱者，关爱困难群体。《礼记》说"鳏寡孤独废疾者皆有所养"，社会上的老弱病残都能得到关心和照料，描绘了财产公有、人人平等的安康富足小农经济和谐社会的图景。

此外，中华优秀传统文化中的"民为邦本"人民观是共享发展理念的精神溯源。"治国有常，而利民为本。"中国历朝历代的明君都推崇"以民为本"，为百姓着想，护佑万民、救济苍生，得到天下拥护，出现政通人和、百业兴旺的盛世。

共享发展理念，是对中华传统文化"民本"的现代阐释。坚持共享发展，意在维护社会公平正义，保证人民平等发展权利，使全体人民在共建中有更多获得感，实现全面小康的共同富裕社会，这是对中华传统文化公平思想的现代阐释和演绎发展。

五大发展理念的提出，既反映出我们党对我国发展的新认识，也包含着深厚的中华传统文化底蕴，是中华文明优秀思想在新时代的发展和弘扬。在努力实现中华民族伟大复兴中国梦的征程上，让我们深刻理解、把握好五大发展理念的传统文化内涵并自觉践行，让中国传统文化绽放出更夺目的光彩。

【新时代启示】

大同社会是中国传统文化中人类社会的最高阶段，代表着中华儿女对未来社会的美好憧憬。共产主义是马克思、恩格斯在研究人类社会发展一般规律及资本主义运行特殊规律的基础上，为人类理想社会指明的方向。它们虽在实现途径等诸多方面存在差别，却同样反映了人类对美好生活的向往和对建设理想社会的追求。一个国家选择什么样的国家制度和国家治理体系，与这个国家的历史文化有着紧密关系。中国在 20 世纪选择了共产主义道路，一个原因就是马克思共产主义社会理想与中国传统文化大同世界思想是有融通的。中国共产党自成立以来，就把为中国人民谋幸福、为中华民族谋复兴作为自己的初心使命，并做出持续不懈的努力，目的就是实现共产主义。

习近平总书记在党的十九大报告中指出：中国共产党人的初心和使命，就是为中国人民谋幸福，为中华民族谋复兴。这个初心和使命是激励中国共产党人不断前进的根本动力。这个重要论断，深刻阐述了中国共产党百年奋斗历史的鲜明主题，揭示了一代又一代中国共产党人前赴后继、不懈奋斗的根本原因。回顾百年奋斗历程，中国共产党始终把人民对美好生活的向往作为奋斗目标，以永不懈怠的精神状态和一往无前的奋斗姿态，团结带领人民一步一个脚印向着美好未来和最高理想前进，不断谱写实现中华民族伟大复兴的壮丽篇章。

拓展阅读

全球安全倡议：维护世界和平安宁的中国方案

来源：《学习时报》2022 年 7 月 15 日 02 版

作者：梅秀庭

习近平主席在博鳌亚洲论坛 2022 年年会开幕式上的主旨演讲中首次提出全球安全倡议，强调安全是发展的前提，人类是不可分割的安全共同体，呼吁国际社会共同维护世界和平安宁。当前，时代之变和世纪疫情相互叠加，世界进入新的动荡变革期。全球安全倡议准确把握历史规律和世界潮流，为合作应对全球共同挑战、维护世界和平安宁贡献了中国方案，为携手共建持久和平、普遍安全的人类命运共同体指明了前进方向。

人类社会面临诸多共同挑战

治理赤字、信任赤字、和平赤字、发展赤字有增无减。从治理赤字的角度看，全球热点问题此起彼伏，气候变化、网络安全等非传统安全威胁持续蔓延，保护主义、单边主义抬头，全球治理体系和多边机制受到严重冲击。从信任赤字的角度看，国际竞争摩擦显著上升，大国地缘博弈明显加剧，国际政治重回"大国竞争时代"的态势呈现加速，国际社会信任与合作的基础受到严重侵蚀。从和平赤字的角度看，全球安全环境堪忧，地区冲突和局部战争冲击世界和平，恐怖主义猖獗不止，霸权主义和强权政治导致人类社会发展进步的安全基础受到严重破坏。从发展赤字的角度看，逆全球化思潮持续发酵，全球发展产业链面临断裂危机，收入分配不平等、发展空间不平衡等问题尚未根本解决，人类可持续发展的基础受到严重削弱。

新冠肺炎疫情全球大流行导致人类社会面临严重威胁。2022年，疫情延宕反复，叠加俄乌冲突等因素，经济复苏不平衡，债务风险加大，国际金融、原油市场剧烈波动，全球通胀压力凸显。疫情严重催化了世界政治思潮。疫情暴发前，世界范围内普遍存在民粹主义和逆全球化思潮。疫情本身并非这些政治思潮产生的原因，但疫情全球蔓延的综合效应，特别是失业率上升、收入下降、经济危机爆发的潜在风险等，在客观上加剧了这些思潮的影响，成为它们传播的催化剂和加速器，从而使人类社会面临分裂的威胁。

共建持久和平、普遍安全的人类命运共同体

全球安全倡议以创新的安全理念维护世界和平安宁。理念引领行动，方向决定出路。解决一切国际安全问题、维护世界和平安宁的首要是树立创新的安全理念。基于中国参与全球安全治理实践，习近平主席创造性地提出树立共同、综合、合作、可持续的安全观，倡导各国共同维护世界和平和安全，为消弭和平赤字、破解安全困境提供了思想指引。新安全观成为维护世界和平安宁的核心理念。

全球安全倡议以理性的安全认知维护世界和平安宁。一是坚持尊重各国主权、领土完整。主权是国家独立的根本标志。尊重各国主权和领土完整，不干涉别国内政，尊重各国人民自主选择的发展道路和社会制度，是国际关系基本准则，也是维护世界和平安宁的基本前提。二是坚持遵守联合国宪章宗旨和原则。联合国宪章描绘了"联合国人民"同心协力共建美好世界的宏伟蓝图，宣示了国际社会消弭战祸、永保和平的坚定信念，建立了止战维和的保障机制，为维护世界和平安宁提供了根本遵循。三是坚持重视各国合理安全关切。在经济全球化的世界历史中，各国安全相互关联、彼此影响，任何国家都不可能独善其身。坚持重视各国合理安全关切，必须秉持安全不可分割原则，构建均衡、有效、可持续的安全架构，推动实现各国共同安全。

全球安全倡议以有效的实现路径维护世界和平安宁。一是坚持通过对话协商以和平方式解决国家间的分歧和争端。国家间有分歧是常态，关键是如何对待和处理。依靠霸权主义和强权政治塑造的安全，不是真正的安全，往往还会制造更多的不安全。只有坚持通过对话协商以和平方式解决国家间的分歧和争端，支持一切有利于和平解决危机的努力，不搞双重标准，反对滥用单边制裁和"长臂管辖"，才能真正维护世界和平安宁。二是坚持统筹维护传统领域和非传统领域安全。在人类命运与共的今天，只有在实践中通盘考虑安全问题的历史经纬和现实状况，坚持系统思维构建全球安全框架，坚持统筹维护传统领域和非传统领域安全，共同应对地区争端和恐怖主义、气候变化、网络安全等全球性问题，才能消除全球安全威胁，实现世界持久和平。

中国是推进落实全球安全倡议的行动者

为推动实现全球共同安全和长治久安贡献具有中国特色的安全实践。中国特色的安全实践体现在自律的国家行为上。中国将"坚持和平发展道路"载入宪法，奉行防御性国防政策，积极参与国际军控和防扩散进程。中国用异乎寻常的自律实践为全球共同安全做表率。中国特色的安全实践体现在积极的维和行动上。中国是联合国第二大维和摊款国，是联合国安理会常任理事国中派遣维和人员最多的国家。中国以负责任的大国担当为崇高的维和事业做出积极贡献。中国特色的安全实践体现在坚定的合作抗疫上。

为推动政治解决国际和地区热点问题贡献具有中国特色的解决方案。面对层出不穷的安全挑战和日益增多的安全风险，中国始终站在世界和平与人类正义的一边，积极探索和践行符合联合国宪章精神、具有中国特色的热点问题解决之道，为维护世界和平和安全发挥建设性作用。

思考题

1. 大学生树立正确的义利观有何现实意义，应该树立怎样的义利观？
2. 你怎么理解"以人民为中心的思想"？
3. 作为新时代大学生，你应该如何维护国家安全？
4. 中国特色社会主义进入新时代，新发展理念对当代大学生的发展有何启示？

专题十

家风建设：天下之本在国，国之本在家

【主题出处】

团聚最喜悦，团圆最幸福，团结最有力。春节是万家团圆的日子。中华民族历来重视家庭，正所谓"天下之本在国，国之本在家"，家和万事兴。国家富强，民族复兴，最终要体现在千千万万个家庭都幸福美满上，体现在亿万人民生活不断改善上。千家万户都好，国家才能好，民族才能好。我们要积极培育和践行社会主义核心价值观，弘扬中华民族传统美德，把爱家和爱国统一起来，把实现个人梦、家庭梦融入国家梦、民族梦之中，用我们4亿多家庭、13亿多人民的智慧和力量，汇聚起夺取习近平新时代中国特色社会主义伟大胜利、实现中华民族伟大复兴中国梦的磅礴力量。

——2018年2月14日，习近平总书记在春节团拜会上的讲话

【原典出处】《孟子·离娄上》（战国·孟柯）

人有恒言，皆曰天下、国、家。天下之本在国，国之本在家，家之本在身。

【原典释义】

"天下之本在国，国之本在家"，后面还有一句为"家之本在身"。在孟子看来，天下是由各个诸侯国组成的，因此天下的根本在于诸侯国；各诸侯国是由作为社会基本细胞的许多家庭构成的，因此诸侯国的根本在于家庭；而家庭又是由每一个具有独立人格的个体组成的，因此家庭的根本在于个人。孟子在家与天下的关系上强调二者的一致性，《孟子·离娄上》还说："人人亲其亲，长其长，而天下平。"

中国传统文化的一大特色是"己一家一国"三位一体。《礼记·大学》称："古之欲明明德于天下者，先治其国；欲治其国者，先齐其家；欲齐其家者，先

修其身。"在儒家的社会和谐模式中，"齐家"是"治国"和"平天下"的重要环节。家齐了，国也就治了，社会也就和谐了，天下也就太平了。因此，家庭的和谐稳定对社会的和谐稳定具有至关重要的意义。

家庭是社会的基本细胞，家庭的前途命运同国家和民族的前途命运紧密相连。家庭和睦则社会安定，家庭幸福则社会祥和，家庭文明则社会文明。在2018年春节团拜会上，习近平总书记指出："国家富强，民族复兴，最终要体现在千千万万个家庭都幸福美满上，体现在亿万人民生活不断改善上。千家万户都好，国家才能好，民族才能好。"我们要重视家庭文明建设，努力使千千万万个家庭成为国家发展、民族进步、社会和谐的重要基点，成为人们梦想启航的地方。

当前，全党全国各族人民正在意气风发向着全面建成社会主义现代化强国的第二个百年奋斗目标迈进。我们每个人都要把爱家和爱国统一起来，把实现家庭梦融入民族梦之中，心往一处想，劲往一处使，用我们14亿多人民的智慧和热情汇聚起实现中华民族伟大复兴中国梦的磅礴力量。

【主题讲解】

"大国之大，也有大国之重。千头万绪的事，说到底是千家万户的事。"在2022年新年贺词中，习近平主席温暖的话语、真挚的感情，彰显大党大国领袖深厚的人民情怀，诠释中国共产党人不变的价值追求。"千家万户都好，国家才能好，民族才能好。"构成"千家万户"的一个个家庭，是社会的基本细胞。

家庭是社会的基本细胞，家庭的前途命运同国家和民族的前途命运紧密相连。习近平总书记指出："不论时代发生多大变化，不论生活格局发生多大变化，我们都要重视家庭建设，注重家庭、注重家教、注重家风。"数据显示，我国目前有4亿多家庭。家庭家教家风建设既是家事，也是国事，关系个人健康成长、社会和谐稳定和国家繁荣发展。家庭是人们开启幸福生活、放飞人生梦想的起点，也是社会和谐、国家发展的基点。《习近平关于注重家庭家教家风建设论述摘编》收录了习近平总书记关于家庭家教家风建设的一系列重要论述，为我们深刻把握家庭家教家风建设的丰富内涵和目标任务，进而推动新时代家庭文明建设、弘扬社会主义家庭文明新风尚提供了根本遵循。

一、注重家庭家教家风

（一）注重家庭

家是小的国，国是大的家。家与国紧密相连。《孝经》说："君子之事亲孝，故忠可移于君。事兄悌，故顺可移于长。居家理，故治可移于官。"意思是一个人居家处事都能有条有理，他的治事本能一定能移作处理公务。反之，为官者如果不能整齐家人、率导为善，就无法引导他人向善。《大学》说："所谓治国必先齐其家者，其家不可教而能教人者，无之。"

中华民族历来重视家庭。正所谓"天下之本在家"。尊老爱幼、妻贤夫安、母慈子孝、兄友弟恭，耕读传家、勤俭持家，知书达礼、遵纪守法，家和万事兴，等等中华民族传统家庭美德，铭记在中国人的心灵中，融入中国人的血脉中，是支撑中华民族生生不息、薪火相传的重要精神力量，是家庭文明建设的宝贵精神财富。

"注重家庭"是家庭建设的前提。习近平总书记在论述家庭家教家风时，把"注重家庭"放在"三个注重"之首，并鲜明指出，"不论时代发生多大变化，不论生活格局发生多大变化，我们都要重视家庭建设"。这一重要论断彰显了我们党一贯重视家庭建设的优良传统，清晰指明了新时代推进家庭建设的重大意义与实践要求。

习近平总书记指出："要坚持以社会主义核心价值观为统领，树立新时代的家庭观。"爱国爱家的家国情怀、相亲相爱的家庭关系、向上向善的家庭美德、共建共享的家庭追求等，体现新时代家庭观的深厚内涵。

家庭是个人幸福生活的港湾。家庭不只是人们身体的住处，更是人们心灵的归宿。无论过去、现在还是将来，绝大多数人都生活在家庭之中；无论人们身处何方、境况如何，其内心始终为亲情所牵、为家庭所绊，家庭在人们心中的地位无可动摇。家庭是社会的细胞。家庭是以婚姻和血缘为纽带，是社会制度的产物，是最基本的社会组织形式。马克思认为："在生产、交换和消费发展到一定阶段上，就会有一定的社会制度、一定的家庭。"家庭从本质上说是一种社会关系，而且家庭起初是唯一的社会关系。随着社会发展进步的需要，后来又产生了其他更多的新的社会关系。更多的社会关系生成后，家庭就成了个人与社会沟通的桥梁和纽带，每个人都从家庭走向社会进而开启社会化进程。家庭的演进历程告诉我们，家庭的和睦、幸福、文明都与社会休戚与共。只有家庭这个基本细胞健康有活力，社会这个有机体在结构上才能平衡，在运行上才能顺畅，在发展上才能持续。

（二）注重家教

1. 爱子，教之以义方

《周易》曰"天地交，泰"，天地相交、阴阳和合，才有万物通泰繁荣的景象。夫妇好合而有子息，人丁兴旺方能繁荣家业。人以德立身，而德行扎根始于家庭教育。《说文解字》中"教"字解释为"上所施，下所效也"；"育"为"养子使作善也"。所以，家庭教育重在父母以身作则，为子女树立榜样，正所谓"爱子，教之以义方"。

家庭教育不仅要树立正面榜样，还要及时纠正过失。"家人嗃嗃，悔厉吉；妇子嘻嘻，终吝。"其意是说，父母作为一家的"严君"，应当严词厉色地纠正子女的错误，子女越早改正错误，以后才会越顺利。否则，嘻嘻哈哈、得过且过，最终吃亏的还是孩子。梁朝名臣王僧辩在溢城统帅三千士卒时已经四十多岁了，而言行稍有不当，母亲仍用棍棒教训他，但他却成就了功业。相反，梁元帝时有一位学士，因为聪明有才，从小就被父亲宠爱。一句话说得漂亮，就被到处宣扬；做错一件事，却被百般粉饰。结果此人养成了粗暴傲慢的习气，最后竟因说话不检点被抽肠祭战鼓。真是"爱之不以道，适所以害之也"。

"爱子，教之以义方。"这个是出自《左传》的，"方"就是道，"义方"就是道义，意思是说如果一个人真的爱自己的孩子的话，那就应当用道义来引导他。"爱之不以道，适所以害之也。"就是如果你不用道义来引导孩子，不用道义来爱孩子，那就不是爱孩子，反而是害了他。这句话出自《资治通鉴》。

为什么"爱之不以道，适所以害之也"的悲剧会不断地发生？因为溺爱是一件特别简单的事情，而"教之以义方"却是非常困难的。首先你得分清楚什么是对的，什么是"义方"，然后你还得动脑子分析，花力气学习，你得弄清楚什么是对孩子有好处的。我们必须要学习，必须要动脑子，必须明白"爱之不以道，适所以害之也"。我们要努力学习"教之以义方"，给孩子正确的爱。

2. 在家尽孝、为国尽忠

家是最小国，国是千万家。中国人历来讲求精忠报国，革命战争年代母亲教儿打东洋、妻子送郎上战场，社会主义建设时期先大家后小家、为大家舍小家，都体现着向上的家庭追求，体现着高尚的家国情怀。让习近平总书记至今难忘的是，小时候母亲背着他去书店买小人书《岳飞传》。买回来之后，母亲就给他讲精忠报国、岳母刺字的故事。

在家尽孝、为国尽忠是中华民族的优良传统。2019 年 2 月 3 日，习近平总书记在春节团拜会上说："没有国家繁荣发展，就没有家庭幸福美满。同样，没有千千万万家庭幸福美满，就没有国家繁荣发展。我们要在全社会大力弘扬家国情怀，培育和践行社会主义核心价值观，弘扬爱国主义、集体主义、社会主义精神，提倡爱家爱国相统一，让每个人、每个家庭都为中华民族大家庭做出贡献。"

秉持家国情怀的赤子之心，砥砺拼搏，每个家庭前进的脚步，就一定能叠加成国家的进步；每个家庭创造的价值，就一定能汇聚成中华民族伟大复兴的力量。千千万万个家庭是国家发展、民族进步、社会和谐的重要基点，是人们梦想启航的地方。当代大学生应该积极参与家庭文明建设，推动形成爱国爱家、相亲相爱、向上向善、共建共享的社会主义家庭文明新风尚。

孝文化作为中华文化的重要文化基因和文化传统，是我们不能、也无法割舍的重要文化传统。在 2019 年春节团拜会上，习近平总书记指出："在家尽孝、为国尽忠是中华民族的优良传统。"百善孝为先。古往今来，孝道被看作子女孝敬父母的一种传统美德，历经千古而不衰，深深融入中国人的血脉。孝道作为中华优秀传统文化的核心价值理念之一，历来被看作人之善性的根源，也是涵养正己修身、廉洁从政的道德源泉。古往今来，孝能促廉是显而易见的。孝是一切道德的基础，也是清廉为官的前提。孝文化蕴含着丰富的廉政资源，善事父母、不辱其亲的孝道能产生清廉为官的道德意识、责任担当与行为定力。在中国古代，孝亲不仅是能赡养父母，而且是能立德、立功、立言，以显父母，为家庭争气，为祖宗争光，起码不能做有辱父母、先祖的事。一个真正恪守孝道、尊敬长辈的人在为官时，必然会自觉遵守为民、清廉之德，不做以权谋私、贪赃枉法之事，把孝敬、孝顺、孝养父母与廉洁奉公有机统一起来。

3. 家庭教育是教育的开端

家庭教育涉及很多方面，但最重要的是品德教育，是如何做人的教育。

家庭教育是教育的开端，关乎未成年人的健康成长和家庭的幸福安宁，也关乎国家发展、民族进步、社会稳定。

2022 年 1 月 1 日起，《中华人民共和国家庭教育促进法》正式施行，家庭教育由以家规、家训、家书为载体的传统模式，向以法治为引领和驱动、以社会主义核心价值观为主要内容、以立德树人为根本任务的新模式迭代升级，将家庭教育由传统"家事"上升为新时代的重要"国事"。

习近平总书记强调，要在家庭中培育和践行社会主义核心价值观，引导家庭成员特别是下一代热爱党、热爱祖国、热爱人民、热爱中华民族。

社会主义核心价值观是当代中国精神的集中体现，凝结着全体人民共同的价值追求。"要以培养担当民族复兴大任的时代新人为着眼点，强化教育引导、实践养成、制度保障，发挥社会主义核心价值观对国民教育、精神文明创建、精神文化产品创作生产传播的引领作用，把社会主义核心价值观融入社会发展各方面，转化为人们的情感认同和行为习惯。"总书记的话语铿锵有力。习近平总书记强调："广泛开展理想信念教育，深化中国特色社会主义和中国梦宣传教育，弘扬民族精神和时代精神，加强爱国主义、集体主义、社会主义教育，引导人们树立正确的历史观、民族观、国家观、文化观。深入实施公民道德建设工程，推进社会公德、职业道德、家庭美德、个人品德建设，激励人们向上向善、孝老爱亲，忠于祖国、忠于人民。"

家庭教育是家庭精神内核的具体体现。习近平总书记指出："孩子们从牙牙学语起就开始接受家教，有什么样的家教，就有什么样的人。"可见，家庭在个体进行"社会人"角色转换的过程中，在为社会培养合格公民的问题上，起到了基础性甚至决定性作用。

家庭教育是孩子的第一课堂。教育发端于家庭之中，家庭教育承担着启蒙养正、明理成人的重担。父母则是挑起这一重担的第一责任人，也是孩子的第一任老师。中华民族历来重视家庭教育，至今流传着"爱子之道在于教，教子之道在于严。严，斯成也"的古训，流传着孟母三迁、岳母刺字、画荻教子等家庭教育的典故，流传着《三字经》《弟子规》等有关家庭教育的国学著作。从现代教育分工来看，教育可分为家庭教育、学校教育和社会教育三个方面。学校教育重在知识传授，社会教育重在面向成人劳动者，而家庭教育则是人最初智慧启蒙和文化开蒙的第一场所，并纵贯人的一生，持续不断地起作用。在家庭中，父母的一言一行都是对子女的示范教育，父母的价值观、人生态度、生活习惯等为子女判断是非、分辨对错提供了重要参照，并在子女的整个人生中都将起到重要影响作用。可见，家庭教育是教育的起点，也是子女接受教育的第一课堂，关系着孩子的前途和未来。

（三）注重家风

"积善之家，必有余庆；积不善之家，必有余殃。"这句话是出自《周易·文言》。这句话的意思其实是非常容易懂的。直译过来就是说，那些常常做好事的人家一定会福泽深厚，那些常常做坏事的人家一定会遭到祸殃。积善、积不善，重点都在于一个"积"字，积就是积累的"积"。用我们今天的话来讲，其实就是量变会促成质变。

"积善之家，必有余庆"，那这"余庆"究竟是什么呢？这是我们要思考的。这个余庆就是，往上说、往大里说，家庭要为国家培育栋梁。那么往一般的普通人家说，那就是这个"余庆"首先是家庭里涵养出来的和睦之气。而这个和睦之气能够让孩子健康成长，让老人安心地颐养天年。这是"积善之家，必有余庆"。

那么"积不善之家，必有余殃"，这个"余殃"又指的是什么呢？往大处说，历史上的悲剧不少。杀父弑君，家庭不睦的；父子成仇，兄弟阋墙，妻离子散的。那么再往小处说，那种小的矛盾积累在一个家庭里，它会让生活在这个家里的每一个人都不愉快，让生活在这个家庭的每一个人很可能就会愁眉苦脸地度过这一生。而我们知道，其实生命来得多么宝贵，家庭教育是潜移默化的，但它也是最基础和最坚固的，它奠定了我们每一个人人生的底色。正直、善良、有崇高追求的父母会培养出来积极上进的好孩子；而那些好吃懒做、惯于偷奸取巧的父母就没有理由责怪孩子没有上进心。家风之可贵是我们怎样强调都不过分的。

家庭教育形成家风，无论好坏都被子孙承传下去，结出善恶果实。汉朝有一位于公，是东海郯城县的狱吏、郡决曹。于公决断狱案十分公平，深受郡中百姓爱戴，后来为他建立了于公祠。于公的儿子定国，从小效法父亲、恭谨明断，从御史一直做到丞相；孙子永也官至御史大夫。

相反，秦朝李斯早年受到厕中鼠和仓中鼠的启发，认为一个人有无出息就像这老鼠，在于能不能给自己找到一个优越的环境。本着"老鼠哲学"，他坐到丞相之位。李斯为自己找到了任其啃食的"粮仓"，也不忘安顿子女。长子李由做三川郡守，掌握着军政大权；其他子女也都与皇室缔结连理。始皇死后，急于事功的李斯终与宦官赵高合谋，篡改遗诏，迫令始皇长子扶苏自杀，立少子胡亥为二世皇帝。最终为赵高所忌，李斯父子被腰斩于市，灭门三族。

1. 家风是社会风气的重要组成部分

家风的"家"，是家庭的"家"，也是国家的"家"。家风是社会风气的重要组成部分。广大家庭都要弘扬优良家风，以千千万万家庭的好家风支撑起全社会的好风气。

2016年12月12日，习近平总书记在会见第一届全国文明家庭代表时强调：

"家风好，就能家道兴盛、和顺美满；家风差，难免殃及子孙、贻害社会，正所谓'积善之家，必有余庆；积不善之家，必有余殃'。"

关于家风，总书记曾有形象的比喻："大家仔细看一看'家'和'冢'这两个字，它们很像，区别就在于那个'点'摆在什么位置。这就像家庭建设一样，对家属子女要求高一点才能成为幸福之家，低一点就可能葬送一个好家庭。"

家风是社会风气的重要组成部分。家庭不只是人们身体的住处，更是人们心灵的归宿。家风好，就能家道兴盛、和顺美满；家风差，难免殃及子孙、贻害社会，正所谓"积善之家，必有余庆；积不善之家，必有余殃"。诸葛亮诫子格言、颜氏家训、朱子家训等，都是在倡导一种家风。毛泽东、周恩来、朱德同志等老一辈革命家都高度重视家风。还有很多革命烈士留给子女的遗言、谆谆嘱托、殷殷希望，十分感人。

广大家庭都要弘扬优良家风，以千千万万家庭的好家风支撑起全社会的好风气。特别是各级领导干部要带头抓好家风。《礼记·大学》中说："所谓治国必先齐其家者，其家不可教而能教人者，无之。"领导干部的家风，不仅关系自己的家庭，而且关系党风政风。各级领导干部特别是高级干部要继承和弘扬中华优秀传统文化，继承和弘扬革命前辈的红色家风，向焦裕禄、谷文昌、杨善洲等同志学习，做家风建设的表率，把修身、齐家落到实处。各级领导干部要保持高尚道德情操和健康生活情趣，严格要求亲属子女，过好亲情关，教育他们树立遵纪守法、艰苦朴素、自食其力的良好观念，明白见利忘义、贪赃枉法都是不道德的事情，要为全社会做表率。

2. 家风建设是完善国家治理的重要依托

家风是一个家庭代代相传沿袭下来的体现家庭成员精神风貌、道德品质、审美格调和整体气质的家庭文化风格。好的家风引领人向上向善，不良的家风却会败坏社会风气，贻害无穷。家风诞生于家庭，却不局限于家庭，其形成和发展必须始终与社会风潮相适应，又潜移默化塑造着党风，影响着国家治理。

家风是影响社会风气的重要源头。积小流而成江河，积家风而成社风。家风问题，是社会建设的深层次问题。家风正不正，不仅关系家族荣辱兴衰、家庭幸福与否，还直接关系公民文明素质和社会文明程度。良好家风的培育，不仅能熏陶自身及家庭成员的思想、行为方式，还能带动他人养成良好品质，从而使文明的社会风尚源远流长。反之，家风不正，很容易造成老人赡养无着、子女教育缺失、亲人情感淡漠等家庭问题，还会对社会风尚、社会文明产生不可忽视的负面影响。可见，重视家风培育，就是疏浚社会风气的源头，为形成良好社会风气打基础。只有家庭和睦，社会才会安定；只有家庭幸福，社会才会祥和；只有家庭文明，社会才会和谐。

"天下之本在国，国之本在家"，这句话出自《孟子》。孟子曰："人有恒言，皆曰天下、国、家。天下之本在国，国之本在家，家之本在身。""恒言"就是常言。常言都说，天下、国、家的根本在于每一个家庭，而每一个家庭的根本在于我们每个人自身。每一个人都应当以敬畏的态度努力做一个好人，做好自己，然后才能够建设和谐美满的家庭，而家庭和谐美满了，那么国家才能够做到秩序井然，天下才能够太平。

良好的家风培育人，它培育美好的种子。人从家里边把这颗种子又带到了更广阔的领域，影响到更多的人，从而营造出来一个更和谐、更美好的社会风气。这就是"天下之本在国，国之本在家，家之本在身"。

3. 家训是形成良好家风的有效手段

家训的形式有很多种，如训诫、遗言遗训、书信、诗歌格言警句、著作等。例如诸葛亮的《诫子书》说："夫君子之行，静以修身，俭以养德，非淡泊无以明志，非宁静无以致远。"把修身、养德、明志联系起来，认为只有宁静、俭约、淡泊才能有君子之行。也就是说，首先要在个人的内心世界营造一种宁静、淡泊的氛围，不为外部世界的物欲而迷惑，才能达到"淡泊以明志，宁静以致远"。这样的训诫的力量是十分深刻的。又如，《曾文正公家书》有330多封，是历史上家书保存最多的。家书写得辞意恳切，语言简练明畅，苦口婆心娓娓道来，肺腑之言跃然纸上，令人感奋。由于曾国藩的子弟有不少成为国家的栋梁之材，所以人们都认为他"教子有方"，《曾文正公家书》也就格外受到推崇。

家训往往是由家庭中的长辈或有名望、有社会地位的子弟所撰写，作为为人处世的准则传授给家庭的子弟，教育家庭的子弟；也有的是由子弟追记长者之言，垂范后世的。家训大多是撰写者本人或家中长者的人生经验和感悟，他们"语语折衷于圣贤，而日用伦行不出其范围"，在鼓励子弟上进和"折衷于圣贤上"表现出共同的价值取向。它们不仅包括日常道德准则、家庭伦理和价值观念、行为处世的规范和戒条，还包括生活的情趣、职业的选择、读书学习的技巧以及各种社会角色的预期等。为了使子弟能成为一个好人，于是他们把道德准则和价值观念、知识传授给子弟，要他们读书耕田、布衣蔬食，以清贫勤苦立家业。为了子弟读书进仕，增长见识，修养心性，于是他们教给子弟读书、修身养性以及学习的方法和技巧。为了子弟立身处世，保住家业，他们告诫子弟选择好一门职业，掌握好一种技艺，并把家庭生活和社会生活的知识、经验传授给他们。家训作者们有着丰富的人生经验和较高的文化学术修养，他们对子弟有着殷殷期望，所以他们与自己的子弟之间，既有教育者与被教育者之间的关系，也有家长与子弟亲情相向的关系。因此，他们在教育子弟时，既注重知识教育，也注重道德教育、人生教育，这三种形式的教育往往交织在一起，形成中国古代家训教育的一大特色。

家训、家教的目的，是为了子孙"敦伦立品、修身树德、绍继家风、培育人才"。在子孙入世之前，完成其人格教育，教其如何修德、守分、进学、处世、立业等。从一篇篇家训中，可以看到先贤先祖的苦心，真是为子孙做百代计。

当代国学大师汤用彤先生（1893—1964）在教育其子汤一介先生（曾任北京大学哲学系资深教授、中华孔子学会会长）时说："家风不可中断。一个家庭应该有他的家风，如果家风断了，那么这个大家族也衰落了。"汤用彤的曾祖父就培养了三位进士，其中包括汤用彤的父亲汤霖。汤家家教极严，家训中有"事不避难，义不逃责，素位而行，随适而安"等语。汤用彤先生学贯中西，能同时开中国、西方、印度哲学思想方面的课程，可谓古今无二！汤一介先生继承前两代人及北大前辈们的优良传统并发扬光大。

所以，我们应该重视古代的家训家教，重读古人经典家训，重立今人家教观念，培植家风，修身齐家，故曰：家和万事兴，子孝人伦正。家风看世风，此淳彼亦淳。这也是当代家长和教育工作者们应关注的。因为子弟个性、人格的形成，家训家教起着至关重要的作用。

二、家风家训故事

（一）阎敬铭家风：必廉乃能勤，必俭乃能廉

在山西运城永济市虞乡镇楼上村，有一座不事雕琢、自然质朴的庭院，是晚清重臣阎敬铭及其后人的居所。来到这里，如果没人介绍，单从表面上看，很少有人会把这座宅院与宰相故居联系起来，因为无论从规模大小还是豪华程度，这座宅院都与同为清朝宰相的陈廷敬的故居相去甚远。

与简洁朴素的建筑风格相应和，宅院正院门楼上题刻着由阎敬铭亲自撰写的一副楹联——"处物要吃亏立身要吃苦，治生不求富读书不求官"。这副楹

联，包含着不怕吃亏、甘于俭朴的人生态度，包含着不计较个人得失、不为功名利禄所困的旷达情怀，既是阎敬铭一生治学、为官、做人的深刻体会，也蕴涵着其对子孙后代的谆谆教诲。100多年来，阎氏子孙坚持和传承这些家训，勤奋努力、不怕吃苦、不斤斤计较，在各自岗位、各自领域，做出了应有的贡献，取得了不小的成绩。

阎敬铭，字丹初，清朝道光二十五年（1845）进士，历任山东巡抚、户部尚书、兵部尚书、军机大臣等职，是清末著名的能臣、廉吏、理财家，被世人称为"救时宰相"。阎敬铭一生崇尚简朴，无论是生活还是公务，都秉持着勤俭、廉洁的态度。

做地方官时，不管到哪里任职，阎敬铭都要在衙署大堂后面放一架纺机。他在堂前会见下属、处理公务，他的夫人就在后面纺线织布，纺机的吱呀声时断时续地传到堂前。为此有人暗中嘲笑他，他不仅不以为意，反而总在会见下属时，指着自己的棉袍骄傲地说："此中之絮，内人所手弹也。"

阎敬铭衣着简朴，其实是为了提醒自己时刻牢记百姓疾苦。受朝廷委派到山西视察赈灾事务时，他听说当地百姓贫困，穿不起好布，只能用一种叫褡裢布的粗布做衣服。阎敬铭便请夫人用褡裢布给自己做了袍褂。下属官员得知后，都收敛了很多，不敢在生活上过于豪奢。但也有些官员想要投其所好，专门买褡裢布做衣裳，一时间竟导致褡裢布价格猛涨。一位姓白的新任知县想要提醒阎敬铭，就穿着绸缎衣服去见他说："卑职刚来，所得的俸禄不多，买不起褡裢布，只能穿着旧衣服来了。"阎敬铭听出了弦外之音，没有为维护自己的面子对这名知县发火，而是及时制止了这股因褡裢布而起的媚上之风，使百姓免受布价上涨之苦。

阎敬铭的勤俭，不仅仅是对自己和家人，对待国政也是如此。作为户部尚书，也就是财政大臣，阎敬铭一直坚持开源节流、量入为出，甚至为了给朝廷省钱而顶撞慈禧太后，并因此被免职。《南亭笔记》卷六还记载了阎敬铭主持户部时，勤俭节约的一件小事。军机处退朝后，户部尚书阎敬铭到直庐（官员值班室）办事，发现茶房居然在值班室放了两种点心供官员食用。阎敬铭以为太过浪费，就下令裁撤了。对这一做法，同事、下属多有不满，故意向其抱怨肚子饿，他听后默不作声，只是从袖子里取出自带的麻花、烧饼旁若无人地吃起来。此后，再也没人抱怨。

之所以诸事坚持勤俭，是因为在他看来，"必廉乃能勤，必俭乃能廉。吾以此相士，百不失一"。意思是说，勤俭生廉，廉洁才能成事，他以此规律对照过许多官员，百人无一例外。咸丰八年（1858），有人向其推荐了一位"能人"。阎敬铭请他吃饭，发现此人不仅穿着过分讲究，还嫌饭菜简朴不肯下筷。阎敬铭观此情景叹息道，像这样讲究吃穿的人，怎能与之共事？怎能成事？坚决辞退这位"能人"。其后，这位所谓的"能人"果然终其一生无所建树。

（二）白居易家训：善政爱民兼济天下

有"诗魔"之称的白居易，是中国文学史上负有盛名且影响深远的唐代诗人和文学家。他出身于书香门第，自幼秉承"世敦儒业"的家风，刻苦读书，十几岁就写出著名的《赋得古原草送别》，显示出过人的天赋。白居易不仅是一位著名诗人，还是一位清廉勤政的官员。唐德宗贞元十六年（800），他考中进士；曾任秘书省校书郎、周至县尉、翰林学士、杭州刺史、刑部侍郎、太子太傅等职；会昌二年（842），以刑部尚书退休。

白居易的诗歌题材广泛，形式多样，代表作有《长恨歌》《卖炭翁》《琵琶行》等。值得一提的是，他的诗歌中《续座右铭并序》《狂言示诸侄》《遇物感兴因示子弟》等多篇是对家人进行规诫的作品，体现出白氏独善其身、兼济天下、清正廉洁、不慕名利等家风。

白居易的长辈多担任地方官。他的父亲白季庚担任徐州彭城县令期间，徐州城被叛军重兵围困，白季庚挺身而出，率领城内民众坚守城池，保住了州城，也保障了运河的畅通。叔父白季康曾任溧水县令，也留下了"洁廉通济"的好评。白居易青少年时，曾随父亲、叔父等在徐州、江南、襄州等地旅居多年，对民生有亲身体会。受长辈的影响，他逐渐树立起公忠体国，兼济天下的理想与信念。

贞元十年（794），父亲白季庚去世，白居易在家守孝期间，在所写诗作《新制布裘》中，表达了"丈夫贵兼济，岂独善一身。安得万里裘，盖裹周四垠。稳暖皆如我，天下无寒人"的政治抱负。白居易入仕的时代，正处于唐王朝从"永贞革新"到"元和中兴"的阶段，人心思治，皇帝和主政大臣力图革除弊政，加强中央集权，有所建树，恢复贞观、开元时期的鼎盛局面。秉承民本主义思想的白居易也积极用事，希望能为国为民做出贡献，"誓心除国蠹，决死犯天威"。

在担任周至县尉等地方官员期间，白居易深入民间，体察百姓的苦难。在他的诗歌创作中，充满了对民生的同情与关注和抨击暴政的民本主义思想。白居易看到劳动人民"足蒸暑土气，背灼炎天光"的艰苦劳动场面和"右手秉遗穗，左臂悬敝筐""家田输税尽，拾此充饥肠"的悲惨景象，他反观自己，认为自己有什么功德呢，从不曾干过庄稼活，而官俸却有三百石，到年终了还有剩余的粮食。为此而深深地感受到惭愧——"念此私自愧，尽日不能忘"。

在地方官任上，白居易把兼济天下的政治理想落实到为当地百姓谋福利的实际行动，他的施政以爱民为重，强调简政宽刑，减轻人民负担。在杭州，他兴建西湖堤坝等水利灌溉工程，造福了当地民众。

在闲居洛阳的晚年，他看到伊河河道淤塞，经过的舟子被迫在"大寒之月，裸跣水中，饥冻有声，闻于终夜"，白居易拿出自己的财产，筹集经费开凿河道，为民众减轻苦难。正因为白居易对百姓疾苦的关切，尽力为百姓造福，在他离开苏州的时候，刘禹锡作诗描述当地民众对他的留恋："闻有白太守，抛官归旧溪。苏州十万户，尽作婴儿啼。"

白居易一生知足淡泊，独善其身，为官勤政为民，兼济天下。在白氏家风的熏陶和白居易的教育及影响下，白居易的弟弟白行简贞元末年考中进士，官至主客郎中，他"文笔有兄风，辞赋尤称精密"，是唐代的文学家。历史名篇《滤水罗赋》即白行简所著。白居易的侄子白征复、白崇儒都曾在秘书省任职。

三、弘扬家庭美德

"家"不仅承载着中国人生命实践的美好愿景，而且体现着中国人精神生活的重要追求。家文化是理解中国五千多年文明历史的基因密码，是见证中国社会变迁的重要标示，同时它在很大程度上影响着中国社会未来发展的逻辑进路。中华民族家庭道德源远流长，具有自身特质。当代中国家庭美德建设必须坚持以习近平新时代中国特色社会主义思想为指导，大力培育和践行社会主义核心价值观，将马克思主义家庭道德理论与当代中国家庭生活实际相结合、同中国传统家庭美德相结合，推动形成爱国爱家、相亲相爱、向上向善、共建共享的社会主义家庭文明新风尚。中共中央、国务院印发的《新时代公民道德建设实施纲要》指出，要"推动践行以尊老爱幼、男女平等、夫妻和睦、勤俭持家、邻里互助为主要内容的家庭美德，鼓励人们在家庭里做一个好成员"。这一重要论述，为新时代家庭美德建设指明了方向。

（一）尊老爱幼

我国自古以来就倡导"老有所终，幼有所养"，形成了尊老爱幼的良好家庭道德传统。子女要孝敬、赡养父母及长辈，父母要抚育、爱护子女，这不仅是每个公民必须遵守的道德准则，也是应尽的社会责任和法律义务。要保护老人、儿童的合法权益，坚决反对虐待、遗弃老人和儿童的行为。"尊老爱幼"就是继承中国传统家庭美德中"老吾老以及人之老，幼吾幼以及人之幼"的优良传统，子女对父母有尊敬之心，父母给予子女亲情和关爱，互相尊重人格权利和个人隐私。父母和子女在共同承担家庭责任与义务中，尽力为家庭多做贡献，共同建设幸福之家。

（二）男女平等

家庭生活中的男女平等既表现为夫妻权利和义务上的平等、人格地位上的平等，又表现为平等地对待自己的子女。坚持男女平等，特别要尊重和保护妇女的合法权益，反对歧视和迫害妇女的行为。"男女平等"是指男女在家庭中具有平等的权利与义务、平等的地位与价值、平等的人格与尊严。在这方面要特别注意对传统社会"男尊女卑""男主女从"道德规范的辩证扬弃，因为今天我国的宪法及各种法律都已贯彻了男女平等原则，只有让妇女彻底解放出来，才能实现男女之间权利与义务、地位与价值、人格与尊严的真实平等，从而充分体现社会主义婚姻家庭制度的本质特征，使男女平等真正成为家庭美德的应有之义。男女平等和妇女全面发展是衡量社会文明进步的重要尺度，是国家治理体系和治理能力现代化的重要基础，促进男女平等和妇女全面发展是中国特色社会主义的重要组成部分，也是党和人民事业的重要组成部分。

（三）夫妻和睦

夫妻关系是家庭关系的核心。夫妻和睦是在男女平等基础上的互敬互爱、互助互让。"夫妻和睦"强调夫妻之间在生活上要相互关心和帮助对方，在事业上相互理解和支持对方，在感情上相互爱恋和体贴对方。特别是夫妻之间在处理各种家庭矛盾时，要以坦诚的态度彼此相待，以相互理解的精神包容对方，夫妻感情与父母子女感情的最大区别是爱情，只有持之以恒地珍惜、培育和增进这种感情，才能永葆夫妻和睦关系的存在。

（四）勤俭持家

勤俭是家庭兴旺的保证，也是社会富足的保证。勤俭持家既要勤劳致富，也要量入为出。大学生要尊重父母劳动所得，体谅父母的辛苦操劳，在日常生活中注意节俭，尽量减轻父母和家庭的生活负担，这就是对父母和家庭最实际的贡献。"勤俭持家"是保证家庭物质基础稳固的前提条件，任何家庭生活的幸福美满都必须具备良好的物质基础，这就要求每一个家庭成员必须通过勤勉刻苦、节约俭朴、奋发努力来丰富家庭的物质财富。中国古人历来强调通过勤勉劳作来磨炼人的心性，使其不断转归朴实无华，避免骄奢淫逸。孔子的"温、良、恭、俭、让"和老子的"慈、俭"，都将"俭"视作家庭生活的重要美德，它们是建构当代中国家庭美德的重要思想资源。

（五）邻里团结

邻里团结重要的是相互尊重，尊重对方的人格、民族习惯、生活方式、兴趣爱好等，做到互谅互让、互帮互助、宽以待人、团结友爱。"邻里互助"是家庭内生德性的外在延伸，因为聚群而居是人类生活的本质属性，任何家庭必然处于邻里关系之中，邻里之间团结互助、彼此关照、和睦相处，能为家庭提供快乐融洽的外部环境。如果邻里之间各种纠纷不断，彼此关系紧张，每个家庭都不会获得安宁。这就要求相邻家庭之间只有严于律己，宽以待人，以诚相见，互帮互助，才能最终建立起良好的邻里关系。

总之，如何滋养人性之温情、维系家庭之和谐，培育家国情怀，成为当代中国家庭美德建设面临的重要任务。从国家层面看，各级党委和政府必须充分认识家庭美德建设的极端重要性，切实负起领导责任，把相关任务摆到重要议事日程。从社会层面看，各级工会、共青团、妇联等群众组织要结合自身特点，积极开展家庭美德建设活动。从个体层面看，每个家庭要高度重视家庭成员道德主体性的培养。特别是要充分发挥党员干部在家庭美德建设中的带头作用，以老一辈革命家为榜样，廉以修身，廉以持家，克己奉公，大力培育和践行社会主义核心价值观，在明大德、守公德、严私德中争做家庭美德建设的领头雁。

四、树立正确的爱情观

爱情是一个古老而常新的人生话题，是人生一道亮丽的风景线。爱情是一对男女基于一定的社会基础和共同的生活理想，在各自内心形成的相互倾慕并渴望对方成为自己终身伴侣的一种强烈、纯真、专一的感情。人生在具体的社会和文化环境中展开，理解和把握爱情的真谛和本质，要考虑具体社会历史条件的制约，考虑一定的文化传统、社会心理和风俗习惯的影响。

（一）古人追求爱情的特点

《诗经》是我国现存最早的涉及男女爱情的诗歌总集，它在一定程度上反映着那时人们独特的爱情观。古代人和现代人不同，他们追求爱情有什么特点呢？

1. 大胆且热烈

《召南·野有死麕》中的男女自由而率真地在野外相爱。"有女怀春，吉士诱之。……舒而脱脱兮，无感我帨兮，无使尨也吠。"朴实而率真地描写了青年男女相恋相爱的情形。这些无不表现了当时的人们纯真热烈、大胆奔放的爱情观，遇到喜欢的异性，大胆地去追求，不压抑、不束缚内心的纯粹情感，只管用心地去表达。这份大胆和勇气在今天也是难能可贵的。

《鄘风·柏舟》则描写了一个女子爱恋一个男子，纵然遭到父母的阻拦，也发誓要永远相爱。"髧彼两髦，实维我仪。之死矢靡它。母也天只！不谅人只！"那垂发齐眉的少年是我的心上人，至死也不会改变，上天和我的母亲为何不理解我？这样坚贞不移的恋爱观令人赞叹。

2. 真诚且有礼

《关雎》是一首爱情诗，表达了一位青年男子爱慕追求一位美丽贤淑女子的过程。

《关雎》："关关雎鸠，在河之洲。窈窕淑女，君子好逑。"意思是关关和鸣的雎鸠，相伴在河中小洲。美丽贤淑的女子啊，是小伙理想的伴侣。"窈窕淑女，寤寐求之。求之不得，寤寐思服。悠哉悠哉，辗转反侧。"文静美好的少女啊，朝朝暮暮想追求。追求没能如心愿，日夜心头在挂牵。长夜漫漫不到头，翻来覆去难成眠。想念的已经彻夜难眠了，怎么办呢？"窈窕淑女，琴瑟友之。""窈窕淑女，钟鼓乐之。"文静美好的少女，弹琴鼓瑟表爱慕。用钟声换来她笑颜。在写君子追求淑女时，我们看到的是"寤寐思服""辗转反侧"情态，表现出男子对女子深厚的真挚的爱意，但是又不会显得激烈和冲动，没有火山爆发似的狂热，也没有得不到必毁之的恶意，正如《毛诗序》中评价的"发乎情，止乎礼义"。君子的情欲最后诉诸钟鼓和琴瑟，没有逾越礼仪之外，反而是平和而有分寸，体现出一种自我克制，有极高道德修养的态度。

3. 专一且深情

《卫风·伯兮》中有女子"自伯之东，首如飞蓬。岂无膏沐，谁适为容"。女为悦己者容。女子在丈夫走后，头发蓬松无心打理，并非是没有洗漱用品，而是梳妆不知给谁看。女子的专一和深情由此可见一斑。

《郑风·出其东门》则描写了一个男子在众多的美色前，坚守本心，拒绝诱惑，忠诚于自己的妻子。"出其东门，有女如云。虽则如云，匪我思存。缟衣綦巾，聊乐我员。"男子走出东城门，看见美女如云，但都不是他的心上人，只有白衣绿头巾的那个人，才是其所爱。即使看见众多美女，仍然爱那白衣绿头巾的糟糠之妻。其中的道德坚守始终为人称赞，即使在千年后的今天，人们也爱用"匪我思存"来表达自己"弱水三千只取一瓢"的决心。

"女也不爽，士贰其行"。《卫风·木瓜》中的"永以为好也"也是表达了永远相爱的美好愿望。这无不体现了人们坚定忠贞的爱情观。

4. 独立且尊重

《卫风·氓》中的女主人公在遭受"士也罔极，二三其德"和"言既遂矣，至于暴矣"的背叛后，毫不留恋地选择了快刀斩乱麻——"反是不思，亦已焉哉"，不再回想那些你背叛我的事，就这样一刀两断吧，进行了及时止损，当断即断，干净利落，保全了自己独立的人格和尊严。《邶风·谷风》中的女子在丈夫发达迎娶新人、抛弃自己时，也挥泪斩情思，"不念昔者，伊余来墍"，往日的恩爱都似大梦一场，恩恩怨怨也都一笔勾销。从这几首诗中，我们可以看出，在那个时代，就诗中的"我"对春桂提问：春桂，桃李芬芳，春意盎然，为什么只有你不开花呢？春桂用反问来回答：因为春光不能永驻，待到风霜降临、百花凋零之时，唯独我含苞怒放，你知道吗？诗人采用问答的形式把春桂人格化，形象地赞美了春桂不畏严寒、坚贞高洁"独秀"精神。事实上，此诗明写春桂，实则是作者人格的写照。试想，若不用问答形式，会造成如此人格化的春桂形象和活跃的诗境吗？

相比较古风尚存的诗经时代，在物欲横流、诱惑繁多的当今社会，人们的爱情观似乎出现了一些偏差。有人自卑胆怯，不敢对心仪的对象表达自己最真实最真诚的想法，到最后平白错过，让人扼腕叹息；有人游戏花丛，不忠于感情，缺乏责任感和道德感；有人在受到伤害后，仍然痴缠不已，最后只是开启了一个恶性循环，弄得自己身心俱疲、遍体鳞伤，甚至伤及他人性命。

（二）树立正确的恋爱观

大学时代是人生美好的时光。爱情的艳丽花朵，要精心照料才会绽放得更加绚烂多彩。大学生要树立正确的恋爱观，对爱情采取审慎严肃的态度，处理好学习和恋爱的关系，妥善解决恋爱中出现的误会、失恋等问题，避免在恋爱问题上把握和处置失当。

不能误把友谊当爱情。异性之间要理智地把握好友谊与爱情的界限。异性友谊不同于爱情。认为异性之间只有爱情、没有友谊的看法是错误的。异性之间完全可以建立和保持健康的友谊。有些同学在与异性的交往中，不能准确区分友谊与爱情两种性质不同的感情体验，给双方增添许多烦恼。

不能错置爱情的地位。有些同学把爱情放在人生最高的地位，奉行爱情至上主义，沉湎于感情缠绵之中。这样的恋爱观，很容易导致对人生目标的误解，对需要将主要精力用于学习上的大学生来说危害尤大。因整天卿卿我我而耽误学习、虚掷光阴的例子在大学校园中并不鲜见，这样的恋爱态度也不利于正确对待和处理恋爱过程中出现的矛盾与挫折，常常会使一些同学在求爱不成或失恋之后情绪和行为失控，甚至产生悲观厌世情绪，导致严重的后果。

不能片面或功利化地对待恋爱。无论是在自己心中勾画出一个脱离现实的恋爱偶像，还是片面追求外在形象，或者只看重经济条件，或者仅仅把恋爱看成是摆脱孤独寂寞的方式，都无法产生真挚的感情，也得不到真正的爱情。

不能只重过程不顾后果。责任是爱情得以长久的重要保障，是坚贞爱情的试金石。古今中外，人们所赞美的爱情无不体现着恋人间为对方忘我的付出。这种自愿担当的责任，丰富了爱情的内涵，提升了爱情的境界。如果"不在乎天长地久，只在乎曾经拥有"，把爱情当成游戏，既会伤害对方，也会伤及自己。

不能因失恋而迷失人生方向。恋爱过程是恋爱双方互相熟悉和情感协调的过程，恋爱成功与失败都是正常现象。大学生应该正确对待失恋现象，做到失恋不失志，失恋不失态，失恋不失学，失恋不失爱。

树立正确的恋爱观，大学生应当处理好这样几种关系：一是恋爱与学习的关系。学习是大学生的主要任务，同学们应把爱情作为奋发学习的动力，同时还应把是否有利于促进学习作为衡量爱情价值的一个重要而特殊的标准。二是恋爱与关心集体的关系。恋爱中的双方不应把自己禁锢在两个人的世界中。脱离集体，疏远同学，会妨碍自身的全面发展与进步。三是恋爱与关爱他人和社会的关系。爱的情感丰富博大，不仅有恋人之爱，还有对父母之爱、对兄弟姐妹之爱、对社会和国家之爱。只专注于对恋人的爱而忽视对他人和社会的爱，这样的爱情就会显得自私和庸俗；相反，对他人和社会具有爱心则会使爱情变得高尚和稳固。

对大学生来说，如果在大学时代与爱情相逢，那就应用心呵护，倍加珍惜。处理好恋爱中的各种关系，是对爱情的祝福，也是对自己的祝福，更是对未来人生幸福的祝福。

（三）遵守恋爱中的道德规范

男女双方培养爱情的过程或在爱情基础上进行的相互交往活动，就是人们日常所说的恋爱。恋爱作为一种人际交往，也必然要受到道德的约束。恋爱是建立婚姻家庭的前奏，恪守恋爱中的道德规范关系到未来婚姻家庭生活的幸福。在现实生活中，正确地认识恋爱的道德责任，处理好恋爱关系十分重要。

尊重人格平等。恋人间彼此尊重人格的表现，主要是尊重对方的独立性和重视双方的平等。恋爱的双方在人格上都是独立的，如果把对方当作自己的附庸或依附对方而失去自我，都是对爱情实质的曲解。恋爱双方在相互关系上是平等的，都有给予爱、接受爱和拒绝爱的自由。放纵自己的情感，束缚或强迫对方，都不符合恋爱的道德要求。

自觉承担责任。自愿地为对方承担责任，是爱情本质的体现。无论对方处在顺境还是逆境，是富裕还是贫穷，是健康还是伤病，爱一个人或接受一个人的爱，就要自觉地为对方承担责任。责任的担当，不是单纯的"我的心中只有你"的反复吟唱，而是需要见诸行动的自觉。责任常常体现在生活的点点滴滴之中。它是风雨中共同撑起的一把伞，是暮色里急切盼归的一种情，是寒夜灯影下温暖的一杯茶……

文明相亲相爱。文明的恋爱往往是恋爱双方既相互爱慕、亲近，又举止得体、相互尊重，而绝不是在态度、举止、语言等方面的粗俗和放纵。恋人在公共场所出入，要遵守社会公德，不要对他人生活和公共生活造成不良影响。恋人独处，也要讲文明，讲道德。

大学生正值青春韶华，树立正确的恋爱观与婚姻观，处理好自己的感情生活和家庭生活，有利于大学生顺利成长成才。

【新时代启示】

党的十八大以来，党中央将家庭家教家风建设提升到治国理政的新高度。习近平总书记深刻指出，"不论时代发生多大变化，不论生活格局发生多大变化，我们都要重视家庭建设，注重家庭、注重家教、注重家风"，并围绕推进家庭家教家风建设、加强中华优秀传统家风的现代转换、新时代家庭文化建设相关工作发表了一系列重要论述。

改革开放40多年来，伴随市场经济发展，我国经济制度、社会结构、家庭结构、价值观念等发生了深刻变革，社会思潮日益复杂多元，加上全球化背景下家庭文化开放性带来的影响，传承发展中华传统家风家教受到一定挑战。当前，应进一步强化以实现中华民族伟大复兴的中国梦、培育践行社会主义核心价值观、提升广大家庭幸福感为价值指引，完善家庭文化建设运行机制，构建与新时代发展相适应、与市场经济发展相协调的家庭家教家风建设体系。

新时代家庭观应体现国与家的辩证统一。既要强调国家民族利益之于家庭利益、个人利益的一致性，把个人理想、家庭幸福与国家富强、民族复兴紧紧联系在一起，教育引导家庭成员发扬爱国主义光荣传统，也要教育引导每一名家庭成员增强家庭意识、责任意识和社会意识。

新时代家庭观应体现对传统文化与先进文化的继承发展。既要借鉴和吸收中华传统文化中的优秀成分，比如以"修身、齐家、治国、平天下"理念助推家庭成员循序渐进成长、实现个人价值，更要厚植革命文化、社会主义先进文化，通过传承和弘扬推进其发展。

新时代家庭观应体现人的全面发展与个性发展的结合。既注重推动家庭成员德、智、体、美、劳全面发展，又努力让每一位家庭成员找到可充分施展自身才能的独特领域，充分发展个性。只有将全面发展与个性发展相结合，才能激发人的创造性，才能造就社会文明的五彩缤纷。

新时代家风家教体系应以中华优秀文化为基石。家风家教是传统文化和伦理道德在家庭中的体现，中国传统社会历来重视家风家教的建设和传承。在新时代家风家教建设中，既要融入中华优秀传统文化、传统美德，又要坚持以社会主义核心价值观为指导，把重塑新时代家庭家教家风与推动形成良好社会道德风尚有机结合起来。

新时代家风家教体系应以红色家风为内涵。红色家风是老一辈无产阶级革命家和各个时代的优秀共产党人在长期革命实践、社会主义建设和改革开放的历史进程中形成的家庭风尚，体现了中国共产党人的先进性和纯洁性。新时代家庭应注重学习传承红色家风，引导每一个家庭成员树立正确的人生观、价值观和世界观。

新时代家风家教体系应将党员廉政作风建设作为外延。家风连着党风、政风，党风、政风需要家风涵养。注重培树良好家风家教是党员领导干部必备的政治修养，是其为人做事的"保险栓"、抵御歪风邪气的"防火墙"，应将党员干部优良家风家教建设作为党风廉政建设的重要支撑。

拓展阅读

中华人民共和国家庭教育促进法（部分）

（2021 年 10 月 23 日第十三届全国人民代表大会常务委员会第三十一次会议

通过)

第一章　总则

第一条　为了发扬中华民族重视家庭教育的优良传统，引导全社会注重家庭、家教、家风，增进家庭幸福与社会和谐，培养德智体美劳全面发展的社会主义建设者和接班人，制定本法。

第二条　本法所称家庭教育，是指父母或者其他监护人为促进未成年人全面健康成长，对其实施的道德品质、身体素质、生活技能、文化修养、行为习惯等方面的培育、引导和影响。

第三条　家庭教育以立德树人为根本任务，培育和践行社会主义核心价值观，弘扬中华民族优秀传统文化、革命文化、社会主义先进文化，促进未成年人健康成长。

第四条　未成年人的父母或者其他监护人负责实施家庭教育。

国家和社会为家庭教育提供指导、支持和服务。

国家工作人员应当带头树立良好家风，履行家庭教育责任。

第五条　家庭教育应当符合以下要求：

（一）尊重未成年人身心发展规律和个体差异；

（二）尊重未成年人人格尊严，保护未成年人隐私权和个人信息，保障未成年人合法权益；

（三）遵循家庭教育特点，贯彻科学的家庭教育理念和方法；

（四）家庭教育、学校教育、社会教育紧密结合、协调一致；

（五）结合实际情况采取灵活多样的措施。

第六条　各级人民政府指导家庭教育工作，建立健全家庭学校社会协同育人机制。县级以上人民政府负责妇女儿童工作的机构，组织、协调、指导、督促有关部门做好家庭教育工作。

教育行政部门、妇女联合会统筹协调社会资源，协同推进覆盖城乡的家庭教育指导服务体系建设，并按照职责分工承担家庭教育工作的日常事务。

县级以上精神文明建设部门和县级以上人民政府公安、民政、司法行政、人力资源和社会保障、文化和旅游、卫生健康、市场监督管理、广播电视、体育、新闻出版、网信等有关部门在各自的职责范围内做好家庭教育工作。

第七条　县级以上人民政府应当制定家庭教育工作专项规划，将家庭教育指导服务纳入城乡公共服务体系和政府购买服务目录，将相关经费列入财政预算，鼓励和支持以政府购买服务的方式提供家庭教育指导。

第八条　人民法院、人民检察院发挥职能作用，配合同级人民政府及其有关部门建立家庭教育工作联动机制，共同做好家庭教育工作。

第九条　工会、共产主义青年团、残疾人联合会、科学技术协会、关心下一代工作委员会以及居民委员会、村民委员会等应当结合自身工作，积极开展家庭教育工作，为家庭教育提供社会支持。

第十条　国家鼓励和支持企业事业单位、社会组织及个人依法开展公益性家庭教育服务活动。

第十一条　国家鼓励开展家庭教育研究，鼓励高等学校开设家庭教育专业课程，支持师范院校和有条件的高等学校加强家庭教育学科建设，培养家庭教育服务专业人才，开展家庭教育服务人员培训。

第十二条　国家鼓励和支持自然人、法人和非法人组织为家庭教育事业进行捐赠或者提供志愿服务，对符合条件的，依法给予税收优惠。

国家对在家庭教育工作中做出突出贡献的组织和个人，按照有关规定给予表彰、奖励。

第十三条　每年5月15日国际家庭日所在周为全国家庭教育宣传周。

第二章　家庭责任

第十四条　父母或者其他监护人应当树立家庭是第一个课堂、家长是第一任老师的责任意识，承担对未成年人实施家庭教育的主体责任，用正确思想、方法和行为教育未成年人养成良好思想、品行和习惯。

共同生活的具有完全民事行为能力的其他家庭成员应当协助和配合未成年人的父母或者其他监护人实施家庭教育。

第十五条　未成年人的父母或者其他监护人及其他家庭成员应当注重家庭建设，培育积极健康的家庭文化，树立和传承优良家风，弘扬中华民族家庭美德，共同构建文明、和睦的家庭关系，为未成年人健康成长营造良好的家庭环境。

第十六条　未成年人的父母或者其他监护人应当针对不同年龄段未成年人的身心发展特点，以下列内容为指引，开展家庭教育：

（一）教育未成年人爱党、爱国、爱人民、爱集体、爱社会主义，树立维护国家统一的观念，铸牢中华民族共同体意识，培养家国情怀；

（二）教育未成年人崇德向善、尊老爱幼、热爱家庭、勤俭节约、团结互助、诚信友爱、遵纪守法，培养其良好社会公德、家庭美德、个人品德意识和法治意识；

（三）帮助未成年人树立正确的成才观，引导其培养广泛兴趣爱好、健康审美追求和良好学习习惯，增强科学探索精神、创新意识和能力；

（四）保证未成年人营养均衡、科学运动、睡眠充足、身心愉悦，引导其养成良好生活习惯和行为习惯，促进其身心健康发展；

（五）关注未成年人心理健康，教导其珍爱生命，对其进行交通出行、健康上网和防欺凌、防溺水、防诈骗、防拐卖、防性侵等方面的安全知识教育，帮助其掌握安全知识和技能，增强其自我保护的意识和能力；

（六）帮助未成年人树立正确的劳动观念，参加力所能及的劳动，提高生活自理能力和独立生活能力，养成吃苦耐劳的优秀品格和热爱劳动的良好习惯。

第十七条　未成年人的父母或者其他监护人实施家庭教育，应当关注未成年人的生理、心理、智力发展状况，尊重其参与相关家庭事务和发表意见的权利，合理运用以下方式方法：

（一）亲自养育，加强亲子陪伴；

（二）共同参与，发挥父母双方的作用；

（三）相机而教，寓教于日常生活之中；

（四）潜移默化，言传与身教相结合；

（五）严慈相济，关心爱护与严格要求并重；

（六）尊重差异，根据年龄和个性特点进行科学引导；

（七）平等交流，予以尊重、理解和鼓励；

（八）相互促进，父母与子女共同成长；

（九）其他有益于未成年人全面发展、健康成长的方式方法。

第十八条　未成年人的父母或者其他监护人应当树立正确的家庭教育理念，自觉学习家庭教育知识，在孕期和未成年人进入婴幼儿照护服务机构、幼儿园、中小学校等重要时段进行有针对性的学习，掌握科学的家庭教育方法，提高家庭教育的能力。

第十九条　未成年人的父母或者其他监护人应当与中小学校、幼儿园、婴幼儿照护服务机构、社区密切配合，积极参加其提供的公益性家庭教育指导和实践活动，共同促进未成年人健康成长。

第二十条　未成年人的父母分居或者离异的，应当相互配合履行家庭教育责任，任何一方不得拒绝或者怠于履行；除法律另有规定外，不得阻碍另一方实施家庭教育。

第二十一条　未成年人的父母或者其他监护人依法委托他人代为照护未成

年人的，应当与被委托人、未成年人保持联系，定期了解未成年人的学习、生活情况和心理状况，与被委托人共同履行家庭教育责任。

第二十二条　未成年人的父母或者其他监护人应当合理安排未成年人学习、休息、娱乐和体育锻炼的时间，避免加重未成年人学习负担，预防未成年人沉迷网络。

第二十三条　未成年人的父母或者其他监护人不得因性别、身体状况、智力等歧视未成年人，不得实施家庭暴力，不得胁迫、引诱、教唆、纵容、利用未成年人从事违反法律法规和社会公德的活动。

本法自 2022 年 1 月 1 日起施行。

思考题

1. 为什么要重视家庭家教家风？
2. 需要继承弘扬的古代家训有哪些？
3. 大学生要树立正确的爱情观。

专题十一

全面依法治国：法者，治之端也

【主题出处】

"法者，治之端也。"在日内瓦，各国以联合国宪章为基础，就政治安全、贸易发展、社会人权、科技卫生、劳工产权、文化体育等领域达成了一系列国际公约和法律文书。法律的生命在于付诸实施，各国有责任维护国际法治权威，依法行使权利，善意履行义务。

——2017年01月19日，习近平主席在联合国日内瓦总部的演讲话

【原典出处】《荀子·君道篇第十二》（战国·荀况）

有乱君，无乱国；有治人，无治法，羿之法非亡也，而羿不世中；禹之法犹存，而夏不世王。故法不能独立，类不能自行；得其人则存，失其人则亡。法者，治之端也；君子者，法之原也。故有君子，则法虽省，足以遍矣；无君子，则法虽具，失先后之施，不能应事之变，足以乱矣。不知法之义，而正法之数者，虽博临事必乱。故明主急得其人，而闇主急得其埶。急得其人，则身佚而国治，功大而名美，上可以王，下可以霸；不急得其人，而急得其埶，则身劳而国乱，功废而名辱，社稷必危。故君人者，劳于索之，而免于使之。书曰："惟文王敬忌，一人以择。"此之谓也。

【原典释义】

《君道篇第十二》上述部分内容意思是：有搞乱国家的君主，没有自行混乱的国家；有治理国家的人才，没有自行治理的法制。后羿的射箭方法并没有失传，但后羿并不能使世世代代的人都百发百中；大禹的法制仍然存在，但夏后氏并不能世世代代称王天下。所以，法制不可能单独有所建树，律例不可能自动被实行；得到了那种善于治国的人才，那么法制就存在；失去了那种人才，

228

那么法制也就灭亡了。法制，是政治的开头；君子，是法制的本原。所以，有了君子，法律即使简略，也足够用在一切方面了；如果没有君子，法律即使完备，也会失去先后的实施次序，不能应付事情的各种变化，足够形成混乱了。不懂得法治的道理而只是去定法律的条文的人，即使了解得很多，碰到具体事情也一定会昏乱。所以，英明的君主急于得到治国的人才，而愚昧的君主急于取得权势。急于得到治国的人才，就会自身安逸而国家安定，功绩伟大而名声美好，上可以称王天下，下可以称霸诸侯；不急于得到治国的人才，而急于取得权势，就会自身劳苦而国家混乱，功业败坏而声名狼藉，国家政权必然危险。所以统治人民的君主，在寻觅人才时劳累，而在使用他以后就安逸了。《尚书》说："要想想文王的恭敬戒惧，亲自去选择人才。"说的就是这个道理。

此篇中，荀子列举羿和禹，说明法律不能自行治国，要靠君子推行才可，从而得出结论："法者，治之端也；君子者，法之原也。"意思是说制定法律，是治理国家的开端；君子，是法治的本源。礼治的价值导向有利于建设王道，而法治的推进有利于成就国家强盛的伟业。

法律的生命在于付诸实施，法律既要彰显治理思想的价值，也要在实践中不断完善和补充。法律作为治理国家的开端，并非一经确立就固定不变，法是"为人而立，为治而设"，国家治理面对的事态形势总是错综复杂又经常变化，法律体系本身不能对所有情况都囊括尽收，因此要制法有道，促进法律应用时"有法可依"。在荀子看来，"有君子则法虽省，足以遍矣；无君子则法虽具，失先后之施"。法律制度的有效运转除了法律体系本身的完备、细致，更在于有合礼仪、知法义的君子进行执法。"有治人，无治法"即强调执法者素质修养和专业化水平对于法治建设的重大意义。既有"良法"，更需"治人"：加强执法队伍建设，提高执法队伍整体素质，能够有效提高行政执法的总体水平。

【主题讲解】

全面依法治国是坚持和发展中国特色社会主义的本质要求和重要保障，事关我们党执政兴国，事关人民幸福安康，事关党和国家事业发展。在协调推进"四个全面"战略布局中，全面依法治国具有基础性、保障性作用。

习近平总书记指出："我们要实现经济发展、政治清明、文化昌盛、社会公正、生态良好，必须更好发挥法治引领和规范作用。"党的十八大以来，以习近平同志为核心的党中央提出一系列全面依法治国新理念新思想新战略，明确全面依法治国的指导思想、发展道路、工作布局、重点任务，做出一系列重大决策，推出一系列重大举措。适应党和国家事业发展要求，完善立法体制，加强重点领域立法，中国特色社会主义法律体系日趋完善；坚持依宪治国，与时俱进修改宪法，设立国家宪法日，建立宪法宣誓制度，宪法实施和监督全面加强；推进法治政府建设，建立政府权力清单、负面清单、责任清单，坚定不移推进法治领域改革，依法纠正一批重大冤假错案，坚持把全民普法和守法作为依法治国的基础性工作，推进法治队伍建设，发展壮大法律服务队伍；坚持依法执政，加强党内法规制度建设，推进国家监察体制改革，依法惩治腐败犯罪，全面从严治党成效卓著。在习近平总书记亲自指挥、亲自部署下，全面依法治国领域发生历史性变革、取得历史性成就，书写了新时代法治中国建设的恢宏篇章。

法律是治国之重器，法治是国家治理体系和治理能力的重要依托。以即将实施的外商投资法为例，这部法律确立的一些新型外资管理制度，有的在实践中已初步建立并卓有成效，有的则提供了开创性的规定。及时总结实践中的好经验好做法，成熟的经验和做法可以上升为制度、转化为法律；实践条件还不成熟、需要先行先试的，按照法定程序做出授权；对不适应改革要求的法律法规，及时修改和废止。这种法治与治理的相互促进，贯穿新中国 70 年尤其是改革开放 40 多年的全过程。制度带有全局性、稳定性，管根本、管长远。今天，我们推动中国特色社会主义制度更加成熟更加定型，就要更好推进全面依法治国，进一步完善治理体系，提升治理能力。

"法者，治之端也。"在中国这样一个超大规模的发展中国家，中国共产党领导的全面依法治国，是中国历史上一次国家治理的深刻变革，也是中华民族走向伟大复兴的坚实保障。继续推进全面依法治国，就能让国家治理体系和治理能力现代化在法治轨道上不断前进，确保党和国家事业蓬勃发展、长治久安。

全面依法治国必须坚持科学立法、严格执法、公正司法、全民守法协调发展。科学立法是全面依法治国的前提，严格执法是全面依法治国的关键，公正司法是全面依法治国的重点，全民守法是全面依法治国的基础。全面依法治国，必须从立法、执法、司法、守法四个方面统筹推进。

一、科学立法

2022 年 2 月 16 日，《求是》杂志发表习近平总书记在十九届中央政治局第三十五次集体学习时所做重要讲话《坚持走中国特色社会主义法治道路，更好推进中国特色社会主义法治体系建设》。在讲话中，习近平总书记专门引用"立

善法于天下，则天下治；立善法于一国，则一国治"一语来说明加快形成完备
的法律规范体系的必要性。

"立善法于天下，则天下治；立善法于一国，则一国治"出自北宋著名政治
家、文学家、思想家王安石所作《周公》一文。原文为："盖君子之为政，立善
法于天下，则天下治；立善法于一国，则一国治。"意思是一个好的治理者，如
给天下制定良好的法令制度，则天下安定、秩序井然；如给某个国家制定良好
的法令制度，则国家兴旺、人民幸福。

面对北宋王朝百余年的积贫积弱，怀"回天转地"之气概，视"天下大
治"为己任的王安石，从"继道而行""以道求治"的哲学立场和政治观念出
发，借论周公之政畅抒其立法施治的观点，其意图显然不仅仅是治必有法，而
更在于强调治须"良法"（善法）。何为良法？在王安石看来，所谓"道"，"万
世无弊"且"万物莫不由之"，因此承"道"之法方为良法。依良法而治，方
可能获得善治之局。由此出发，王安石还论及"良法善治"在某些方面的具体
表现，如"法令简而要""依道治财""于方今实为便，于古义实为宜"等。

其实，中国作为一个拥有法制文明的古国，在漫长的发展过程中，经历过
无数次的沧桑巨变，但始终保持着国家发展的稳定性、连续性，并且不断地走
向文明与进步，以至于中华法系成为世界法系中的一个重要代表。这不是偶然
的，是和治国理政丰富经验的总结，以及古圣先贤政治与法律智慧的贡献分不
开的。

（一）"良法"即"善法"

中国自进入文明社会以后，法律便与国家相伴而生。随着社会的发展、疆
域的扩大、国家事务的冗繁，阶级矛盾与民族矛盾纷至沓来，不断凸显出法律
的治国价值。历史的经验证明，无法律无以维持日常的生产与生活秩序；无法
律将失去调整上下尊卑之间权利义务关系的依据；无法律国家无纲纪，难以行
使治国理政的功能；无法律不能推动国家机器的正常运转，外无以御强敌，内
无以抚寰中；无法律还不能发挥对道德规范的支撑，难以实现德法共治的作用。
正因为如此，历代思想家、政治家不厌其烦地论证治国不可一日无法。如商鞅
变法时强调，"国皆有法""言不中法者，不听也；行不中法者，不高也；事不
中法者，不为也"。

古代思想家在论及治国不可无法处理的同时，分析了法有良法与恶法之分，
在实践中的效果也有显著区别。在古人的观念中，良法与善法是同一语。宋人

王安石说:"立善法于天下,则天下治;立善法于一国,则一国治。"其所谓善法,即良法也。近人梁启超还论证了立法之善与不善所得到的不同效果,他说:"立法善者,中人之性可以贤,中人之才可以智,不善者反是。"其实,恶法之弊远甚于此。例如:商之亡,便亡于重刑辟;秦之亡,也亡于"偶语诗书者弃市""赭衣塞路,囹圄成市"。可见,行恶法失德失民,不亡何待。

(二)善法是利民、惠民之法

西周灭商以后,周公深切感到殷之所以"坠厥命",就在于"失民"。因此,他叮嘱周人,"人无于水监,当于民监"。春秋战国之际社会的大变动、兼并战争的连年不绝进一步凸显了民的作用。诸子百家纷纷倡导利民、惠民之说,以期得到民的拥护。孔子说:"百姓足,君孰与不足?百姓不足,君孰与足?"商鞅说:"法者,所以爱民也。""不观时俗,不察国本,则其法立而民乱。"商鞅变法之所以获得成功,就在于他所推行的"开阡陌封疆"的土地立法、重农抑商的经济立法、奖励耕战实行军功爵的军事立法、推行一家一户为生产单位的社会立法等,得到了民的支持。慎到也说:"法非从天下,非从地出,发于人间,合乎人心而已。"明中期以后,具有作为的首辅张居正说,"法无古今,唯其时之所宜与民之所安耳""法制无常,近民为要;古今异势,便俗为宜"。

总之,体现民情、洽于民心之法一定是利民、惠民之法,既有利于民的生产、生活所需要的自然空间,也为民的再生产甚至是扩大再生产提供了必要条件。

(三)法与时转、循变协时则治

早在《尚书·吕刑》中便有"刑罚世轻世重"的记载。《周礼·秋官·司寇》进一步提出根据不同的形势制定和适用不同的法律:"一曰刑新国用轻典,二曰刑平国用中典,三曰刑乱国用重典。"主张变法改制的法家更强调法因时势而变的可变性。慎到说:"守法而不变则衰。"商鞅说:"礼法以时而定,制令各顺其宜。"韩非在传承前人观点的基础上做出了新的概括:"故治民无常,唯治为法。法与时转则治,治与世宜则有功……时移而治之不易者乱,能治众而禁不变者削。故圣人之治民也,法与时移,而禁与能变。"法家的观点反映了进化的历史观和以经验为基础的实证精神。

可见,法因实际需要而制定,又根据实际的变动而删修,这就是法律循变协时的发展轨迹。法须循变协时的观点影响深远。晚清国势衰微,民族危机深重,变法之声逐日隆,论者皆带有新的时代烙印。例如:魏源在论证"天下无数百年不敝之法，无穷极不变之法"的同时，提出了前人所从未提及的"师夷长技以制夷"的主张；康有为为变法维新而大声疾呼："圣人之为治法也，随时而变义，时移而法亦移。"梁启超也说："法者，天下之公器也；变者，天下之公理也。"

循变协时就是中国四千多年法律运行的轨迹。但是历代思想家、政治家在指出法的可变性的同时，注意保持法律的相对稳定性，反对"数变"。韩非说："法莫如一而固，使民知之。""治大国而数变法，则民苦之。"他甚至尖锐地指出："法禁易变，号令数下者，可亡也。"唐太宗说："法令不可数变，数变则烦。"宋人欧阳修说："言多变则不信，令频改则难从。"

法的可变性要在"协时"，法的相对稳定性要在维护法律的"权威"，变中求稳，二者兼顾，不可偏于一端。

（四）法律须公平公正且简约易知

春秋战国时期，面对大变动、大转型的历史潮流，法家学说逐渐成为显学；法家提出"以法为治"的主张，反对垄断国家权力的世卿制度和"礼不下庶人，刑不上大夫"的旧体制，强调法平如水，公正无私。为了表达法律的公平公正，管仲借用度量衡器以相比拟。他说："尺寸也，绳墨也，规矩也，衡石也，斗斛也，角量也，谓之法。"又说："法律政令者，吏民规矩绳墨也。"为了表述执法无私，管仲提出"君臣上下贵贱皆从法""不为君欲变其令，令尊于君"。

春秋时期，管仲在回答桓公问如何仿效圣王之所为时说："法简而易行，刑审而不犯。"商鞅曾明白表述："圣人为法，必使之明白易知。"唐贞观初年，太宗鉴于隋末法令滋彰、人难尽悉，提出以"简约易知"为立法原则，并且敕令长孙无忌、房玄龄等修律官，"斟酌今古，除烦去弊"。根据太宗所定的立法原则修订的律、令、格确实较为简约。明朝吴元年十月，李善长等拟议律令时，朱元璋便严肃指出："法贵简当，使人知晓，若条绪繁多，或一事两端，可轻可重，吏得因缘为奸，非法意也。"

（五）道德入律、改恶劝善

中国是沿着由家而国的路径进入文明社会的，氏族社会末期因血缘纽带而形成的宗法伦常关系，成为最重要的社会关系和最基本的人伦道德。在儒家势盛的汉代，通过说经解律和引经注律，使得三纲五常之类的道德规范入律。

一方面，道德的法律化，多少改变了法律凛然而不可近的威严，使百姓由畏法而敬法而守法，提升了人们遵守法律的自觉性，也提高了法律的权威性。

另一方面，法律的道德化、法由劝善而兼止恶使遵守道德的义务与遵守法律的义务相统一，违背了法律化的道德，也要受到法律的制裁。这就是为什么早在夏朝便出现了"不孝罪"，汉以后的刑法典中将不忠、不孝、不悌、不敬长、不睦、不义、不廉、不信等道德规范都列为法律规范，甚至成为十恶重罪。这对于提高中华民族的道德素质也起了某种强制的作用，明刑弼教的价值就在于此。道德入律，改恶劝善也彰显了中华法律文化的特殊性、典型性和中华法系的价值。

中国古代的政治家、思想家在论及治国须有法的同时，又不厌其详地阐述只有良法才能治国。然而在肯定古代良法积极性的同时，要看到其历史的和阶级的局限性，才能更好地针对当代现实需要汲取智慧。

二、严格执法

习近平总书记在《在庆祝全国人民代表大会成立60周年大会上的讲话》中引用了"法令行则国治，法令弛则国乱"。原典出自西汉王符的《潜夫论·述赦》："且夫国无常治，又无常乱，法令行则国治，法令弛则国乱；法无常行，亦无常弛，君敬法则法行，君慢法则法弛。"此文主要抨击了东汉时频频大赦的做法以及宣扬赦免的种种论调。王符极力强调法令的重要性，指出这关系着国家的治乱兴亡。他说："国无常治，又无常乱，法令行则国治，法令弛则国乱。"意思是：国家不会有永久的太平，也不会有永久的混乱。法令得到执行，国家就能够安定；法令一旦废弛，国家就会出现动乱。习近平引用这句话，是为了表明法律实施的重要性：法律的生命在于实施，法律的权威也在于实施。

张居正也曾说："天下之事，不难于立法，而难于法之必行。"张居正，字叔大，号太岳，湖北江陵人。嘉靖二十六年（1547），他考中进士，授庶吉士，登上政治舞台。隆庆年间（1567—1572）入阁，万历初年起任内阁首辅，掌握了实权。张居正为了缓和当时社会矛盾，挽救明朝的危机，实行了一系列改革。

（一）张居正变法背景

1. 变法背景

明朝中期以来，明朝政治、法制、经济、社会等出现了严重的危机，张居正生活的时代正是明朝由盛转衰的时代。具体表现如下：

首先，政治腐败，法制废弛。明朝中期以后政治腐败，皇帝大多荒淫骄奢，不理朝政，大臣贪污腐化成风、宦官干涉朝政现象十分严重，进而导致法制废弛、令行不畅。特别是嘉靖皇帝长期不上朝、重用奸臣、迷信炼丹，以致吏治黑暗、大臣之间相互倾轧，进而导致统治机构失控、法令不畅、司法腐败、百姓民不聊生，造成了严重的统治危机和政治危机。虽然在隆庆皇帝执政的 6 年，危机有所缓解，但仍然很严重。至万历年间张居正出任首辅之时，大明王朝存在着很严重的政治危机，一场政治与法制的变法改革已经成为扭转明朝颓势的必然之举。

其次，经济出现危机，土地兼并加剧，社会矛盾严重。明初明太祖朱元璋采用强力手段抑制土地兼并，打击贪官污吏和地方豪强。然而随着明朝的发展，明朝中期以后，由于官吏贪污中饱私囊、豪强地主巧取豪夺以及宗室贵族大肆搜刮民田，导致土地兼并十分激烈。同时，伴随着豪强地主隐田偷税，导致农民税收负担严重、徭役沉重，加之官吏不断盘剥，以致民不聊生，因而农民起义不断。明朝中期以来，由于政治腐败导致经济发展也出现了问题，国家财源日渐枯竭，国库空虚。明朝出现了严重的经济危机与社会危机。为了扭转日益严重的各种危机，一场变法改革已经迫在眉睫。在这样的背景与环境下，张居正果断推行变法改革，其法律思想也是在这样的背景和环境下，不断形成、发展与完善的。

2. 张居正的法律思想

改革是触动与改变社会政治经济体制的变革，改变某些不合时宜的制度、规章、政策和法律。与渐行渐变的改变不同，改革往往伴随着矛盾的集中化以及突破性和体制性的发展，集中表现为法制的推陈出新，所以改革也可以成为变法运动。张居正推行变法改革，是在中央统一领导下，严格执法。从法律思想的角度看，张居正代表封建正统思想，但其法律思想也有自身的特点，他的法律思想与其变法改革紧密相关。

第一，用法律政令规范天下。明朝中叶以来，特别是自嘉靖、隆庆以来，政治腐败、国力衰弱、内忧外患，张居正认为其基本原因就在于"纲纪坠落，法度陵夷"。而当时的情况是：皇族贵戚豪强骄恣不法，仗势横行，恣意破坏国家法制，在这种情况下中央政令只能行之于百姓而不能达到皇族贵戚豪强。上下地位颠倒，朝廷不能有效地统一管理国家。这种情况是极令人担忧与极其危险的。因此，他要求"张法纪以肃群工，揽权纲而贞百度"，以严厉的精神执法，而且要做到"刑赏予夺，一归之公道而不必曲循乎私情，政教号令必断于宸衷而毋致纷更于浮议，法所当加，虽贵近不宥，事有所枉，虽贱疏必申"，以期达到法令统一且有极大权威的目的。同时，对于无视法律政令、坚守旧辙的顽梗之徒予以严惩不贷。

第二，大力整顿吏治。整饬吏治，整肃官风，是张居正推行变法改革的有力措施之一，也是他法律思想的一个重要组成部分。张居正认为明朝长期以来"当国者政以贿成，吏胺民膏以媚权门"，造成了政治腐化，带来了大批的冗员官吏。大多数官员贪污腐化严重，不仅加重了财政开支，而且加重了百姓的负担，同时大大降低了行政效率。并且他认为，引起国家动乱、百姓犯罪的是不法权贵和官吏："吏不恤民，驱而为盗。"所以，他认为一定要"杜绝贿门、痛惩贪墨"，大力整顿吏治，惩治贪赃枉法的官吏。

第三，法在必行，奸无所赦。张居正并不反对德主刑辅的正统德刑关系法律思想，他认为："夫教化不行，礼义不立，至于礼乐不兴，刑罚不中，民将无所措其手足。当此之时，虽有严令繁刑，只益乱耳，乌能桃斯败乎?"他仍旧在宣扬德主刑辅的法律思想，但在刑罚具体运用上，他明确主张严肃而反对宽缓，主张以严厉手段制裁严重的犯罪行为。在他看来，宽缓的政策是以仁爱之心导致祸患，严明法制才能带来天下安宁，并且宽容犯罪是一种毫无政治眼光的"姑息之爱"，是"独见犯罪者身被诛戮之可悯而不知被彼所戕害者皆含冤蓄愤于幽冥之中""不忍于有罪之凶而反思于无辜之良善"的糊涂见解。他所说的"盖闻圣王杀以止杀，刑期无期，无闻纵释有罪以为仁也"就是这种思想的反映。并且，他极力称颂秦始皇和明代的几位明主，认为这些圣哲先贤莫不是运用君主的威势和严厉的法制治理国家而获得辉煌的功绩的，是当时朝廷效法的榜样。基于以上的认识，张居正主张"法在必行，奸无所赦"。这样才能使朝廷法令得以严格奉行，奸邪小人不敢轻举妄动，国家得到稳定与巩固。

第四，严格执法：天下之事，难于法之必行。张居正的法律思想中尤其强调对法律的严格执行。张居正在《请稽查章奏随事考成以修实政疏》写到"天下之事，不难于立法，而难于法之必行；不难于听言，而难于言之必效"。意思是：天下的事情，制定法令并不难，难的是认真切实地贯彻执行。听取他人的劝谏不难，难的是把他人的劝谏落到实处。习近平总书记引用此话，强调的是全面从严治党要求下，有法必依、有令必行的极端重要性。《请稽查章奏随事考成以修实政疏》就是张居正目睹明朝吏治腐败、立法难行的现状所提出的一个重要政治改革方案，史称考成法。"考成"，即考核官吏的政绩，它要求各个衙门分置账簿，记载一切发文、收文、章程、计划，并实行月有稽，岁有考，奖勤廉惩懒贪，以此来整治官吏玩忽职守的不良之风。此间，张居正以身作则，令出必行，减少了部门间的互相推诿，提高了办事效率，为推进经济、军事等方面的改革乃至万历中兴奠定了坚实的基础。

（二）前秦王猛整肃纲纪

前秦苻坚执政年间，任命王猛为侍中、中书令，负责京兆尹（相当于首都）的一切事务。当时特进、光禄大夫强德自恃是太后的弟弟，酗酒霸道，抢财劫色，百姓怨声载道。王猛就任当天便下令捕捉强德，奏疏还未送到朝廷，强德已被斩首。苻坚派使者赦免，为时已晚。王猛与御史中丞邓羌志同道合，整肃纲纪毫无顾忌，几十天内，权贵豪族，乃至皇亲贵戚被杀和用刑的有二十多人。一时间朝廷震惊，奸恶滑头之风大灭。苻坚感叹："我到今天才知道天下是有法的啊！"正是王猛有法必行，执法不阿，使得政治清明，有力地促进了苻坚对北方的统一。

（三）梁武帝萧衍以身轻法导致国亡

尽管"令则行，禁则止"是为政者所期望的结果，但正如古人所说，"国皆有法，而无使法必行之法"。就是说，一个国家的法令、制度即使再完善、健全，也没有另外一种法保证这些法令、制度一定得到贯彻执行。孟子也说过"徒善不足以为政，徒法不足以自行"，都从另一个侧面指出了法律的生命力不仅在于其内在的规范性，同样还离不开执法者的坚定态度。梁朝有《梁律》，又有《令》与《科》，但梁武帝萧衍置之不顾，不仅官民不同法，对百姓严法而宽于权贵，而且他还以身轻法，屡屡赦免犯罪之人，使得法规形同虚设，毫无威信；加上一些地方官吏也巧文弄法，陷害无辜，最终内外交困，随着侯景之乱而国破政亡。可见，有法不行或执法不公比无法处理的危害更烈。

（四）执法关键在于执法队伍：其人存，则其政举

孔子曾说过："文武之政，布在方策。其人存，则其政举；其人亡，则其政熄。"其中，凸显的是法规执行者所具有的重要地位，就是说，即使有好的法律政令而没有合适的执行者，法律政令的效力也将丧失殆尽。王安石推行变法之际，有不少举措合乎时宜，但因为王安石任用了一批无德小人，如吕惠卿、章、邓绾等，使得法令在具体施行的过程中被擅自更改，有的人甚至借机巧立名目，盘剥百姓，导致很多举措事与愿违，这也是变法失败的重要原因。

《说苑》里面说"知为吏者奉法利民，不知为吏者枉法以害民"，意思是：知道如何做官的人，遵纪守法，有利人民；不知道如何做官的人，徇私枉法，有害人民。古往今来的治乱兴替都表明：如果有了法律而束之高阁，或者不被接受、无法实施，那么法律条文再多、体系再完善，也只是写在纸上的文字，

对现实生活没有什么意义。正因如此，全面推进依法治国，一个重要内容就是保证法律严格实施，使法律从纸上的条文变成现实的准则、行为的边界、社会关系的准绳。对此，各级国家行政机关、审判机关、检察机关作为法律实施的重要主体，负有不可推卸的重要责任，要坚决纠正有法不依、执法不严、违法不究的现象，坚决整治以权谋私、以权压法、徇私枉法的问题。

三、公正司法

2014 年 1 月 7 日，习近平总书记在中央政法工作会议上发表重要讲话指出，法治不仅要求完备的法律体系、完善的执法机制、普遍的法律遵守，更要求公平正义得到维护和实现。"理国要道，在于公平正直。"老百姓讲"一碗水端平"，如果不端平、端不平，老百姓就会有意见，就会有怨气，久而久之社会和谐稳定就难以实现。其中，总书记引用到了唐代史学家吴兢在政论史书《贞观政要》中的一句话："理国要道，在于公平正直。"《贞观政要》是唐代史学家吴兢辑录的政论性史书。吴兢，今河南开封人，武周时曾入史馆编修国史。他收集了唐太宗与臣下魏征、王珪、房玄龄、杜如晦等人之间探讨政事及相关事迹，成《贞观政要》十卷，分为君道、政体、任贤、求谏、纳谏、公平、诚信、俭约、谦让、慎所好、奢纵、贪鄙等四十篇，从中可见贞观年间君臣对为政之道与品德修养的探讨。而"理国要道，在于公平正直"这句话出自公平篇。原文如下：

> 贞观二年，太宗谓房玄龄曰："朕比见隋代遗老，咸称高颎善为相者，遂观其本传，可谓公平正直，尤识治国，隋室安危，系其存没。炀帝无道，枉见诛夷。何尝不想见其人，废书歔叹！又汉魏以来，诸葛亮为丞相，亦甚平直。亮尝表废廖立、李严于南中。立闻亮卒，泣曰：'吾其左衽矣！'严闻亮卒，发病而死。故陈寿称：'亮之为政，开诚心，布公道。尽忠益时者，虽仇必赏；犯法怠慢者，虽亲必罚。'卿等岂可不企慕及之？朕今每慕前代帝王之善者，卿等亦可慕宰相之贤者。若如是，则荣名高位，可以长守。"房玄龄对曰："臣闻理国要道，实在于公平正直，故《尚书》云：'无偏无党，王道荡荡。无党无偏，王道平平。'又孔子称：'举直错诸枉，则民服。'今圣虑所尚，诚足以极政教之源，尽至公之要，囊括区宇，化成天下。"太宗曰："此直朕之所怀，岂有与卿等言之而不行也？"

上述原文意思是：贞观二年（628），唐太宗对房玄龄等人说："我近来见到一些隋朝遗老，他们都称赞高颎是位贤相，我于是就读了他的传记，发现他的确可以说是一位公平正直的人，特别是通晓治理国家的策略。隋朝的安危，可以说决定于他的生死。隋炀帝昏庸无道，高颎被无辜诛杀。我怎么能不怀念这样的一位贤相？于是放下书嘘唏叹息。汉魏以来，诸葛亮做丞相也很公平正直。他曾经上书请求把廖立、李严削职为民流放到蜀地南方。而廖立听到诸葛亮的死讯后，哭泣地说：'我们恐怕要亡国了！'李严听说后，哀伤地发病而亡。所以，陈寿称赞说：'诸葛亮执政，推诚布公。尽忠为国的人，即使是他的仇人也必定奖赏；违法怠惰的人，即使是他的亲人也必定处罚。'你们难道不羡慕他，不希望像他那样吗？我现在还常常羡慕前代那些贤德的帝王，你们也应该羡慕贤德的宰相。如果能够这样，那么显赫的荣誉、高贵的地位就可以长久地保持了。"房玄龄回答说："我听说治理国家的关键，确实在于公平正直，所以《尚书》上说：'不营私结党，王道浩浩荡荡；不结党营私，王道顺顺当当。'另外，孔子说：'择用正直的人，撤掉奸佞的人，那么百姓就会服从上面的管理。'现在圣上心里所想的，确实能够穷尽政治教化的本源，推究大公无私的要领，包罗天下，教化天下百姓。"太宗说："这既是我心里所想，怎能会跟你们说了而不实行呢？"

接下来，从两个角度深入理解"理国要道，在于公平正直"。

（一）公平：不患寡而患不均

公平，这是人类社会于发展过程中始终努力追求的标准。然而，绝对的公平，在任何时代、任何制度里，都是永远不存在的。每个人从天生的客观条件上讲，因为个体状况不同、地域环境不同、机会际遇不同……就必然会面临不同的起点和不同的道路。生而存世，我们必须首先正视先天的不公平，而后才能理智去改变不公平。

正因为从客观层面讲，世界上并不存在绝对的公平，所以社会努力的方向、文明前进的趋势，才是努力地去从人为层面构筑相对的公平、追求后天营造的公平。比如：社会规则倘若给每个人以同样的待遇，这就只是一种似是而非的"平等"，并不是真正意义上的"公平"；而相反，社会能够给弱势群体以更多的照顾、更多的政策倾斜，这种看似的条件"不平等"，才是达成了结果上的公平。这也就是一个文明社会提倡照顾"老弱病残幼"的道理。那么还原生活来看，我们在公车上是否该给需要的人群让座？这不是需要口齿争论的是非话题，而是该去努力践行的公平准则。

如果社会不够公平，人们会怎样反应？唐代的韩愈就形象地说："大凡物不得其平则鸣……人之于言也亦然，由不得已者而后言。其歌也有思，其哭也有怀，凡出口而为声者，其皆有弗平者乎！"韩愈论述道，如果物体没有处于平静的状态，就会发出声音，比如水面不平则波涛涌动；那么，人心也是同理，久处不平，则人言鼎沸，则物议沸腾。人们或歌或哭，或言或声，都是因为心中不平，久久不得公平相待！

人们总是不公平，社会就会不太平。对此，孔子就严肃地教育弟子说："丘也闻有国有家者，不患寡而患不均，不患贫而患不安。盖均无贫，和无寡，安无倾。"家国天下，物资匮乏并不算最可怕，最可怕的是分配方式不均等。如果物资均衡，人们互相就不会感觉贫乏；如果社会和谐，社稷之安就不怕人少力薄；如果国家安定，这个时代就不怕倾覆之灾。

因此，在《大学》里提出的人生修为的进阶等级中，说"修身齐家治国平天下"——最高的目标"平天下"，既是要"平定天下"，也是要"天下太平"。而天下太平，就需要社会公平。

（二）正直：举直错诸枉

一个人正直与否，体现为人格的把握能力；一个社会正直与否，体现为国家的治理能力。所谓上行下效，政令坚持正直的判断、正义的执行，百姓个人才更容易保持一份信奉正直的精神力量。所以，《论语》当中就明确说明了这样的道理：哀公问曰："何为则民服？"孔子对曰："举直错诸枉，则民服。举枉错诸直，则民不服。"鲁哀公问，怎样做才能使百姓信服呢？孔子回答说，提拔正直的人，让他们统帅在邪佞的人之上，百姓就会心甘情愿地服从；如果把邪佞的人放置在正直的人地位之上，那么百姓就会不服。

这就是正直对于家国社会、对于人际交往的重要力量。孟子说"枉己者，未有能直人者"，自己不行正道，是不能使他人正直的；明代诗人王廷陈说"宁为直伐，不为曲全"，宁愿保持正直而遭玉碎，也不变节曲邪而求瓦全；民国时期的蔡锷将军也说，"以正胜邪，以直胜曲"。

《吕氏春秋》里就记载有一个人是如何体现他的正直行为：晋平公问祁黄羊，谁适合做南阳市令？祁黄羊说，解狐适合这个职位。晋平公便非常奇怪地问他，解狐不正是你的杀父仇人吗？但祁黄羊冷静地回答说，您是在问我适合这个官位的是谁，而非问我我的仇人是谁。又一次，晋平公问祁黄羊，谁适合掌管国家军事呢？祁黄羊回答，祁午适合。晋平公于是追问，祁午不就是你的儿子吗？祁黄羊再一次理智地回答说，您问的是适合这个官位的是谁，不是问我我的儿子是谁。对于这两次诚心推荐，晋平公都采纳了祁黄羊的举荐；而这两人为官上任后，也都得到了举国上下的交口称赞。这说明，祁黄羊的确是在客观选拔人才。对此，孔子就赞叹祁黄羊确实是大公无私、正直为人。孔子此时对祁黄羊说了一句评语，这句经典评语，成了后世人们形容一个人心底坦荡、正直无私的行为标准，叫作："外举不避仇，内举不避子。"只有去除私心、坚守正直，才能客观品评一个人的好坏得失，而不是主观衡量一个人的亲仇关系。

（三）公平正直：是谓是，非谓非

百姓对于公平正直的渴求，往往反映在把历史人物传奇化、把传奇故事神圣化。比如，北宋名臣包拯，因为他为官清廉公正，所以逐渐演化为剧目里妇孺皆知的"包青天"，被树立为铁面无私、正直无畏的人物典范。即使包拯的最高官职是在盖棺定论时被追赠为礼部尚书、谥号孝肃，然而在广大人民的心中，他永远被定型为开封府尹的形象，永远都是百姓心中最需要的父母官的角色。——即使被授"龙图阁直学士"的包拯，更为文雅高贵的别称是"包龙图"，但是古往今来的民众对他最爱戴的称呼依然是"包青天"，是不以职位命名他、不以谥号官称他，而是以公平正直的品格，来世世代代地定性他。

而在戏曲故事里，有一个昆曲剧目叫《白罗衫》，所讲述的故事，是年轻有为的监察御史徐继祖，在办案时，发现一桩杀人夺子的惊天大案的主犯，竟然就是自己的养父徐能！徐能在十八年前迫害了徐继祖的亲生父母，而把刚刚出生的婴儿徐继祖收为养子，并抚养成人。徐继祖得知这个身世机密之后，经过内心挣扎，最终决定让真相大白，把罪犯也就是自己的养父徐能擒获伏法，与失散多年的家人团聚。《白罗衫》的故事，是设置出了一种极度戏剧化的境地，来考验着人性关头的抉择，来完成着世间法理的艰难。虽然人们对情节设置存有争议，有些观众就认为徐能对养子有养育之恩、徐继祖也应该对养父有报恩之义。但是中国古人就是把这样的情理冲突放置在一种极致的风口浪尖上来考量、来忖度。这出剧目特意彰显的，并非是感情要如何善后，而是正直该如何保留。

什么叫公平正直？就是有一千种可以"曲"的理由，但是坚决选择唯一性的属于"直"的正道。《荀子》里说："是谓是，非谓非，曰直。"任何人做任何事，都可以为自己的人性屈从和心灵扭曲找出百般借口——借口永远是不缺的，导致了正直往往是缺位的。

四、全民守法

党的十八届四中全会指出："法律的权威源自人民的内心拥护和真诚信仰。人民权益要靠法律保障，法律权威要靠人民维护。必须弘扬社会主义法治精神，建设社会主义法治文化，增强全社会厉行法治的积极性和主动性。"深入贯彻落实四中全会精神，要从增强全民法治观念入手，全力推动法治社会建设。

（一）守法：人法相维，上安下顺

《元史·许衡传》云："治人者，法也；守法者，人也。人法相维，上安下顺。"意思是：用法律治理人民，人民守法。人民法律相互依存，国泰民安。受儒家民本思想的影响，中国古代法治实践早就注意到法律实施的成效要看人民是否认同法律、遵守法律。由于阶级和历史局限性，人民群众在法治建设中的地位没有引起统治者的重视，人民群众的权益难以得到法律保障，在法治实践中的参与度不高。习近平法治思想指出，要坚持以人民为中心，法治建设要紧紧依靠人民，这是由我国的国体和政体决定的，真正体现了一切为了人民，一切依靠人民。在法治中国建设这个系统工程里，需要法治国家、法治政府、法治社会同时统筹推进，其中法治社会为法治国家、法治政府的建设提供了有力保障。法治社会要求公民自觉维护宪法和法律权威，自觉学法守法用法，在全社会形成法治信仰。

（二）普法宣传：悬法象魏

普法活动是增强民众法治观念，树立法治信仰的关键。"要坚持把全民普法和守法作为依法治国的长期基础性工作，采取有力措施加强法制宣传教育。"我国古代很早就开始了以法制宣传和教育为主的普法活动。中国最早的普法活动可以追溯至西周的"悬法象魏"。

"悬法象魏"载于《周礼》，成为中国制度史与思想史上的重要传说，学界甚至将今日的普法活动追溯至这一传统。法律史学者对这一传统在历史上的影响，尤其是明清以来的法律宣传活动已做了较为系统的研究。有法律史研究者并不以考证《周礼》的记载是否真实可靠为目标，而是倾向于得出基本的结论："法律的公布和宣传乃是一种非常古老的传统，不但为儒家所崇尚，而且也被法家重视，因此它才能一直延续到帝制时代的结束。"也有学者根据《周礼·秋官·司寇》"县刑象"的记载，认为我国西周时期即已公布成文法。

《周礼》中的"悬法象魏"被后世追认为普法活动的先声。而传世文献和出土文献均不能证明西周曾存在向民众普法的行为。《周礼》"悬法象魏"意在向万民宣传教化，并不局限于宣传法律，其制度安排繁复细密，近于理想设计，而非历史实情，但却垂为故事，影响了后世制度及相关思想观念。传统中国知识领域对"悬法象魏"的理解基本保持稳定，而随着制度和社会的发展，尤其司法活动的加多，"悬法象魏"观念中法律意涵比重渐增，经师和解"象以典刑"与"悬法象魏"，也推动了这一过程。明清时期圣谕宣讲等活动则对强化"悬法象魏"观念与普法的联系起到了促进作用。西方法律思想的传入与渗透最终将礼法传统中的"悬法象魏"故事塑造成为今日所理解的普法活动。

（三）普法宣传：法莫如显

春秋战国时期，法家学派提倡"法莫如显"，意思是法令条文要显明清楚，人民才能有所依，从而提倡公布成文法供民众学习。"法莫如显"，意指法律的威严应当让人们清楚地感受到。在中国古代，即使是针锋相对的儒家和法家对此也没有明显分歧。例如：法家的商鞅主张"圣王者不贵义而贵法，法必明，令必行，则已矣"，务使"天下之吏民无不知法者"；而儒家的荀子也认为应使"百姓晓然皆知夫为善于家，而取赏于朝也；为不善于幽，而蒙刑于显也"。

"法莫如显"既是一个立法问题、司法问题，更是一个普法问题。从早期的"悬法象魏""铸刑书"和"铸刑鼎"，到后来的"以法为教，以吏为师"、律疏、律注，再到当代的大规模普法运动，都是为了使民众知晓法律知识。儒法两家作为中国传统的主流治理思想，都特别强调定分止争。法家的慎子曾举例说："一兔走街，百人追之，贪人具存，人莫之非者，以兔为未定分也。积兔满市，过而不顾，非不欲兔，分定之后，虽鄙不争。"而荀子也认为"人生而有欲，欲而不得，则不能无求。求而无度量分界，则不能不争；争则乱，乱则穷。先王恶其乱也，故制礼义以分之，以养人之欲，给人之求"。只不过在具体实现方式上，前者强调"法治"，后者强调"礼治"，但最终都是为了实现定纷止争的治理目标。

然立法只能解决定分的问题，即划定权利边界，在全社会树立对他人行为的预期。要彻底实现止争的目的，让这种预期成为现实，光有立法还不够，还需要严格的司法、执法和守法。因此，古人强调"法者，宪令著于官府，刑罚必于民心"（《韩非子·定法》），又说"世不患无法，而患无必行之法"（《盐铁论·申韩》）。如何才能"必于民心"？柳宗元在《断刑论》中指出："圣人之为赏罚者非他，所以惩劝者也。赏务速而后有劝，罚务速而后有惩。"可见，"法莫如显"的真谛在于，通过司法活动，将纸面上的法律规定，转化为人民生活中的法律规则，以满足人民对于法律之治的需要，进而在人民心中树立对法律之治的信赖感。

【新时代启示】

在全党全国上下深入学习贯彻党的十九届六中全会精神之际，由中央宣传部、中央依法治国办组织编写的《习近平法治思想学习纲要》（以下简称《学习纲要》）正式出版发行。《学习纲要》系统阐释了习近平法治思想的重大意义、丰富内涵、核心要义、精神实质、实践要求，全面反映了习近平新时代中国特色社会主义思想在法治领域的原创性贡献，为广大干部群众深入学习贯彻习近平法治思想提供了重要权威辅助读物。我们要坚持以习近平新时代中国特色社会主义思想为指导，深入学习贯彻党的十九届六中全会精神，以《学习纲要》出版发行为契机，深化对习近平法治思想的理解领悟，聚焦学思用贯通、知信行统一持续用力，切实推动学习贯彻习近平法治思想不断走深走实。

全面推进依法治国要坚持"新十六字方针"，即实现科学立法、严格执法、公正司法、全民守法。其中，科学立法是依法治国的前提。依法治国，必须坚持立法先行，发挥立法的引领和推动作用。要恪守立法为民，使每一项立法都符合宪法精神、反映人民意志、得到人民拥护。坚持立改废释并举，增强法律法规的及时性、系统性、针对性、有效性。加强重点领域立法，加快完善体现权利公平、机会公平、规则公平的法律制度。实现立法和改革决策相衔接，确保重大改革于法有据、立法主动适应改革和经济社会发展需要。

严格执法是依法治国的关键。法律的生命力在于实施，法律的权威也在于实施。当前法律实施环节存在的很多问题，不少是由于执法失之于宽、失之于松，选择性执法、随意执法等问题引起的。要深化行政执法体制改革，健全行政执法和刑事司法衔接机制。坚持严格规范公正文明执法，依法惩处各类违法行为，加大关系群众切身利益的重点领域执法力度，建立健全行政裁量权基准制度，全面落实行政执法责任制。加强对执法的监督，坚决查处执法犯法、违法用权等行为，坚决排除对执法活动的干预。

公正司法是依法治国的重心。司法是维护社会公平正义的最后一道防线。习近平同志多次强调，要使人民群众在每一个司法案件中都能感受到公平正义。如果司法不能坚持公平正义，司法就没有公信力，依法治国就难以全面推进。

当前实现公正司法，要加快推进司法管理体制改革，完善确保依法独立公正行使审判权、检察权的制度。健全司法权力运行机制，优化司法职权配置。推进严格司法，开展以审判为中心的诉讼制度改革。加强对司法活动的监督，切实保障人民群众诉讼权利。

全民守法是依法治国的基础。人民群众是法律实施的重要主体，是全面推进依法治国的根本力量。人民群众以主人翁意识，发自内心地认同法律、信仰法律、遵守和捍卫法律，把依法办事当成习惯，是全面推进依法治国的基础。人民权益要靠法律保障，法律权威要靠人民维护。要深入开展法治宣传教育，在全社会树立法治意识，弘扬法治精神。要不断增强全社会厉行法治的积极性和主动性。推进多层次多领域依法治理，深化基层组织和部门、行业依法自治，支持各类社会主体依法自我约束、自我管理。

新思想指引新实践，新理念照亮新征程。当前我国正处于"两个一百年"奋斗目标的历史交汇期，全面建设社会主义现代化国家、向第二个百年奋斗目标进军的任务艰巨繁重，我们要认真学习领会、切实贯彻落实习近平法治思想，牢牢把握全面依法治国政治方向、重要地位、工作布局、重点任务、重大关系、重要保障，增强"四个意识"、坚定"四个自信"、做到"两个维护"，深入推进全面依法治国，在法治轨道上推进国家治理体系和治理能力现代化，为全面建设社会主义现代化国家、实现中华民族伟大复兴的中国梦提供有力法治保障。

拓展阅读

古代的普法：讲读律令

来源：《北京日报》2015 年 1 月 12 日 04 版
作者：徐忠明（中山大学法学院院长、教授）

从明朝开始，在国家的基本法典《大明律》里，就专门设立了"讲读律令"的条文；在《大清律例》中，亦有同样的条文。此外，明太祖还颁行了《大诰》和《教民榜文》等，供人学习和了解。再者，读书人不仅要读《大明律》《大诰》以及《教民榜文》等，而且科举考试也会考到相关法律。最后，在民间社会的乡饮酒礼上，还要宣讲皇帝的"六条"圣谕（语录）和相关法律。

清朝康熙九年（公元 1670 年），皇帝扩展了顺治九年（公元 1652 年）的六条圣谕，搞出了十六条，可谓面面俱到，将统治者希望老百姓遵守的行为规范或道德训诫予以详尽开列，以便民众遵而行之；到了雍正二年（公元1724年），皇帝还担心老百姓看不懂、不理解，又写了注解，使其变成了一万字的讲解文本，叫作《圣谕广训》。毋庸置疑，圣谕和附载的广训，表达了统治者对于帝国秩序的美好理想与崇高愿景。因此，它就成了全国官民必须"常常讲、月月读"的最高信条。

为了宣传圣谕和附载的《圣谕广训》，官方还采取了一些具体的措施：

其一，在官府倡导并且参与的基层社会的乡约集会（通常是每月初一和十五各举办一次）中，即有宣讲《圣谕广训》的环节。乡约活动的参与者，基本上都是当地的老百姓；至于这一活动的主持者，就比较复杂了，有时候是当地的州县牧令，有时候是地方上的读书人，有时候是乡约，甚至还有从外地聘请来的职业宣讲高手。及至乾隆时期，在乡约集会时宣讲《圣谕广训》已经非常普遍，因为那是强制性的要求；据说，当时全国已有乡约多达两万余处。

其二，为了让老百姓理解《圣谕广训》的精神，有些地方官员还专门编写了讲稿，不但在每条圣谕下节录了相关的律例、故事以及案例，而且力求写得通俗易懂，措辞恳切，以使老百姓通晓明了。有时，光是白话文还不算，更有用当地俚语来编写的讲稿，在地方人士编写的讲稿中，这种情形比较突出。例如，在广东宣讲《圣谕广训》的讲稿，就用粤语来写。实际上，也有被翻译成满文、蒙文之类的文本，因为那样的话，就可以在这些地区进行宣传和推广了。可以说，它构成了一整套宣讲《圣谕广训》的体系。

其三，清代老百姓的识字率不太高（据说，当时人民的识字率大约在百分之二十；妇女的识字率更低，估计不会超过百分之十）。就此而言，宣传《圣谕广训》的讲稿力求写得通俗，甚至有的地方为圣谕配插图，以使妇孺能看，也方便识字者讲解。妇孺看了插图，如果还不懂的话，就会问识字者：这幅画里讲了什么？然后，识字者就可以解释给他们听。因此，给圣谕配上图像，既是为了便于传播皇帝的圣谕，也是为了便于宣传法律。例如，早在康熙年间，安徽省繁昌县的知县梁延年，每逢朔望之日召集士绅、百姓讲解圣谕，还给圣谕配了插图，即《圣谕像解》，受到了汀南总督和安徽巡抚的表彰，并将其事上奏朝廷。

其四，不断宣讲《圣谕广训》，时间一久，难免令人腻味生厌。故而，设法"吸引"听众，乃是每一个宣讲者必须考虑的问题。在宣讲《圣谕广训》的实践中，一些民间作者以故事小说来演绎圣谕，其中还穿插了宗教报应的内容，受到了老百姓的欢迎。例如，晚清岭南著名的宣讲圣谕的作者邵彬儒，就编写了很多小说意味浓厚的讲稿，如《谏果回味》《吉祥花》以及《俗话倾谈》等；其中，不乏宗教报应的内容。足见，以通俗化、故事化与宗教化的方式来演绎《圣谕广训》，无疑是吸引眼球的一个举措。宗教故事里的善恶报应，作为劝谕乡愚妇孺的手段，往往要比道德教条来得有效。汪辉祖在《学治臆说》卷下《敬土神》中说："盖庸人妇，多不畏官法而畏神诛，且畏土神甚于畏庙祀之神。神不自灵，灵于事神者之心，即其畏神之一念，司土者为之扩而充之，俾知迁善改过，讵非神道设教之意乎？"

其五，在科举考试时，考生必须默写皇帝的圣谕。例如，钟毓龙在《科场回忆录》里写过一则故事，说是清代科考必须默写《圣谕广训》的某些条目，以检验考生平时是否熟读牢记。钟毓龙推测说："当其初行时，想必人人熟读，然至余考时，则何尝熟读，并其书亦未之知。"结果，唯有夹带抄袭，交卷了事。实际上，宣讲《圣谕广训》同样逃不脱被地方官与老百姓"虚应故事"的命运。

从终极意义上来讲，帝制中国是难有现代意义上的法治社会。然而，为了确保官僚机构的有效运作，为了避免官僚的滥权行为，为了维持民间社会的礼法秩序，皇帝和官僚对于法律宣传很是重视，并采取了多种措施。其诸多方面的宣讲教育方式、方法于今有不少借鉴意义。

思考题

1. 如何理解良法与善治的关系？
2. 如何理解严格执法的关键是执法队伍建设？
3. 如何理解公平正义是司法活动的最高价值追求？
4. 新时代大学生如何做到有效守法？

后 记

  中华文明源远流长，数千年来在历代仁人志士的不懈承传中一以贯之、革故鼎新。近代以来，中国共产党人赓续接力，带领新中国在前所未有的磨难中挺起脊梁，又在新时代以前所未有的勇气直面百年未有之大变局，大力弘扬中华优秀传统文化以复兴中华、和平天下。自中国共产党第十八次全国代表大会以来，党中央高度重视中华优秀传统文化的传承发展，始终从中华民族最深沉精神追求的深度看待优秀传统文化，从国家战略资源的高度继承优秀传统文化，从推动中华民族现代化进程的角度创新发展优秀传统文化，使之成为实现"两个一百年"奋斗目标和中华民族伟大复兴中国梦的根本性力量。

  山东建筑大学马克思主义学院积极响应党的号召，在校领导指导下开展一系列思政教研活动，打造学校"大思政"氛围，特别支持《思想道德与法治》课程中华优秀传统文化读本的编写工作。学院领导牵头组织思想政治教育教研室骨干教师，给予充分鼓励动员与资金资源支持，组成七位成员的编写团队。团队依托山东省"金课"项目、教育部相关课题，克服各种困难，积极参与从提纲修订、分篇编写，到整理统稿、校审修改等各项工作，形成《中华优秀传统文化与〈思想道德与法治〉》读本。全书以习近平主席引用经典文句为纲领，在《思想道德与法治》教材（2021年版）总体思路指导下，对于人生观、道德观、中国精神、社会主义核心价值观、品格修养、家庭美德、法治建设等方面展开中华优秀传统文化解读，汇集著名学者专家相关论述，提炼有助于提高大学生人文素质、大历史观以及文化自信的主要内容，旨在为思政课程入耳入脑入心提供参考。

  本书共分十一个专题：一讲解"千淘万漉虽辛苦，吹尽黄沙始到金"的人生观；二讲解"志不求易者成，事不避难者进"的理想观；三讲解"从善如登，从恶如崩"的道德观；四讲解"为天地立心，为生民立命"的中国精神；五讲解"天下兴亡，匹夫有责"精神所创造的中国成就；六讲解"位卑未敢忘忧国"的爱国与创新力量；七讲解"天地与我并生，而万物与我为一"的共同体传统；八讲解"大学之道，在明明德，在亲民，在止于至善"的价值观与品格修养；九讲解"大道之行也，天下为公"的道义实践；十讲解"天下之本在国，国之本在家"的家风建设；十一讲解"法者，治之端也；君子者，法之原也"的法治理路。各专题作者为：一、四，赵敬仪；二、九，杨梦莹、郝芸芸合作；三、十，王利华；五，王辉；六，姚谦；七、八，秦芳；十一，王辉、姚谦合作。

团队初次编写教材读本，参考并引用了许多专家学者的优秀作品，在此一并表示真挚感谢。编写过程同样是很好的学习提升，促使我们精诚努力、学思并进。条件所限，不足不当之处，恳请读者不吝赐教。我们希望以不断完善的积极状态，迎接党的二十大胜利召开。

2022 年 8 月 6 日

参考文献

一、古籍与著作

[1]（汉）司马迁著，韩兆琦译注. 史记［M］. 北京：中华书局，2012.

[2]（唐）吴兢. 贞观政要［M］. 明成化九年内府刊本.

[3]（宋）程颢，程颐. 二程集［M］. 北京：中华书局，1981 年版.

[4]（宋）朱熹. 四书章句集注［M］. 北京：中华书局，1983 年版.

[5]（明）戚继光，邱心田校释. 练兵实纪［M］. 北京：中华书局，2001.

[6] 沈家本. 历代刑法考［M］. 北京：中华书局，1985.

[7] 王先谦. 荀子集解［M］. 北京：中华书局，1988.

[8] 孙诒让. 周礼正义［M］. 北京：中华书局，1987.

[9] 王蘧常. 诸子学派要诠［M］. 北京：中华书局，1987.

[10] 王利器. 盐铁论校注［M］. 北京：中华书局，1992.

[11] 陈鼓应. 老子注释及评介［M］. 北京：中华书局，2015.

[12] 陈鼓应. 庄子今注今译［M］. 北京：中华书局，2009.

[13] 杨柳桥撰. 庄子译注［M］. 上海：上海古籍出版社，2012.

[14] 张忆译注. 老子［M］. 北京：中国书店，1998.

[15] 勾承益，李亚东. 论语白话今译［M］. 北京：中国书店，1998.

[16] 杨天宇. 礼记译注［M］. 上海：上海古籍出版社，2013.

[17] 陆永胜译. 传习录［M］. 北京：中华书局，2021.

[18] 袁行沛，王仲伟，陈进玉主编. 中华传统文化经典百篇［M］. 北京：中华书局，2016.

[19] 吕思勉. 中国通史［M］. 北京：群言出版社，2016.

[20] 吕效祖，赵保玉，张耀武主编. 群书治要考译［M］. 北京：团结出版社，2014.

[21] 韦政通. 中国思想史［M］. 上海：上海书店出版社，2003.

［22］楼宇烈. 中国人的人文精神［M］. 北京：北京联合出版有限公司，2020.

［23］卜宪群. 中国通史［M］. 北京：新华书店，2021.

［24］《中国思想史》编写组. 中国思想史（第二版）［M］. 北京：高等教育出版社，2018.

［25］刘大钧，林忠军. 周易经传白话解［M］. 上海：上海古籍出版社，2010.

［26］于蕾，吕逸涛. 国家宝藏［M］. 北京：中信出版社，2021.

［27］许钦彬. 易与古文明［M］. 北京：社会科学文献出版社，2012.

［28］中共中央文献研究室. 习近平关于全面依法治国论述摘编［M］. 北京：中央文献出版社，2015.

［29］习近平. 习近平谈治国理政［M］. 北京：外文出版社，2014.

［30］习近平. 习近平谈治国理政（第二卷）［M］. 北京：外文出版社，2017.

［31］习近平. 习近平谈治国理政（第三卷）［M］. 北京：外文出版社，2020.

［32］习近平. 习近平谈治国理政（第四卷）［M］. 北京：外文出版社，2022.

［33］中共中央文献研究室. 习近平关于社会主义文化建设论述摘编［M］. 北京：中央文献出版社，2017.

［34］习近平. 论坚持全面依法治国［M］. 北京：中央文献出版社，2021.

［35］人民日报评论部. 习近平用典（第一辑）［M］. 北京：人民日报出版社，2018.

［36］人民日报评论部. 习近平用典（第二辑）［M］. 北京：人民日报出版社，2018.

［37］中共中央宣传部、中央广播电视总台. 平语近人：习近平总书记用典［M］. 北京：人民出版社，2019.

［38］本书编写组. 习近平与大学生朋友们［M］. 北京：中国青年出版社，2020.

［39］本书编写组. 总体国家安全观干部读本［M］. 北京：人民出版社，2016.

［40］本书编委会. 中华思想文化术语［M］. 北京：中国外语教学与研究出版社，2019.

［41］李波编. 中华语海［M］. 呼和浩特：内蒙古大学出版社，2010.

［42］翟振元、夏卫东主编. 中国传统道德讲义［M］. 北京：中国人民大学

出版社，1997.

[43] 刘书林主编.《思想道德修养与法律基础》教师参考书 [M]. 北京：高等教育出版社，2006.

[44] 陈勇主编.《思想道德修养与法律基础课》疑难问题解析 [M]. 北京：高等教育出版社，2006.

[45] 教育部社会科学研究与思想政治工作司组编. 思想道德修养 [M]. 北京：高等教育出版社，2003.

[46] 中国研究院自然科学史研究所编. 活字印刷术 [M]. 北京：中国科学技术出版社，2019.

[47] 中国研究院自然科学史研究所编. 罗盘（指南针）[M]. 北京：中国科学技术出版社，2019.

[48] 巩克菊. 人的利益与思想政治教育创新 [M]. 北京：中央编译出版社，2018.

[49] 赵敬仪. 惠栋易学研究——以范式转移为视角 [M]. 济南：山东人民出版社，2021.

[50] 秦芳. 原来如此——《周易》共同体思想研究 [M]. 北京：九州出版社，2022.

[51] 秦芳编著. 大道之行，天下为公——中国制度中的大同思想 [M]. 北京：外文出版社，2022.

[52] 程丽君编著. 六合同风，四海一家——中国制度中的和合共生 [M]. 北京：外文出版社，2022.

[53] 刘余莉、刘红利编著. 德主刑辅，以德化人——中国制度中的德治主张 [M]. 北京：外文出版社，2022.

[54] 罗嘉羽编著. 民贵君轻，政在养民——中国制度中的民本思想 [M]. 北京：外文出版社，2022.

[55] 杨小宸编著. 等贵贱均贫富，损有余补不足——中国制度中的平等观念 [M]. 北京：外文出版社，2022.

[56] 黄少雄编著. 法不阿贵，绳不挠曲——中国制度中的法治观念 [M]. 北京：外文出版社，2022.

[57] 郭家瑞、陈紫羽编著. 孝悌忠信，礼义廉耻——中国制度中的为政以德 [M]. 北京：外文出版社，2022.

[58] 聂菲璘编著. 任人唯贤，选贤与能——中国制度中的选人用人制度

［M］．北京：外文出版社，2022.

［59］谷文国编著．周虽旧邦，其命维新——中国制度中的改革精神［M］．北京：外文出版社，2022.

［60］李红姗编著．亲仁善邻，协和万邦——中国制度中的外交思想［M］．北京：外文出版社，2022.

［61］张超编著．以和为贵，好战必亡——中国制度中的和平理念［M］．北京：外文出版社，2022.

［62］中华书局《月读》编辑部．社会主义核心价值观本源解读［M］．北京：大有书局，2022.

［63］曹雅欣．中国价值——中国传统文化与社会主义核心价值观［M］．杭州：浙江工商大学出版社，2021.

［64］刘悦，王光福．社会主义核心价值观二十四字解［M］．上海：文汇出版社，2021.

二、论文与期刊文献

［1］师晨阳．习近平对人的发展理论的传承与创新［D］．北方民族大学，2020.

［2］冯晓宇．习近平外交思想中的正确义利观研究［D］．大连理工大学，2019.

［3］赵林洁．习近平外交思想的正确义利观研究［D］．上海师范大学，2018.

［4］徐子婷．习近平人类命运共同体思想的理论特点和实践特点研究［D］．昆明理工大学，2019.

［5］张启伟．传统义利观的历史发展及其当代价值［D］．哈尔滨工业大学，2007.

［6］李朝秀．先秦儒家义利观及其现代价值探微［D］．山东师范大学，2010.

［7］刘志军．孟子"养浩然之气"思想初探［D］．河北大学，2011.

［8］杨东．中国传统义利观的当代启示［D］．中共北京市委党校，2014.

［9］马超．中华民族"四个伟大精神"的优秀传统文化底蕴研究［D］．西南民族大学，2020.

［10］刘祎程．孟子"浩然之气"思想及其对构建当代理想人格的启示

[D]. 安徽大学，2020.

[11] 刘笑敢. 庄子之苦乐观及其现代启示 [J]. 社会科学，2008 (7).

[12] 程光泉. 传统文化与社会主义荣辱观 [J]. 东岳论丛，2009 (12).

[13] 李慧，杨金钊. "三不朽"在中国传统教育中的作用及当代启示 [J]. 教育理论与实践，2017 (13).

[14] 白怡宏. 陶渊明的矛盾世界及其人生探求 [J]. 传媒与艺术研究，2019 (02).

[15] 洪晓丽. 仁礼交互进路的早期儒家群己观念 [J]. 道德与文明，2019 (06).

[16] 陈泽宇. 从《齐物论》看庄子与儒家不同的人生追求 [J]. 河北青年管理干部学院学报，2019 (06).

[17] 邱紫华. 中国传统文化的理想人格之二：道家的理想人格 [J]. 今古文创，2020 (02).

[18] 黄永涛. 浅析庄子的生死观——以《大宗师》为中心 [J]. 汉字文化，2022 (04).

[19] 肖贵清，车宗凯. 在抗击疫情斗争中展现青春激昂风采 [J]. 红旗文稿，2020，11，25.

[20] 于雪棠. 词源学视角下"真""真人""真知"意蕴发微 [J]. 清华大学学报（哲学社会科学版），2022 (1).

[21] 宋志明. 梁启超的新民构想 [J]. 湖南社会科学，2021 (6).

[22] 赵立峰. 马克思"意识形态阶层"思想及现代意义 [J]. 马克思主义研究，2020 (12).

[23] 施一. 从基础研究走向实际应用的探索与思考 [J]. 中国科学院院刊，2021 (7).

[24] 贾文山等. 习近平普遍安全观及其对构建人类命运共同体的意义 [J]. 中国人民大学学报，2019，5，16.

[25] 张晋藩. "胸怀天下""协和万邦"的历史与法文化解读 [J]. 中共中央党校（国家行政学院）学报，2022，4，1.

[26] 叶得盛. 新发展理念的理论与实践 [J]. 红旗文稿，2021 (10).

[27] 张天培. 用好理论、实践、宣传的力量——人民日报《对话价值观》专栏报道评析 [J]. 新闻战线，2015 (05).

[28] 习近平. 加快建设社会主义法治国家 [J]. 求是. 2015 (1).

[29] 曹峰. 中国传统社会的崇德尊法理念 [J]. 学习时报. 2022 (3).

[30] 谷文国. 盖天下之事，不难于立法，而难于法之必行 [J]. 中国纪检监察, 2017 (11).

[31] 徐忠明. 古代的普法：讲读律令 [J]. 中国法治文化, 2015.

[32] 张涛. 礼法传统中的"象魏悬法" [J]. 社会科学, 2021 (8).

[33] 张晋藩. 立善法于天下，则天下治 [J]. 人民周刊, 2019 (5).

[34] 杨华, 李晓宇. 习近平法治思想的中华传统法律文化底蕴 [J]. 大连干部学刊, 2021 (7).

[35] 王齐龙. 中美关系进化论——中美关系：得其大者可以兼其小 [J]. 中国新闻周刊, 2015.

[36] 张淦. 千古传奇汉苏武 [J]. 前线, 2020 (9).

[37] 陈红. 岳飞的精忠精神及其当代价 [J]. 新西部, 2017 (28).

[38] 来可泓. 岳飞精神论述 [J]. 漯河职业技术学院学报, 2005 (1)：4.

[39] 李刚. 戚继光精神的思想内涵与时代传承 [J]. 人文天下, 2021 (7).

[40] 宫芳. 试析管仲的改革思想与实践 [J]. 管子学刊, 2010 (2).

[41] 任芄兴, 徐丽丽. 桑弘羊：汉朝财政经济体制的创立者 [J]. 金融博览, 2021 (2).

[42] 任重. 试论管仲改革 [J]. 管子学刊, 1993 (1).

[43] 周长春. 王安石变法对当代改革的启示 [J]. 求实, 2001 (11).

[44] 潘云成. 试析1917—1927年的国际形势和国际格局及其对中国革命的影响 [J]. 佳木斯大学社会科学学报, 2013, 31 (06).

[45] 李舫. 伟大民族精神畅想 [J]. 求是, 2019 (14).

[46] 陈文清. 牢固树立和践行总体国家安全观，谱写新时代国家安全新篇章 [J]. 求是, 2022 (08).

[47] 姜涛. "横渠四句"与知识分子的使命感 [J]. 太原师范学院学报, 2008 (02).

[48] 李昀泽. 试论孟子"浩然之气"的内涵 [J]. 大众文艺, 2018 (08).

[49] 吴志成, 李佳轩. 习近平外交思想中的正确义利观 [J]. 国际问题研究, 2021 (03).

[50] 刘云山. 牢固树立和自觉践行五大发展理念 [J]. 党建, 2015 (12).

[51] 孙金香. 孟子义利观对当代大学生道德责任教育的启示 [J]. 才智, 2016 (31).

[52] 熊婉婷，张立. 如何树立当代大学生正确人生价值观——浅谈大学生苦乐观和义利观的培养研究 [J]. 科海故事博览·科教论坛，2012.

[53] 张振东. 树立和落实新的发展理念在推动企业发展稳定工作中建功立业 [J]. 时代报告，2017 (26).

[54] 杨荣学. 关于树立和践行新发展理念的探讨 [J]. 企业文化旬刊，2019 (18).

[55] 刘丽. 新发展理念的传统文化内涵及其价值旨归——基于青少年成长视角的探究 [J]. 青少年学刊，2017 (02).

[56] 邱家政. 牢固树立和自觉践行新发展理念 [J]. 广西烟草，2016.

[57] 郑新立. 牢固树立并贯彻落实新发展理念 [J]. 现代企业，2016 (07).

[58] 张海成. 牢固树立和贯彻落实新发展理念 为我省追赶超越发展做出新的更大贡献——在全省审计工作会议结束时的讲话 [J]. 现代审计与经济，2017 (01).

三、报刊与网络资源

[1] 郭超. 在追求德艺双馨中成就人生价值 [N]. 光明日报，2022-03-31 (004).

[2] 郦波. 阳明心学的精神内涵 [N]. 中国纪检监察，2018-07-15.

[3] 董冰. 力行近乎仁 [N]. 光明日报，2021-05-25.

[4] 张晓彤. 君子为学以明道救世——顾炎武的治学之道 [N]. 学习时报，2020-08-26.

[5] 王海英. 志不求易者成，事不避难者进 [N]. 光明日报，2020-07-30.

[6] 李闫如玉. 孟子修身观念的源头 [N]. 学习时报，2022-03-09.

[7] 陈朋. 修身律己重在"自持" [N]. 人民日报，2021-01-13.

[8] 人民日报评论部. 修身立德走好人生路——让五四精神在新时代放射新的光芒 [N]. 人民日报，2019-05-16.

[9] 陈志强. 孝廉文化的时代价值 [N]. 光明日报，2019-10-10.

[10] 牟钟鉴. 见贤思齐焉，见不贤而内自省也 [N]. 光明日报，2015-09-21.

[11] 习近平. 在第十三届全国人民代表大会第一次会议上的讲话 [N]. 人民日报，2018-03-20.

[12] 齐芳. 85项"中国古代重要科技发明创造"出炉 [N]. 光明日报, 2015-01-28.

[13] 吴昊昙. "被行动证明的语言是最有力的语言"（习近平总书记引用的外国名言）[N]. 学习时报, 2021-12-24.

[14] 商志晓. 中华传统文化与中国现代化进程 [N]. 光明日报, 2021-3-24.

[15] 张岂之. 重视挖掘中华五千年文明中的精华 [N]. 人民日报, 2021-4-7.

[16] 汪前进. 中国造纸术的发明及传播 [N]. 光明日报, 2019-11-28.

[17] 钟少异. 中国早期火药火器史概观 [N]. 文史知识, 2021-10-8.

[18] 蒲宏凌. 诚信：诚以养德 信以立身 [N]. 人民日报海外版, 2016-8-30.

[19] 王晓晖. 坚持以社会主义核心价值观引领文化建设制度 [N]. 人民日报, 2019-12-6.

[20] 赵建永. 能用众力，则无敌于天下矣 [N]. 光明日报, 2020-07-08 (02).

[21] 谷文国，汤月娥. 周虽旧邦 其命维新 [N]. 学习时报, 2020-6-5.

[22] 张弓. 民本思想促进中华文明发展 [N]. 人民日报, 2019-11-5.

[23] 曹凤月. 习近平人民中心论与传统民本伦理思想的渊源关系 [N]. 光明日报, 2020-3-5.

[24] 罗嘉羽. 民贵君轻，政在养民 [N]. 学习时报, 2020-10-23.

[25] 袁红英. 坚持人民至上方能行稳致远 [N]. 光明日报, 2022-3-16.

[26] 王京清. 深入理解和贯彻坚持以人民为中心 [N]. 人民日报, 2020-6-10.

[27] 方江山. 走好新的赶考之路的行动纲领 [N]. 经济日报, 2021-8-4.

[28] 人民日报评论员. 坚持人民至上——论坚持以人民为中心的发展思想① [N]. 人民日报, 2020-6-2.

[29] 人民日报评论员. 紧紧依靠人民——论坚持以人民为中心的发展思想② [N]. 人民日报, 2020-6-3.

[30] 人民日报评论员. 不断造福人民——论坚持以人民为中心的发展思想③ [N]. 人民日报, 2020-6-4.

[31] 人民日报评论员. 牢牢植根人民——论坚持以人民为中心的发展思想

④ [N]. 人民日报，2020-6-5.

[32] 和音：维护和平稳定，构建安全共同体 [N]. 人民日报，2021-12-30.

[33] 朱康有：人类命运共同体视域下的"普遍安全" [N]. 光明日报，2020-4-22.

[34] 新华国际时评：以和为贵的中国精神——解读全球安全倡议系列评论之四 [N]. 新华社，2022-6-2.

[35] 梅秀庭. 全球安全倡议：维护世界和平安宁的中国方案 [N]. 学习时报，2022-7-15.

[36] 唐海燕. 深入学习贯彻习近平总书记系列重要讲话精神 [N]. 广西日报，2016-3.

[37] 刘毅，喻思南，李红梅，寇江泽，丁怡婷，潘少军，赵秀芹. 像保护眼睛一样保护生态环境 [N]. 人民日报，2022-06-04（001）.

[38] 陈志强. 孝廉文化的时代价值 [N]. 光明日报，2019-10-10.

[39] 习近平. 在会见第一届全国文明家庭代表时的讲话 [N]. 人民日报，2016-12-12.

[40] 靳凤林. 弘扬中华民族家庭美德 [N]. 光明日报，2022-02-07.

[41] 郭齐家. 家训是形成良好家风的有效手段 [N]. 中南传媒，2020-05-28.

[42] 姜秀花. 全面擘画妇女发展 将男女平等落实落细 [N]. 中国妇女报，2021-03-17.

[43] 张晋藩. 中华法文化与中华民族精神 [N]. 光明日报，2020.

[44] 夏锦文. 中华法制文明具有深厚底蕴和独特魅力 [N]. 人民日报，2021.

[45] 纪长胜，李世波. 张居正法律思想探析 [N]. 江苏经济报，2016.

[46] 罗婷. 强化价值指引 大力推进新时代家庭家教家风建设 [N]. 湖南日报，2022-03-24：08.

[47] 郝思斯. ［学讲话·品典故］得其大者可以兼其小 [EB/OL]. 中央纪律检查委员会网站，https：//www. ccdi. gov. cn/toutiao/201807/t20180716_175709. html，2018/07/21.

[48] 刘毅. "得其大者"方能"兼其小" [EB/OL]. 成都中医药大学网站，https：//www. cdutcm. edu. cn/dzbgs/ldjh/content_ 67906，2021-6-25.

［49］佚名. 理想远大、信念坚定［EB/OL］. 新民晚报, https：//baijiahao. baidu. com/s? id=1733090451744815705&wfr=spider&for=pc, 2022-05-18.

［50］习近平谈治国理政中的传统文化智慧［EB/OL］. 共产党员网, ht-tps：//www. 12371. cn/special/zglzctwh/.

［51］习近平总书记为何多次强调见贤思齐?［EB/OL］. 人民网-中国共产党新闻网, http：//cpc. people. com. cn/xuexi/n/2015/0819/c385474-27484332. html.

［52］秦芳. 反听之谓聪, 内视之谓明, 自胜之谓强［EB/OL］. 中国纪检监察杂志, http：//zgjjjc. ccdi. gov. cn/bqml/bqxx/201608/t20160804_ 84931. html.

［53］李卓. 身之主宰便是心［EB/OL］. 中国纪检监察杂志, http：//zgjjjc. ccdi. gov. cn/bqml/bqxx/201607/t20160726_ 84177. html.

［54］李卓. 良知即天理　着实致良知［EB/OL］. 中国纪检监察杂志, ht-tp：//zgjjjc. ccdi. gov. cn/bqml/bqxx/201602/t20160217_ 74462. html.

［55］赵金刚. 诚心诚意为民谋实［EB/OL］. 中国纪检监察杂志, http：//zgjjjc. ccdi. gov. cn/bqml/bqxx/201602/t20160229_ 75090. html.

［56］李卓. 心正天下正［EB/OL］. 中国纪检监察杂志, http：//zgjjjc. ccdi. gov. cn/bqml/bqxx/201603/t20160313_ 75974. html.

［57］白辉洪. 为人处世　本在修身［EB/OL］. 中国纪检监察杂志, http：//zgjjjc. ccdi. gov. cn/bqml/bqxx/201603/t20160323_ 76534. html.

［58］张永路. 家风之正在齐家　齐家之要在修身［J］. 中国纪检监察杂志, 2016 (4)：54-55.

［59］东方朔. 荀子的“知明而行无过”［EB/OL］. 学习时报, https：//pa-per. cntheory. com/html/2020-04/17/nw. D110000xxsb_ 20200417_ 1-A6. htm.

［60］于文博. 孟子：我善养吾浩然之气［EB/OL］. 中国纪检监察杂志, http：//zgjjjc. ccdi. gov. cn/bqml/bqxx/201609/t20160907_ 86412. html.

［61］谷文国. 与人不求备, 检身若不及［EB/OL］. 中国纪检监察杂志, http：//zgjjjc. ccdi. gov. cn/bqml/bqxx/201708/t20170821_ 105050. html.

［62］秦芳. 绳墨之起, 为不直也［EB/OL］. 中国纪检监察杂志, http：//zgjjjc. ccdi. gov. cn/bqml/bqxx/201704/t20170407_ 96925. html.

［63］牛冠恒. 人不率则不从, 身不先则不信［EB/OL］. 中国纪检监察杂志, http：//zgjjjc. ccdi. gov. cn/bqml/bqxx/201703/t20170324_ 96245. html.

[64] 曹润青. 孔子：为政以德 [EB/OL]. 中国纪检监察杂志, http：//zgjjjc. ccdi. gov. cn/bqml/bqxx/201605/t20160519_ 79252. html.

[65] 张鹏. 墨子：万事莫贵于义 [EB/OL]. 中国纪检监察杂志, http：//zgjjjc. ccdi. gov. cn/bqml/bqxx/201608/t20160805_ 84943. html.

[66] 习近平谈治国理政中的传统文化智慧 [EB/OL]. 共产党员网, https：//www. 12371. cn/special/zglzctwh/

[67] 中国共产党第十八届中央委员会第六次全体会议公报 [EB/OL]. 新华网, http：//news. xinhuanet. com/politics/2016－10/27/c_ 1119801528. htm, 2016－10－27//2017－06－06.

[68] 习近平总书记视察山东期间于曲阜考察中国孔子研究院召开座谈会时发表的重要讲话 [EB/OL]. http：//sd. ifeng. com/zbc/detail_ 2014_ 11/27/3207813_ 0. shtml, 2013－11－26/2015－06－06.

[69] 习近平. 习近平在中央党校建校80周年庆祝大会暨2013年春季学期开学典礼上的讲话 [EB/OL]. 中共中央党校（国家行政学院）网站, https：//www. ccps. gov. cn/xxsxk/zyls/201812/t20181216_ 125682. shtml.

[70] 辉卫. 实现中国梦必须弘扬中国精神 [EB/OL]. 中国共产党新闻网, http：//theory. people. com. cn/n1/2017/0825/c40531－29494597. html.

[71] 佚名. 仁者爱人——习近平谈治国理政中的传统文化智慧 [EB/OL]. 共产党员网, https：//www. 12371. cn/2019/03/06/VIDE1551855620560144. shtml? from＝groupmessage.

[72] 曹光甫. 列子·愚公移山 [EB/OL]. 学习强国, https：//www. xuexi. cn/lgpage/detail/index. html? id＝7973672712810006862&item_ id＝7973672712810006862.

[73] 金佳绪. 学习进行时 | 系列解读之九：三个"不负"，习近平对青年寄予厚望 [EB/OL]. 新华网：https：//baijiahao. baidu. com/s? id＝1704773221000241023&wfr＝spider&for＝pc.

[74] 胡家祥. 天下兴亡，匹夫有责 [EB/OL]. 光明日报, http：//cpc. people. com. cn/pinglun/n1/2016/0824/c78779－28660507. html.

[75] 佚名. 儒学"群体主义"价值观浅探 [EB/OL]. 应届毕业生网, 2020年9月23日, https：//biyelunwen. yjbys. com/fanwen/wenhua/384987. html

[76] 陈理. 从"大道之行，天下为公"到"不忘初心、牢记使命" [EB/OL]. 中国青年报, https：//baijiahao. baidu. com/s? id＝1654968576446141531&wfr＝spider&for＝pc.

［77］秦芳. 天下之本在家［EB/OL］. 中国纪检监察杂志, http：//zgjjjc. ccdi. gov. cn/bqml/bqxx/201702/t20170212_ 93863. html.

［78］田夏, 永纪宣, 蒋萌. 处物要吃亏立身要吃苦　治生不求富读书不求官——晚清重臣阎敬铭的家风故事［EB/OL］. 中国纪检监察杂志, http：//zgjjjc. ccdi. gov. cn/bqml/bqxx/201612/t20161207_ 90806. html.

［79］孙靖国. 白居易家训：善其身　济天下［EB/OL］. 中国纪检监察杂志, http：//zgjjjc. ccdi. gov. cn/bqml/bqxx/201704/t20170424_ 97848. html.

［80］林鹄. 陆游示儿：学终身　忧国民［EB/OL］. 中国纪检监察杂志, http：//zgjjjc. ccdi. gov. cn/bqml/bqxx/201612/t20161221_ 91571. html.

［81］刘余莉. 将教天下, 必定其家, 必正其身［EB/OL］. 中国纪检监察杂志, http：//zgjjjc. ccdi. gov. cn/bqml/bqxx/201605/t20160519_ 79250. html.

［82］光明文化［EB/OL］. https：//culture. gmw. cn/node_ 40271. htm.

［83］人民网［EB/OL］. http：//www. people. com. cn/.

［84］"学习强国"网络平台［EB/OL］. https：//www. xuexi. cn/.

［85］中国纪检监察杂志［EB/OL］. https：//zgjjjc. ccdi. gov. cn/.